MW00961940

EL SÍNDROME DEL ~~IMÁN HUMANO~~
¿POR QUÉ QUEREMOS A QUIENES NOS HIEREN?

Segunda Edición
Ross A. Rosenberg, M.Ed., LCPC, CADC, CSAT

Traducido por Ana María Carrizosa De Narváez

Publicado Por El Instituto De Recuperación Del Amor A Si Mismo
Productos de autoayuda y desarrollo profesional que salvan vidas
www.SelfLoveRecovery.com
www.sindromedelimanhumano. com

Respaldo De Lectores Primera Edición<u>ndosos</u>

"El importante trabajo de Ross Rosenberg, 'El Síndrome del Imán Humano: Por qué queremos a quienes nos hieren', nos reta a seguir observando la dinámica relacional para descubrir cómo nuestras experiencias nos han afectado y seguirán afectando a otros. Únase a este movimiento con visión al futuro leyendo este libro basado en descubrimientos del pasado, que añade sabiduría, combinada con respuestas eficaces. Además de ser un nuevo paso en la evolución, es una revelación.

Recomiendo 'El Síndrome del Imán Humano' a los que trabajan en servicios sociales, de educación, remedio a dependencias químicas o en los campos de orientación y a las personas que son tocadas por ellos. Es tiempo de despertar y este brillante libro prende la alarma que necesitamos".
- **Melody Beattie**, autora de 18 libros, incluido el best-seller *Codependent No More* y *Language of Letting Go*.

"Nacido en el caldero de la experiencia personal de sufrimiento y sanación y perfeccionado a través de años de experiencia profesional, este libro ayudará a cualquiera a comprender la atracción entre amor y consiguiente sufrimiento. Se lo recomiendo a las parejas que están desconcertadas por la profundidad y repetición de su dolor y alegría, y a los terapeutas cuyo destino es ayudarles.
- **Harville Hendrix**, Ph.D., experto en Orientación Nacional de Parejas (National Couples Counseling), conferencista y co-autor, junto con Helen LaKelly Hunt de *Making Marriage Simple: Transform the Relationship You Have into the Relationship You Want*.

"Rosenberg ofrece una explicación muy necesaria y accesible acerca de cómo el amor, el sexo y las relaciones pueden salir mal — y qué podemos hacer cada uno de nosotros para estar más empoderados e involucrados en el proceso de construir comunidad y familia, que abarca toda nuestra vida".
- **Robert Weiss**, LCSW, CSAT-S, autor, psicoterapeuta, educador, experto en trastornos sexuales y relacionales.

"Refrescantemente intuitivo e innovador, Rosenberg revela el misterio de los patrones de auto-sabotaje que afectan nuestras relaciones. Una lectura obligatoria".

- **Randi Kreger**, coautora del best-seller *Stop Walking on Eggshells* y otros 3 libros sobre el Trastorno Límite y Narcisista de la Personalidad, anfitriona del fórum en línea *"Welcome to Oz"* (www.BPDCentral.com) y bloguera de la revista *Psychology Today*.

"Muchas parejas tienen una relación de toma y da. Los que toman no leerán este libro. Los que dan necesitan leerlo. Para los que dan demasiado, la lectura de estas páginas encontrarán libertad. La claridad empieza acá. Aprenda por qué usted está continuamente frustrado independientemente de lo mucho que le de a su pareja. Consiga este libro y hágase un regalo".

- **Peter Pearson**, Ph.D., co-fundador de *The Couples Institute*.

RESEÑA DEL AUTOR

Ross A. Rosenberg, M.Ed., LCPC, CADC, CSAT es dueño y psicoterapeuta de Clinical Care Consultants, centro de asesoramiento con múltiples locales en los suburbios al noroeste de Chicago. También es dueño y brinda entrenamiento en Advanced Clinical Trainers (ACT), que proporciona una plataforma para seminarios, entrenamiento, trabajo de discursos inaugurales en vivo, transmitidos en tiempo real y descargables, tanto suyos como de otros. Es un profesional con licencia y está certificado como asesor en adicciones y como terapeuta en adicción al sexo. Ross, que ha sido psicoterapeuta por más de 29 años, es considerado un experto en codependencia, trauma, adicciones al sexo y al amor, y en trastorno narcisista y trastorno límite de la personalidad.

Ross es el autor del best-seller: "The Human Magnet Syndrome" (El Síndrome del Imán Humano) que será publicado en francés en enero de 2017. Actualmente está escribiendo su segundo libro: "The Codependency Cure: Recovering from Self-Love Deficit DIsorder" (La cura de la codependencia: recuperándose del trastorno de déficit de amor a sí mismo), que tiene el mismo nombre de su último ciclo de seminarios. Ross es también entrenador internacional profesional y orador principal, que se ha presentado en 27 estados de los Estados Unidos (70 ciudades), en Inglaterra y en Amsterdam.

Ross se ha convertido en un fenómeno de YouTube. Su canal ofrece 100 videos instructivos/educativos con más de 6 millones de reproducciones (6,500 por día) y cuenta con 60,000 subscriptores.

Ross ha aparecido en ABC Late Night, ABC "Swiped" documentary, Jenny McCarthy's Sirius XM show, Fox News y WGN News. Su trabajo escrito ha sido presentado en el Chicago Tribune y en Publisher Weekly. También es un colaborador habitual para The Huffington Post, PsychCentral.com y TheGoodMenProject.com.

DEDICACIÓN

Este libro está dedicado a mi esposa, Korrel Rosenberg, la compañera de mis sueños: colaboradora en la vida y mi mejor amiga. Es debido a la paciencia que nos tenemos y a nuestro ilimitado optimismo por nuestro futuro, que ambos podemos decir que al fin lo logramos. He sido de verdad bendecido al tener una pareja maravillosamente amorosa, que me apoya y comprende, y que cree en mí tanto como yo creo en ella.

El libro también está dedicado a mi hijo, Benjamin Rosenberg, que me ha inspirado con la determinación y firmeza para ser el tipo de padre del que puedo estar orgulloso. La resolución confiada y sosegada que Ben tiene de ser él mismo, me ha convencido de que los patrones familiares disfuncionales y generacionales no necesariamente tienen que continuar en el futuro.

También he dedicado este libro a mi difunta madre, Mikki Rosenberg. Su espíritu de amor y compasión incondicionales vive para siempre en mi corazón y ha permeado cada página de este libro.

Finalmente, dedico este libro a todos los valientes lectores que están buscando amor verdadero y saludable, pero que primero necesitan superar sus propios obstáculos psicológicos dolorosos y desafiantes.

Printed in the United States of Amercia
Cover Design by Ross Rosenberg
Layout Design by Ross Rosenberg
Edited by Ana María Carrizosa De Narváez and Joelle Sevigny, Korrel Rosenberg
and Karla Crawford
Translated by Ana María Carrizosa De Narváez

Rosenberg, Ross A.
The Human Magnet Syndrome: Why We Love People Who Hurt Us
 El Síndrome Del Imán Humano: ¿Por Qué Queremos A Quienes Nos Hieren?

ISBN 10: 1544799780
ISBN 13: 9781544799780

Self-Love Recovery Institute

www.SelfLoveRecovery.com

TABLA DE CONTENIDO

PREFACIO

¿Cómo llegué hasta acá? ¿Por qué, después de tantas relaciones fallidas, finalmente conocí a la mujer con la que pude compartir una relación estable, _emocionalmente íntima_ y mutuamente amorosa? Al escribir este libro, yo sabía que tenía que contestar estas preguntas, aparentemente imposibles. Necesitaba conciliar por qué, a los 45 años de edad, después de tantas relaciones fallidas, finalmente era capaz de experimentar una relación romántica saludable y a largo plazo.[1] Aunque este ha sido para mí un viaje largo y emocionalmente agotador, me alegro de no haber renunciado al ideal de que algún día encontraría a esa persona única muy especial con la cual podría compartir "amor verdadero" saludable.

Las hipótesis y teorías incluidas en este libro se han venido marinando en mi mente por más de dos décadas. No fue hace mucho tiempo, cuando le dije a Korrel, mi encantadora esposa, que estaba listo para _escribir_ un libro acerca de relaciones disfuncionales. Naturalmente, Korrel me preguntó acerca de los detalles de mi gran pronunciamiento. Todo lo que pude decir fue "está en mi cabeza y es un conjunto perfecto de ideas". Luego le expliqué que representaría elementos de toda mi vida y carrera que han estado ocupando espacio en mi mente por más de 20 años. Con una mirada incrédula y confundida, ella dijo: "en serio, un libro en tu cabeza por tanto tiempo… ¿eso cómo funciona?" Yo seguí confundiéndola con mi siguiente afirmación: "el libro se va a escribir por sí mismo… todo lo que necesito hacer es sentarme frente a un computador y poner mis manos sobre el teclado". La siguiente respuesta de Korrel me animó el corazón: me sonrió y me dijo lo mucho que creía en mí, y que cualquier cosa que yo escribiera, ciertamente sería perfecta.

Resultó cierto. Una vez que mis dedos tocaron el teclado, las palabras saltaron a la pantalla. Mientras tecleaba, fui accediendo a toda una librería personal de memorias, pensamientos e ideas. De la punta de mis dedos surgieron una serie de explicaciones persuasivas e ilustrativas sobre la atracción romántica disfuncional (relaciones interpersonales). De capítulo en capítulo, el libro fue tomando forma. Mientras escribía el

---

[1] Cuando conocí a Korrel Crawford, quien se convirtió en mi esposa en Diciembre de 2008, yo tenía 47 años.

libro, con frecuencia me preguntaba de dónde habían venido esas ideas. A veces parecía como si yo fuera al mismo tiempo el escritor y el lector agradecido, separado solamente por mis manos en el teclado.

Al mirar atrás, ahora está claro que este libro había estado "añejándose" en mi mente como una gran botella de vino. Se convirtió en una exposición acerca de una fuerza como magnética que apremia a dos tipos opuestos de personalidad a unirse de manera inconsciente e inadvertida en una relación romántica disfuncional perdurable, pero miserable. El libro trata de dar sentido al fenómeno que obliga a tantos de nosotros a involucrarnos con parejas románticas dañinas y narcisistas, quienes, de alguna manera, se asemejan de forma extraña a alguno de nuestros padres. Mi libro también explica por qué tantos de nosotros permanecemos en estas relaciones tóxicas y disfuncionales — con parejas que siempre nos hieren, rara vez se preocupan por nosotros y siempre son la persona a quien creímos amar.

Este libro se basa en mis propias luchas con relaciones románticas disfuncionales. Escribo acerca de por qué nosotros, los esperanzados románticos, nos enamoramos de alguien quien al principio parece virtualmente perfecto; quien en un instante se convierte en nuestro amante, mejor amigo y confidente — en nuestra alma gemela. Nuestra pareja, aparentemente perfecta, comparte nuestro entusiasmo excitante de atracción física y se unirá a nosotros en una montaña rusa de euforia emocional y romántica. Con nuestro supuesto "amor verdadero" experimentamos instantáneamente impulsos abrumadores para fusionarnos emocional, física y sexualmente. Nuestros cuerpos quedan envueltos en sensaciones poderosas e hipnóticas; nuestras mentes corren salvajemente con entusiasmo y anticipación. Nos convencemos de que somos la pareja que concuerda a la perfección — llamas gemelas de un único fuego romántico.

Lo que se sentía tan bien, tan perfecto, permanecerá de esa manera durante no más de unos pocos meses. A pesar del inicio entusiasta de nuestra experiencia, supuestamente de almas gemelas, la relación inevitablemente colapsa y se quema. Como es de prever, las llamas encendidas de pasión se transforman en frustración, impaciencia, resentimiento y arrepentimiento. Nuestro amante de película se convertirá, ante nuestros propios ojos, en una persona narcisista, irascible, controladora, que nos herirá mientras que todo el tiempo insistirá en que nos ama. Quedaremos sintiéndonos incapaces de establecer límites que nos mantengan a salvo, o para romper con la relación. En ambos casos nos sentiremos solos, no amados y, a la larga, resentidos.

Al mirar atrás, el patrón debería haber sido claro como el agua: yo continuaría montado en el carrusel de relaciones disfuncionales, hasta que me di cuenta de por qué seguía cometiendo los mismos errores en las relaciones una y otra vez. Ser un psicoterapeuta no parecía ayudar a que fuera más fácil encontrar estas respuestas. Nunca olvidaré cuando, hace ocho años, un buen amigo me hizo unos comentarios que cambiaron mi vida, acerca de mis patrones disfuncionales de relación. Ella me dijo que cada una de las mujeres de las que me había enamorado "era en realidad la misma persona pero con un rostro diferente". Me advirtió que si no averiguaba la razón subyacente detrás de mis decisiones en mis relaciones disfuncionales, me quedaría atrapado en un ciclo interminable de amor y decepción. Esta amiga, muy sabia y perspicaz, fue capaz de ver en mí aquello ante lo que yo estaba ciego. Este simple comentario hizo tambalear mi fundamento emocional. Por primera vez consideré que tal vez, después de todo, lo que había contribuido a mis fracasos en las relaciones no había sido mala suerte, sino a lo mejor algo que había en mí.

A través del sabio consejo de mi amiga, fui capaz de darme cuenta de que hasta que yo no resolviera mis problemas psicológicos medulares, estaba destinado a repetir perpetuamente mis derrotas en las relaciones interpersonales. Comencé a comprender que fuerzas profundamente arraigadas e inconscientes dentro de mí, me forzaban a repetir mi trauma infantil de sentirme solo, sin importancia y emocionalmente perdido. Como un resultado directo de mi descubrimiento, me comprometí a realizar un viaje psicológico de descubrimiento, sanación y transformación. Me prometí a mí mismo que no me detendría en este caminar hasta que pudiera hacer realidad mis sueños de un amor verdadero y saludable. No obstante, ha sido un camino difícil. Romper un ciclo que estaba incrustado en lo más profundo de mi psique tomaría tiempo, esfuerzo y fe inquebrantable en un ideal.

Albert Einstein dijo una vez: "Locura es hacer lo mismo una y otra vez y esperar resultados diferentes". Él tuvo que haber comprendido mi experiencia de montaña rusa con parejas románticas. ¿Por qué continuaba yo con mis locuras de relaciones disfuncionales si yo sabía que algo estaba mal? ¿Era esta mi propia forma de locura? En ese entonces, así lo pensé. Llegó un momento en mi vida en el que estuve dispuesto a llegar hasta el fondo, abrazar mis miedos más profundos, tomar el control de mi futuro y, al fin, detener esta locura en mi vida. Para cumplir con esta promesa que me había hecho a mí mismo, el primer paso consistió en averiguar por qué me atraían invariablemente mujeres que, a pesar de mi atención y generosidad, me hacían daño. Sabía que primero debía penetrar profundamente en el intrincado tejido de mi pasado emocional.

El domingo 20 de noviembre de 2005 fue el día en que toqué mi fondo emocional. Ese día asistí al Día de los Hombres en Oakton Community College (en Des Plaines, Illinois) — un evento que promueve la exploración, discusión y auto-evaluación de las cuestiones masculinas. Había aproximadamente 400 registrados, entre los cuales había alrededor de 20 mujeres. No fue coincidencia que, en ese día, una mujer hermosa y yo nos engancháramos mutuamente en una mezcla de diálogo convincente y flirteo. La adrenalina pulsante y la avalancha de dopamina me llevaron una vez más al borde de otra relación romántica disfuncional. Esta vez fue diferente: reconocí el desastre de la relación antes de que se desarrollara. En un momento de discernimiento, ¡tomé la decisión de poner freno a mi locura personal! Me rehusé a dejarme caer en un nuevo espiral relacional de muerte. Esta vez estaba resuelto: Iba a vencer los demonios de mi pasado y abrir un camino hacia el amor verdadero y saludable.

Simplemente había llegado hasta mi fondo emocional. Estaba preparado para dejar de participar en mi propia pesadilla personal, estaba preparado para ponerle fin a mis patrones de relación disfuncionales, semejantes a un torniquete. Estaba preparado para aceptar mi "locura" y trabajar en mí mismo para dejar mis patrones relacionales de auto-derrota. Gracias a esta encantadora mujer, hice el propósito de realizar cambios totales en mi vida. Me prometí a mí mismo luchar contra los demonios de mi juventud que me habían obligado a recrear mi condición de la infancia, de soledad y tristeza. Al fin me había vuelto lo suficientemente valiente para tomar consciencia del insoportable dolor y la vergüenza de décadas de relaciones fallidas. Estaba preparado y dispuesto a hacer todo el trabajo personal y emocional que fuera necesario. Estaba determinado a enamorarme de una mujer que me amara y respetara tanto como yo a ella — una mujer que, en vez de hacerme daño, me afirmara y nutriera. Así comenzó mi recuperación personal y el fundamento para entender lo que a la larga se convertiría en el ímpetu para este libro.

Ross Rosenberg
Junio 30, 2012

"Si yo no soy para mí,
¿quién es para mí?
¿Y si yo soy (solamente) para mí,
qué soy yo?
¿Y si no es ahora, cuándo?"
Rabí Hilel (30 A.C - 10 D.C)

INTRODUCCIÓN

Este libro trata del amor y de la búsqueda de una pareja romántica para toda la vida. Desde los albores del primer beso en la Era de Piedra, hombres y mujeres se han visto atraídos de manera irresistible y magnética hacia una relación romántica, más por fuerzas invisibles que por lo que ven, sienten y piensan. Cuando se da un encuentro entre individuos con antecedentes emocionales saludables, la "fuerza del amor" irresistible crea una relación sostenible, recíproca y estable. De manera similar, los codependientes y los narcisistas patológicos se ven envueltos en un estado de ensueño seductor; sin embargo, este se convierte más adelante en un doloroso "subibaja" de amor, dolor, esperanza y decepción. El alma gemela de los sueños del codependiente se convertirá en el narcisista patológico de sus pesadillas.

Hace unos 30 años, mi papá dijo bromeando (o yo pensé que era una broma): "El *alma gemela* de tus sueños se convertirá en el *compañero de celda* de tus pesadillas". A algunos de nosotros nos toma décadas para darnos cuenta de que nuestros padres eran en realidad mucho más inteligentes de lo que creíamos. Lo que yo pensé que era sólo un comentario frívolo y cínico me ayudaría más tarde a definir mi comprensión de las relaciones románticas disfuncionales. Nunca me hubiera imaginado que el comentario que mi padre "se había sacado de la manga" tendría tanto mérito psicológico. Tal vez él entendía que los maravillosos sentimientos iniciales de alegría y euforia nunca perduraban. Se transformaban inevitablemente en algo más insidiosamente perjudicial, y el amor de nuestros sueños terminaba siendo "grillete y cadena" prendidos alrededor de nuestro tobillo por el resto de nuestras vidas.

De entre los que hemos sido criados por padres psicológicamente saludables, que amaban y ~~afirmaban~~ reafirmaban a sus hijos de manera incondicional, tal vez alguno haya vivido realmente esa maravillosa historia del "amor a primera vista". Si es así, se trataría de uno de esos individuos afortunados que, por el resto de su vida, puede jactarse del singular momento de amor a primera vista y de cuán perfecto fue y ha sido. En cambio, si usted fue criado por padres maltratadores, negligentes o ausentes, es posible que haya experimentado el feliz amor a primera vista, pero muy probablemente fue de corta duración y muy decepcionante. Como era de esperar, y sin que sea algo sorprendente, el amante "perfecto" se transformaría en alguien tal vez irreconocible. A los pocos meses, quizás incluso semanas, sus rasgos atractivos y seductores serían reemplazados por una conducta egoísta y egocéntrica, que ocuparía el lugar central en la nueva relación, sintiéndose usted impotente para detenerlo a él o a ella.

Una persona que en su infancia haya sido privada por sus padres de amor incondicional, especialmente durante los primeros cinco a seis años de vida, probablemente se sentirá atraído hacia una pareja romántica narcisista por una fuerza que se asemeja a un imán y de la cual parece imposible liberarse. Esta fuerza magnética o Síndrome de Imán Humano, tiene el poder natural de unir a codependientes y narcisistas en una tormenta perfecta de amor y disfuncionalidad. El poder magnético de este amor disfuncional mantendrá juntos a estos amantes aparentemente opuestos, a pesar de su miseria compartida y de su ferviente esperanza de cambiar al otro. Tristemente, el sueño del amor perfecto y eterno nunca llegará a realizarse. El sueño de vivir con un alma gemela se transformará inevitablemente en la realidad de vivir con un compañero de celda.

Cuando se trata de relaciones románticas, ¡en efecto todos somos imanes humanos! Lo que sucede entre codependientes y narcisistas patológicos lo llamo: "Síndrome de Imán Humano" porque representa una fuerza de atracción disfuncional impulsada por poderosas fuerzas opuestas. Todos nos vemos forzados a enamorarnos de un tipo de personalidad específico que es diametralmente opuesto al nuestro. Al igual que los imanes metálicos, los imanes humanos se atraen entre sí cuando sus personalidades opuestas o "roles magnéticos" concuerdan a la perfección. El vínculo creado por estos "imanes humanos" en perfecta consonancia es interminablemente poderoso. Une a los dos amantes a pesar de que la consecuencia será una infelicidad compartida. En la relación entre un codependiente y un narcisista patológico[2], esa fuerza magnética probablemente creará una relación disfuncional a largo plazo.

---

[2] La naturaleza exacta de estos trastornos/condiciones será explicada en los siguientes capítulos.

Por el contrario, entre parejas románticas saludables, el Síndrome de Imán Humano se traduce en relaciones que empoderan, ~~afirman~~ reafirman y son mutuamente satisfactorias.

Mi experiencia de vida, que incluye 25 años como psicoterapeuta, especialista en adicción, consultor, entrenador profesional y empresario, me ha enseñado que todos somos "imanes humanos", irresistiblemente atraídos hacia una pareja romántica cuya personalidad o "carga magnética" es perfectamente opuesta, exquisitamente compatible e igualmente poderosa a la nuestra. El término "Síndrome de Imán Humano" lo acuñé para ayudar a otros a entender la fuerza relacional omnipresente que inexorablemente vincula dos amantes disfuncionales, mientras que los hace incapaces de liberarse el uno del otro.

Desarrollé la Teoría del Continuum del Yo para ilustrar, describir e incluso cuantificar la atracción omnipresente que obliga a tipos de personalidad opuestas, como son los codependientes y los narcisistas patológicos, a unirse en una relación romántica duradera pero disfuncional. Esta teoría explica la amplia gama de posibilidades en las relaciones — desde las saludables hasta las disfuncionales. A través de la explicación y aplicación de la Teoría del Continuum del Yo, el lector conocerá la "fuerza del amor" omnipresente que afecta a todas y a cada una de las personas que desea encontrar a la pareja romántica de sus sueños.

En el contexto del Continuum del Yo, la codependencia y los trastornos del narcisismo patológico son tipos de personalidad diametralmente opuestos. Yo sugiero que todos nosotros tenemos cabida en alguna parte del Continuum del Yo. Este continuum mide un rasgo específico de la personalidad — una auto-orientación. La auto-orientación se define como la manera en la que amamos, cuidamos y respetamos, tanto a nosotros mismos como a los demás, mientras estamos dentro de una relación. Si tenemos una auto-orientación "hacia otro", estamos más preocupados por las necesidades de otros, mientras que le damos menos importancia a la satisfacción de nuestras propias necesidades. Si tenemos una auto-orientación "hacia nosotros mismos", tendemos a estar más preocupados por nuestras propias necesidades, mientras que ignoramos las necesidades y deseos de nuestros seres queridos.

A través de una gran cantidad de trabajo personal, desafiante y difícil, eventualmente descifré por qué yo habitualmente gravitaba hacia parejas románticas dañinas. Me di cuenta de que mis patrones adultos de relación estaban claramente afectados por la forma en la que mi padre narcisista y mi madre codependiente me habían criado[3]. A través de este trabajo, conecté este mismo proceso de desarrollo con todos los niños que han sido criados por un progenitor patológicamente narcisista. También aprendí que los patrones adultos de relación, saludables o disfuncionales, siempre se ven afectados por el tipo de crianza que un niño recibe. Gracias a estas luces, yo estaba mejor capacitado para ofrecer una psicoterapia que pudiera facilitar un cambio fundamental de la personalidad. He ayudado a mi clientela codependiente a aceptar y a sanar su trauma de la infancia, al cual he llamado *condición originaria*. La condición originaria es el trauma y/o las circunstancias perjudiciales que constituyen el fundamento responsable de los patrones adultos disfuncionales de relación.

El lector llegará a entender por qué el anhelo humano de ser comprendido y de amar y ser amado, nos apremia a encontrar una pareja romántica. La "pulsión de amor" humana nos motiva a buscar un compañero de quien esperamos que comprenda nuestras luchas, valide nuestro dolor, ~~afirme~~ reafirme nuestros sueños y, más que nada, sea co-creador de una explosión de entusiasmo emocional y sexual. No lo podemos evitar; estamos naturalmente inclinados a buscar a alguien que encienda nuestros deseos más profundos y que se una a nosotros en una montaña rusa de romance y excitación sexual y emocional.

Este libro es acerca de relaciones de la vida real —relaciones cotidianas comunes— que muchos de nosotros hemos experimentado, *pero que desearíamos no haberlo hecho*. Explicará por qué las personas pacientes, dadivosas y abnegadas —codependientes— se sienten atraídos de manera predecible hacia parejas egoístas, egocentristas y controladoras —narcisistas patológicos. Como relojitos, los codependientes y los narcisistas patológicos se sienten atraídos entre sí, de manera habitual e

---

[3] Yo he llegado a comprender las deficiencias de mis padres y los he perdonado. Ellos también fueron víctimas de infancias difíciles.

irresistible, a una relación que comienza con altos emocionales y sexuales, pero que después se transforma en un "baile relacional" doloroso y decepcionante. El baile del codependiente con el narcisista patológico es paradójico en su naturaleza porque dos personalidades opuestas participan en una relación que comienza con entusiasmo, alegría y euforia, pero siempre se transforma en una relación que está sembrada de drama, conflicto y sentimientos de estar atrapado. Y a pesar de grandes conflictos personales y emocionales, permanecen juntos.

En este libro, escribo acerca de conceptos, explicaciones y paradigmas que representan la situación de la persona que ha sido criada por un narcisista patológico. Algo que ha influenciado claramente el desarrollo de estos conceptos y teorías han sido mis esfuerzos por ser, a la vez, una persona psicológicamente más saludable y un psicoterapeuta más eficaz. Todos los conceptos como "Las Reglas de Oro de las Profesiones Asistenciales", "El Baile", "la Teoría del Continuum del Yo" y "El Síndrome del Imán Humano" se han derivado de la suma total de mis experiencias de vida. Este libro viene de lo más profundo de mi mente, de mi corazón y de mi alma. Es la representación viva de todas las experiencias que me han moldeado, tanto de manera personal como profesional. Con gratitud, doy mi reconocimiento a los muchos individuos brillantes y talentosos de los que he aprendido, con los que he crecido, y de quienes me he beneficiado; indudablemente, estoy sobre hombros de gigantes. También quiero reconocer el profundo impacto que mis clientes de psicoterapia han tenido en mi crecimiento profesional. Las voces de mis clientes están reflejadas en cada página de este libro. Estoy verdaderamente agradecido.

Si este libro tuviera un solo propósito, sería el de llevar esperanza a otros que, como yo mismo, han anhelado el "verdadero amor", pero que, por el contrario, han seguido encontrando "verdadera disfunción". Tengo la esperanza de que la Teoría del Continuum del Yo, así como el otro material conceptual en este libro, ayude al lector a comprender por qué tantos de nosotros somos presa fácil de nuestros instintos disfuncionales. Espero que tanto los profesionales de la salud como el público en general se beneficien de este libro. He hecho todo lo posible para reducir las complicadas dinámicas relacionales a explicaciones intuitivas, concretas y aplicables. Tanto los profesionales de la salud mental, como el público en general, deberían aprender lo que específicamente impulsa y sostiene la relación del narcisista patológico con el codependiente.

Entre más accesible y práctico es un libro, tanto más puede cambiar el curso de las vidas de quienes lo leen. Creo que las explicaciones directas y simples sobre el comportamiento humano son a menudo más útiles que las que son de múltiples niveles, complicadas e involuntariamente enredadas. Naturalmente, hay muchos elementos de la psique humana que no pueden y no deben ser reducidos o simplificados. Pero ¿por qué no podemos tener un "mapa" del proceso de atracción que todo el mundo pueda entender? ¿Por qué hacer algo complicado cuando no tiene que serlo? No hay regla que imponga la necesidad de tener estudios avanzados, certificados o entrenamiento especial para comprender los fenómenos psicológicos. A veces las situaciones difíciles —como lo son los patrones disfuncionales de relación— pueden comprenderse a través de explicaciones simples. Mi esperanza es que este libro ofrezca a los lectores una comprensión accesible, práctica y clara de los patrones disfuncionales de relación.

Los conceptos incluidos en este libro deben sonar familiares para la mayoría de los lectores, ya que describen una experiencia humana universal. Estos conceptos o explicaciones ya han ayudado a cientos de mis clientes, a miles de participantes en seminarios — todos en búsqueda de información acerca de patrones de relación destructivos y disfuncionales. Espero que este libro se convierta en un recurso esencial para aquellas personas que anhelan una liberación emocional de sus pasados traumáticos y emocionalmente penosos, como también para los profesionales que tratan a estos clientes.

Este libro también está escrito para las almas valientes y determinadas que, a través de un proceso psicoterapéutico sanador y transformante, a lo mejor sean capaces de experimentar al fin amor verdadero y saludable. Tal vez mi mayor ambición para este libro es que pueda inspirar a los lectores a liberarse de sus propias relaciones destructivas y que, al mismo tiempo, se sientan motivados para desarrollar la capacidad de encontrar y mantener una relación romántica amorosa saludable y mutuamente satisfactoria. Algunos lectores pueden aprender que ellos también tienen un "selector relacional" roto, lo cual explicaría por qué se involucran, de manera consistente, en relaciones enfermizas o disfuncionales de largo plazo. Los lectores probablemente alcanzarán una comprensión más profunda de los trastornos del narcisismo patológico, de la codependencia, y de la dinámica magnética que existe entre los dos.

Espero que este libro infunda optimismo y un sentido de esperanza en las personas que están dispuestas a dar un salto valiente y a comenzar un camino profundamente personal y emocional para encontrar relaciones románticas saludables a largo plazo. Sé, por experiencia de primera mano, que este es un trabajo posible y que vale la pena. Al igual que mis clientes de psicoterapia, estoy resuelto a dejar de sufrir a manos de mi propia mente inconsciente. Durante los últimos 15 años he cavado profundo y he luchado duro para aprender acerca de las penetrantes y muy difundidas fuerzas que me mantenían atraído hacia relaciones cuyas consecuencias eran la auto-destrucción, el dolor emocional y el sufrimiento. Como resultado de la promesa inquebrantable que me hice a mí mismo de romper con mi propio patrón de atracción "magnética" hacia los narcisistas patológicos, eventualmente conocí a mi encantadora y hermosa esposa Korrel. El liberarme de lo que parecía una maldición relacional ha tenido un impacto indescriptiblemente positivo en mi vida.

¿No deberíamos todos elegir mirar con honestidad y valentía dentro de nosotros mismos para tratar de entender nuestros motivos más profundos e inconscientes? ¿No deberíamos también esforzarnos por sanar las heridas psicológicas profundamente arraigadas que, sin resolución de nuestra parte, probablemente seguirán bloqueándonos la posibilidad de encontrar algún día al alma gemela de nuestros sueños? ¡La respuesta es un sí rotundo! Sin valentía y fuerza de voluntad decidida a cambiar nuestro camino relacional, seguiremos sufriendo innecesariamente la difícil situación de que no realicen nuestras metas, aspiraciones y sueños.

Finalmente, espero que este libro inspire e instruya a los profesionales de la salud mental que deseen guiar a sus clientes hacia un amor romántico saludable, que brinde reafirmación y que sea mutuo. Con una comprensión más completa de la codependencia y de los trastornos del narcisismo patológico, los profesionales de la salud mental tendrán mayores oportunidades para ayudar a sus clientes adultos a superar sus patrones relacionales destructivos y disfuncionales.

A fin de cuentas, soy un terapista involucrado emocionalmente en las vidas de mis clientes. Siempre he creído que tengo el mejor trabajo del mundo. ¡Todavía no puedo creer que me paguen por hacer que la gente sea feliz y por ayudarles a hacer realidad sus ambiciones y sueños! El siguiente escrito habla de mi deseo de ayudar a mis clientes a encontrar el "oasis" de la libertad y la esperanza.

Si la esperanza y la felicidad siempre parecen estar a una mañana de distancia,
Si son demasiados los días que terminan en tristeza y falta de realización,
Si tu corazón y tu mente hablan idiomas diferentes,
Si el amor a ti mismo y a los demás parece estar más allá de tu alcance,
Si vives en un desierto de tristeza y soledad,
pero buscas un oasis de libertad y esperanza, yo puedo ayudar.
— Ross Rosenberg

CAPÍTULO 1: CODEPENDIENTES, NARCISISTAS PATOLÓGICOS Y SU "BAILE"

El carácter inevitable de nuestro futuro

Por mucho que nos guste, no podemos evitar ciertos hechos indiscutibles de la vida: tendremos que pagar impuestos, envejeceremos, muy probablemente ganaremos algunos kilos de más y siempre estaremos conectados con nuestra infancia. Sigmund Freud tenía razón: nosotros somos, en efecto, creaturas de nuestro pasado; afectados más por nuestros años de formación (los primeros cinco a seis años de vida) que por los eventos y circunstancias recientes. Aunque los genes juegan un papel significativo en el desarrollo de nuestro yo adulto, la manera en la que fuimos cuidados cuando éramos niños está integralmente conectada con nuestra salud mental adulta. Ya sea que abracemos nuestra singular historia de la infancia o que tratemos de silenciarla, olvidarla o incluso negarla, no hay manera de negar su impacto en nuestras vidas.

El paisaje experiencial de nuestra infancia impacta nuestras futuras relaciones adultas. En concreto, la manera en la que fuimos criados durante nuestros años formativos está directamente conectada con la calidad de nuestras relaciones adultas. Si usted fue afortunado, habrá tenido una infancia sin mayores traumas, maltratos, privaciones o negligencia. Al ser uno de los afortunados, usted habrá tenido padres que cometían errores, pero que lo amaban y lo cuidaban de manera incondicional. Sólo por ser usted, a pesar de sus imperfecciones, les habrá demostrado a sus padres que todos los bebés son perfectos y que el don de su vida es sagrado. Sus padres, saludables pero no perfectos, habrán estado intrínsecamente motivados para fomentar su crecimiento personal y emocional, no porque tuvieran que hacerlo, ¡sino porque creían que usted lo merecía! El único requisito para recibir amor y cuidado por parte de sus padres era simplemente ser usted, su yo genuino — simplemente ser. En consecuencia, usted se volvió parte de un patrón de varias generaciones de niños emocionalmente saludables; se convirtió en un adulto equilibrado y emocionalmente saludable. Si decidió tener hijos, habrá perpetuado el "karma" de una crianza positiva, criando a su propio hijo emocionalmente saludable.

El hijo de padres psicológicamente poco saludables también tomará parte en un patrón multigeneracional similar; sólo que perpetuamente disfuncional. Si uno de sus padres era un narcisista patológico, usted habrá nacido en este mundo rodeado de expectativas. En caso de cumplirlas, habrá motivado a su padre narcisista a amarlo y cuidarlo. Si fue capaz de mantener la fantasía que sus padres tenían de cómo debía ser usted, es probable que haya recibido por parte de ellos amor condicional y atención condicional. Al mantener las fantasías de paternidad que sus padres tenían, usted se convertiría en un logro del que estarían orgullosos — una especie de trofeo. Como resultado directo de su habilidad para acomodarse a las necesidades narcisistas de sus padres, como adulto usted habrá desarrollado rasgos de codependencia o se habrá convertido en codependiente. Como adulto, usted se habrá sentido instintivamente atraído hacia un narcisista patológico, que inconscientemente le habrá recordado a su progenitor narcisista.

Sin embargo, si usted fue incapaz de ser el "niño trofeo" de sus padres, habrá detonado en ellos sus propios sentimientos de vergüenza, ira e inseguridad, para luego proyectarlos sobre usted. Al ser un niño incapaz de hacer que su progenitor narcisista se sintiera bien consigo mismo, probablemente usted haya sido sometido a privaciones, abandono y/o maltrato. Nunca habrá podido relajarse y disfrutar de las maravillas de la infancia. Su infancia solitaria, con carencias y/o maltratos, sentaría las bases para una futura salud mental pobre y el consiguiente desarrollo de uno de los trastornos del narcisismo patológico. Como adulto, al igual que sus propios padres, usted se sentirá atraído de manera involuntaria e instintiva hacia parejas románticas que puedan aceptar o tolerar su narcisismo.

Todos los padres, tanto los psicológicamente saludables como los no saludables, proporcionan a sus hijos experiencias y memorias que, en última instancia, se traducirán en una guía relacional automática para sus relaciones adultas. Los niños simplemente absorben el tratamiento que sus padres les dan. Pueden recibir la bendición de ser los afortunados beneficiarios de una especie de GPS relacional que los guiará de manera consistente al lugar correcto, en el momento preciso y a la persona adecuada — todo el tiempo. Los niños que no son tan afortunados pueden heredar un manual relacional roto que muy probablemente los llevará por el mal camino en su búsqueda de relaciones amorosas, seguras y felices. Debido a que los seres humanos somos capaces de sanación y de transformación, así como de elevarnos por encima de las fuerzas aparentemente irrebatibles de nuestra infancia, no tenemos que ser los portaestandartes de la sentencia a cadena perpetua de nuestros padres. Todos estamos dotados con la capacidad para crecer y aprender de nuestros errores. Muchos de nosotros, con arduo trabajo, podemos tener la oportunidad de revertir lo que alguna vez fue como una sentencia a cadena perpetua de relaciones futuras disfuncionales.

Codependiente/Narcisista: El terrible tango

Nosotros los terapistas vivimos para momentos en los que todo tiene sentido y nuestros clientes llegan a comprender lo que hasta ese momento se les había escapado. No hay nada más gratificante que cuando analogías o metáforas certeras crean un momento de cambio. Es invaluable cuando dan en el clavo, cuando "se les enciende el bombillo" o tienen un momento de descubrimiento repentino e iluminador.

Cuando comencé a utilizar la metáfora del "baile" o de "baile en pareja" con mis clientes codependientes para describir sus patrones habituales de relación con los narcisistas patológicos, supe que había creado algo importante. Cada vez que la utilizaba para explicar por qué los codependientes y los narcisistas patológicos son "bailarines" perfectamente coordinados en un "baile en pareja", mis clientes experimentaban un encuentro afortunado de comprensión y percepción.

Les ayudó consistentemente a comprender que no son solamente víctimas de un daño perpetrado contra ellos por parte de los narcisistas, sino que ellos también son participantes dispuestos y activos en sus relaciones con ellos. También les ayudó a comprender su predilección por elegir compañeros sentimentales o "parejas de baile" que al principio parecen perfectamente compatibles y sumamente atractivos, pero que, en última instancia, son controladores, dañinos y envolventes. Curiosamente, el impacto emocional de la "metáfora del baile" fue paradójica: creaba sentimientos de ansiedad, frustración y enojo; pero también de esperanza.

Con el tiempo, la metáfora del baile se convirtió en un conjunto de explicaciones y técnicas psicoterapéuticas complejas y extensas. Todas ellas ayudaron a vencer pensamientos rígidos y distorsionados, y patrones de negación mientras que facilitaban una más profunda comprensión emocional e intelectual de las dinámicas de relación entre codependiente y narcisista. No sabía entonces que mi metáfora del "baile" se convertiría en la columna vertebral de lo que después se conocería como el Síndrome del Imán Humano.

Según el diccionario, baile se define como "pasos, gestos y movimientos rítmicos y secuenciales del cuerpo, que coinciden con la velocidad y el ritmo de una pieza de música". Mi definición para la metáfora de "baile relacional" es virtualmente la misma: "pasos, gestos y comportamientos románticos que coinciden con la velocidad y el ritmo de la personalidad y la expectativa de la relación que tiene cada pareja de baile". Los codependientes y los narcisistas patológicos participan en un fenómeno parecido a un baile que, en última instancia, crea una relación disfuncional duradera o "baile en pareja". Las "parejas de baile", con personalidades disfuncionales opuestas, que armonizan, con frecuencia participan en una relación patológica dramática, semejante a una montaña rusa, que continúa a pesar de que una de las partes se sienta infeliz o desee que el "baile" se detenga.

Hablemos del baile. Como en cualquier baile exitoso en pareja, cada bailarín tiene experiencia, está familiarizado y extremadamente sintonizado con el estilo de baile del otro y con los movimientos de baile que le son característicos a cada uno. Para tener éxito en la pista de baile, los dos bailarines necesitan ser compatibles en muchos niveles y al mismo tiempo deben conocerse mutuamente de manera profunda y completa. Los individuos que son codependientes "bailan" muy bien con individuos que son narcisistas porque sus personalidades patológicas o "estilos de baile" son complementarios. En otras palabras, constituyen una pareja perfectamente coordinada. Como bailarines bien sincronizados, se desempeñan magníficamente en la pista de baile porque son capaces de predecir instintivamente los movimientos del otro. Bailan sin esfuerzo el uno con el otro, como si siempre hubieran bailado juntos. Cada uno conoce su papel y se atiene a él. Pero la fuerza impulsora detrás de este dinámico dúo danzante es una compatibilidad disfuncional.

Como pareja de baile perfectamente compatible, el bailarín narcisista patológico es el "yin" del "yang" codependiente. La naturaleza dadivosa, sacrificada y pasiva de la persona que es codependiente coincide perfectamente con los rasgos de un individuo narcisista que se siente superior que los demás y que merece un tratamiento preferencial, que es demandante y egocentrista. Los codependientes se sienten naturalmente atraídos hacia los narcisistas patológicos, porque se sienten cómodos y en casa con una persona que sabe cómo dirigir, controlar y guiar. Las habilidades de baile del codependiente están particularmente conectadas con su agilidad disfuncional involuntaria — para sintonizarse con las señales, gestos y movimientos egoístas de su compañero narcisista patológico. De manera experta y con destreza, los codependientes predicen y se anticipan a todos y cada uno de los pasos de su compañero narcisista patológico, mientras que experimentan el baile como una experiencia positiva pero pasiva.

A la inversa, los "bailarines" que son narcisistas patológicos se sienten atraídos hacia parejas codependientes porque les permiten sentirse fuertes, seguros, en control y en posición de dominio en una actividad que les brinda bastante atención, alabanza y amor. Habitualmente eligen parejas de "baile" codependientes porque con ellos se les permite ser el centro de la atención, dirigir la orientación del baile y, en última instancia, determinar dónde, cuándo y cómo proseguirá el baile.

Estos bailarines siempre parecen realizar perfectamente sus rutinas de baile, lo cual es de esperar, ya que han estado practicando sus movimientos de baile, pasivos y predecibles, a lo largo de toda su vida adulta. La metáfora del baile ha sido útil en mi trabajo con mis clientes codependientes porque les ha ayudado a comprender su patrón de atracción persistente y disfuncional hacia compañeros sentimentales narcisistas: hirientes y egoístas. También les ayudó a romper patrones perpetuos e involuntarios mediante los cuales elegían parejas de baile que en un principio se sentían perfectas, pero que con el tiempo se revelaban como erradas —e incluso dañinas— para ellos.

Utilizada como una técnica de terapia, esta metáfora genera consistentemente un entendimiento más profundo de los patrones de relación disfuncionales mientras que va desarrollando confianza, comprensión y sentimientos de eficacia y fuerza personal. Liberados de su propensión a enamorarse de narcisistas, estos codependientes "recuperados" son finalmente capaces de caer de manera automática, si no magnética, en brazos de una pareja de baile amorosa, deseable y emocionalmente saludable.

En el 2007, después de un inspirador progreso en una sesión de terapia, decidí consolidar todas mis ideas sobre el fenómeno del baile entre codependiente y narcisista en un ensayo titulado "Codependiente: ¡No Bailes!". El ensayo fluyó de mí con facilidad porque yo había estado reflexionando y hablando acerca de estos conceptos por más de cinco años. No tengo duda alguna de que si no hubiera descubierto cómo cambiar mis propios patrones de baile disfuncional, el "bombillo" del baile nunca se habría prendido.

El ensayo fue un éxito inmediato con mis clientes codependientes, porque parecía impulsar la comprensión de sus propias elecciones disfuncionales y autodestructivas. Representaba mis propias certezas acerca del proceso psicoterapéutico: uno no puede cambiar un patrón disfuncional de muchos años hasta que uno entiende qué es y de dónde viene; cuanto más profunda sea la comprensión de los procesos internos, tanto más apta es la experiencia terapéutica para producir resultados positivos.

Codependiente: ¡No bailes!

El "baile de la codependencia" requiere dos personas: el que complace y arregla las cosas y el que las toma y lleva el control. Este baile, inherentemente disfuncional, requiere de dos bailarines opuestos pero claramente sincronizados: un codependiente y un narcisista (o adicto). Los codependientes, que son quienes dan, se sacrifican y se consumen con las necesidades y deseos de los demás, no saben cómo desconectarse emocionalmente o evitar relaciones románticas con individuos que son narcisistas: egoístas, egocentristas, controladores y perjudiciales para ellos. En la "pista de baile", los codependientes se encuentran a sí mismos habitualmente atraídos hacia "parejas de baile" que encajan perfectamente con su estilo de bailar: pasivo, sumiso y conformista.

En su carácter de seguidores naturales, los codependientes son pasivos y se acomodan a sus parejas de baile. Para los codependientes, una pareja de baile narcisista es profundamente atrayente. Se sienten perpetuamente atraídos hacia sus rasgos: encanto, audacia, confianza y personalidad dominante. Cuando los codependientes y narcisistas se emparejan, la experiencia del baile vibra de entusiasmo — por lo menos al principio. Después de muchas "canciones", la experiencia apasionante y emocionante del baile se transforma generalmente en drama, conflicto, en sentimientos de abandono y de estar atrapados. Incluso con el caos y el conflicto, ninguno de los dos embelesados bailarines se atreve a poner fin a la relación. A pesar de la naturaleza de su relación, tumultuosa y cargada de conflicto, ninguno de estos bailarines, opuestos pero disfuncionalmente compatibles, se siente con el deber de no seguir bailando.

Cuando un codependiente y un narcisista se unen en una relación, su "baile" se desarrolla sin problemas: la pareja narcisista mantiene el liderazgo y el codependiente lo sigue. Sus roles les parecen naturales porque los han venido practicando toda su vida. Debido a que el codependiente entrega su poder involuntariamente, y el narcisista se nutre del poder y del control, el baile es perfectamente coordinado. A ninguno le pisan los pies.

Por lo general, los codependientes dan de sí mismos mucho más de lo que su pareja les da a ellos. Como bailarines "generosos" pero amargados, parecen estar atrapados en la pista de baile, siempre esperando la "siguiente canción", durante la cual esperan ingenuamente que su pareja narcisista finalmente entienda sus necesidades. Los codependientes confunden el cuidar de otros y sacrificarse, con lealtad y amor. A pesar de que están orgullosos de su inquebrantable dedicación a la persona que aman, terminan sintiéndose poco apreciados y utilizados. Los codependientes anhelan ser amados, pero debido a su elección de pareja de baile, encuentran que sus sueños no se realizan. Con el corazón roto por los sueños no cumplidos, los codependientes se tragan su infelicidad en silencio y con amargura.

Los codependientes están esencialmente atrapados en un patrón de dar y sacrificarse, sin la posibilidad de recibir alguna vez lo mismo por parte de su pareja. Pretenden disfrutar el baile, pero en realidad albergan sentimientos de ira, amargura y tristeza, por no poder desempeñar un papel activo en su experiencia de baile. Están convencidos de que nunca encontrarán una pareja de baile que los ame por lo que son y no por lo que pueden hacer por el otro. Su baja autoestima y pesimismo se manifiesta en una forma de indefensión aprendida que, en última instancia, los mantiene en la pista de baile con su pareja narcisista.

El bailarín narcisista, como el codependiente, se siente atraído por una pareja que parece perfecta para él: alguien que lo deja dirigir el baile mientras lo hace sentir poderoso, competente y apreciado. En otras palabras, el narcisista se siente más cómodo con un compañero de baile que coincida con su estilo de baile envanecido y descaradamente egoísta. Los bailarines narcisistas son capaces de conservar la dirección del baile porque siempre encuentran parejas que no se valoran a sí mismas, les falta confianza y tienen baja autoestima — codependientes. Con una pareja tan adecuada, son capaces de controlar tanto al bailarín como el baile.

Aunque todos los bailarines codependientes desean armonía y equilibrio, se sabotean consistentemente a sí mismos porque eligen una pareja a la que se sienten atraídos inicialmente, pero a la que, a la larga, resienten. Cuando se les da la oportunidad de dejar de bailar con su pareja narcisista y cómodamente esperar sin bailar mientras llega alguien saludable, por lo general optan por continuar su baile disfuncional. No se atreven a dejar a su pareja de baile narcisista, porque la falta de autoestima y respeto por sí mismos les hace sentir que no podrán encontrar algo mejor. Para ellos, estar a solas equivale a sentirse solos, y la soledad es un sentimiento demasiado doloroso para soportar.

Sin autoestima o sentimientos de fortaleza personal, el codependiente es incapaz de elegir parejas que den de manera recíproca y amen incondicionalmente. Su elección de pareja de baile narcisista está conectada con la motivación inconsciente de encontrar una persona que les sea familiar — alguien que les recuerde su infancia, en la que se sentían impotentes y que, tal vez, fue traumática. Tristemente, los codependientes son hijos de padres que también bailaron a la perfección el baile disfuncional entre codependiente y narcisista. Su miedo a quedarse solos, su compulsión por controlar y reparar a toda costa, lo cómodos que se sienten en su papel de mártires que aman ilimitadamente, su devoción y paciencia, es una extensión de su anhelo de ser amados, respetados y cuidados cuando eran niños.

Aunque los codependientes sueñan con bailar con una pareja que los ame incondicionalmente y los ~~afirme~~ reafirme, sucumben a su destino disfuncional. Mientras no decidan sanar sus heridas psicológicas que, a la larga, los obligan a bailar con parejas de baile narcisistas, estarán destinados a mantener el compás y el ritmo constantes de su baile disfuncional.

A través de psicoterapia y, tal vez, a través de los 12 pasos del programa de recuperación, el codependiente puede comenzar a reconocer que su sueño de bailar el grandioso baile del amor, de la reciprocidad y de la mutualidad es realmente posible. Con la ayuda de terapia y de un cambio de estilo de vida, los codependientes pueden construir (reparar) su autoestima hecha jirones. El camino de sanación y transformación les traerá sentimientos de empoderamiento personal y eficacia, que fomentarán el deseo de bailar, al fin, con alguien que esté dispuesto y sea capaz de compartir el liderazgo, comunicar sus movimientos, y que esté buscando un baile rítmico que sea mutuamente amoroso.

CAPÍTULO 2: LOS PERFECTOS OPUESTOS: NARCICISTAS PATOLÓGICOS Y CODEPENDIENTES

Nuestra cultura en evolución tiene un impacto directo sobre el lenguaje. Esta cultura incluye, de manera especial, la amplia influencia de nuestros medios de comunicación populares, Internet, redes sociales y otros fenómenos modernos. Gracias a la proliferación de Internet y a la constante arremetida de los avances tecnológicos, casi instantáneamente "nacen" nuevas palabras y frases. Fenómenos en línea enormemente populares, como Facebook y Twitter, son altamente influyentes en la construcción de nuevas palabras y, al mismo tiempo, en la redefinición de otras. Del mismo modo, la terminología de la salud mental se ve afectada por nuestra sociedad en evolución. Pero lo que sucede con los términos de la salud mental es que, con frecuencia, son una vía de doble sentido: así como la cultura influye en la terminología, la terminología afecta igualmente la cultura. Palabras como "disfuncional", "negación", "proyección", "TOC" e incluso "codependiente" son ahora parte de nuestro vocabulario normal. A pesar de que estos términos multifacéticos del ámbito de la salud mental han beneficiado al público en general, con el tiempo, su uso excesivo ha traído como consecuencia que se diluya su significado clínico original.

El manual que contiene los términos diagnósticos de salud mental aceptados (por la Asociación Americana de Psiquiatría — APA) es el *Diagnostic Statistic Manual for Mental Disorders* o DSM, (Manual Diagnóstico y Estadístico de los Trastornos Mentales). El DSM proporciona lenguaje común y criterios estandarizados para la clasificación de trastornos mentales o psicológicos. Debido a que los conceptos de salud mental están sujetos a interpretaciones subjetivas, resulta necesario —o es un requisito— tener una guía de diagnóstico estandarizada, válida y basada en la investigación. Teniendo en cuenta que los campos de la salud mental son diversos, obviamente es imposible tener un amplio acuerdo sobre los términos de diagnóstico, las categorías de diagnóstico y su organización. A pesar de que la mayoría de profesionales en la salud mental consideran que el DSM es como la "biblia" de los trastornos de salud mental, existe el consenso generalizado de que tiene sus limitaciones. Aunque el DSM es una herramienta clínica necesaria, es tan buena como los tiempos en los que fue escrito, la cultura para la que fue escrito y la comprensión (ciencia) que en ese momento se tenía de la enfermedad mental.

Para mantenerse relevante y moderno, o para mantenerse al día con la naturaleza cambiante de nuestra sociedad, cultura, política, y de los avances científicos o médicos, el DSM ha sido revisado de manera regular o semi-regular. Incluyendo el DSM-5, que fue publicado en Mayo de 2013, el DSM ha sido revisado seis veces desde la primera vez que fue publicado en 1952. Durante los últimos 60 años, con cada revisión del DSM, se han añadido, removido y/o actualizado diagnósticos y categorías de diagnóstico. También se han actualizado formulaciones para el proceso de diagnóstico. En la medida en que nuestra sociedad y la comprensión científica de los trastornos de salud mental han evolucionado, también lo ha hecho el DSM. Ejemplos de la naturaleza cambiante del DSM incluyen:

- 1973: El diagnóstico de "homosexualidad" fue removido.
- 1980: El diagnóstico de "depresión maníaca" fue cambiado por "trastorno bipolar".
- 1980: La categoría del diagnóstico de "trastornos neuróticos" fue eliminada.
- 1994: El diagnóstico del "trastorno hisperansioso de la infancia" fue cambiado por "trastorno de ansiedad generalizada".
- 2013: Según el reporte de la Asociación Americana de Psiquiatría, el trastorno de Asperger será removido.

Para entender plenamente los conceptos centrales en este libro, es necesario proporcionar definiciones estándar u operativas para los términos de diagnóstico que utilizo con frecuencia. Esto es especialmente necesario teniendo en cuenta que términos como "codependencia" y "narcisismo patológico" no están incluidos en el DSM. Si estos conceptos y términos de diagnóstico (y otros incluidos en este libro) han de tomarse en serio, deben ser claramente definidos y quedar limpios de toda connotación "jerguista". Con definiciones claras y, posteriormente, con una mejor comprensión de los términos y conceptos, este libro debe tener un valor práctico tanto para profesionales clínicos como para el público en general.

Para comenzar, el consabido término "disfuncional" es uno de los términos de salud mental que son empleados en exceso, son peor utilizados y comúnmente mal entendidos. El *Diccionario Random House* ubica la palabra ya entre 1915 y 1920. La utilización del término alcanzó su apogeo en los años 90, cuando cruzó de los campos psicológicos médicos y clínicos al vocabulario corriente. Para entender la forma en la que se utiliza el término en este libro es importante primero tener en cuenta que "saludable" y "normal" son lo contrario a "disfuncional". Las personas "saludables y normales" tienen problemas. Sin embargo, cuentan con (y utilizan) recursos internos y externos para solucionarlos. En otras palabras, los individuos saludables buscan ayuda, asistencia y/o servicios profesionales cuando las cosas se ponen difíciles. Por otra parte, estos individuos tienen recursos emocionalmente arraigados en su interior que les ayudan a solucionar y/o a adaptarse a sus problemas o situaciones difíciles. Ejemplos de estos recursos internos son la valentía, la humildad, la sana vulnerabilidad, el *insight** y el buen criterio.

Debido a que el término "relación disfuncional" es utilizado a lo largo de este libro, es importante proporcionar una definición estándar del mismo. Las *relaciones disfuncionales* se dan entre individuos que carecen de una adecuada salud mental o emocional. Estas relaciones se caracterizan por frecuentes o perpetuos conflictos, que a menudo quedan sin resolver. Los compañeros sentimentales que viven una relación disfuncional carecen de la habilidad, están desmotivados o son incapaces de interactuar entre sí de una manera positiva, empática y afirmativa. A menudo interactúan, el uno con el otro, de una forma que es perjudicial y destructiva para uno de ellos o para ambos. Esta relación patológica se mantiene a base de

---

* La palabra *"insight"* en este contexto tiene un significado muy rico en inglés que no vale la pena simplificar, sino más bien utilizarla en el idioma original ofreciendo algunas definiciones que el autor considera pertinentes: 1. La habilidad intuitiva para reconocer y entender los propios procesos psicológicos y las fuerzas motivacionales que se encuentran detrás de las propias acciones, pensamientos o comportamiento. 2. La habilidad para comprender los procesos psicológicos propios y de los demás para adaptarse bien a los retos personales y sociales. 3. El reconocimiento de la propia responsabilidad en la fuente de las dificultades emocionales y relacionales (Nota del traductor).

reglas y roles implícitos y explícitos, que se desarrollan inconscientemente con el fin de evitar conflicto o aflicción.

Los compañeros sentimentales que tienen una relación disfuncional suelen ser incapaces de comunicarse de una manera que pueda facilitar la resolución efectiva de problemas. A menudo, uno o ambos individuos se resisten a aceptar apoyo externo como ayuda para sus problemas. Finalmente, las relaciones disfuncionales son perpetuas; persisten en virtud del hecho de que uno o ambos compañeros sentimentales no buscan o no buscarán un cambio o un remedio.

Los *individuos disfuncionales* normalmente ignoran o niegan tener problemas. No tienen la capacidad psicológica para reconocer que necesitan ayuda o para buscarla, o no creen que tengan el poder o el apoyo para cambiarlos. Los individuos disfuncionales suelen evitar buscar servicios de salud mental, oponen resistencia a ellos y/o participan de mala gana o con poco entusiasmo. Si llegan a beneficiarse de intervenciones o servicios externos de ese tipo, los individuos disfuncionales suelen recaer con el tiempo en sus antiguos patrones enfermizos comportamentales, sociales y/o psicológicos. Estos individuos probablemente regresen a terapia con poco entusiasmo o, una vez más, se resistan a buscar ayuda.

Los trastornos de codependencia y narcisismo patológico son, en efecto, trastornos psicológicos. Pero para ser formalmente considerados trastornos de salud mental, un problema específico o condición (un trastorno) se requiere que sean aceptados por la Asociación Americana de Psiquiatría (APA), la cual después recomienda que sean incluidos en el DSM. Cuando la APA no reconoce formalmente un trastorno, entonces los que sufren de él se dejan a un lado sin la importante validación necesaria para que los profesionales de la salud mental lo tomen suficientemente en serio como para proveer recursos de tratamiento efectivos y suficientes.

Aunque los trastornos de codependencia y de narcisismo patológico serán explorados en detalle en los siguientes capítulos, primero se presentarán las definiciones de ambos términos. Mi definición de codependencia es la siguiente: "trastorno de abnegación, pasividad e inseguridad acerca de las propias capacidades y competencias". Los codependientes normalmente carecen de confianza en sus habilidades para influenciar a otros de manera que los amen, los respeten y los cuiden. Se sienten atraídos o son fácilmente manipulados por narcisistas o adictos: individuos egocéntricos, centrados en sí mismos y controladores. Tienden a elegir parejas románticas que los necesitan y que se sienten obligadas a controlarlos y dominarlos. Con frecuencia aplazan o dan menor prioridad a sus necesidades personales y emocionales, mientras que están excesivamente preocupados con las necesidades personales y emocionales de otros. La codependencia puede darse en cualquier tipo de relación, no solamente en las relaciones románticas.

El narcisismo patológico es un término de diagnóstico más nuevo que he utilizado en la serie de seminarios en los cuales este libro está basado. Mi definición para narcisista patológico es la siguiente: un individuo que ha sido diagnosticado con uno de tres trastornos de personalidad: trastorno narcisista de la personalidad (TNP), trastorno límite de la personalidad (TLP) o trastorno antisocial de la personalidad (TAP), y/o es adicto a sustancias químicas o a determinados comportamientos. Sin embargo, es posible que un narcisista patológico tenga uno de estos trastornos de la personalidad y, simultáneamente, un trastorno de adicción. Aunque los trastornos de narcisismo patológico son claramente diferentes el uno del otro, todos comparten la orientación relacional narcisista: sentirse superior a los demás, merecedor de un tratamiento preferencial, ser presuntuoso, egotista y centrado en sí mismo.

Los narcisistas patológicos interactúan con otras personas desde una perspectiva que está centralmente enfocada en sus propias necesidades. Su enfoque en las relaciones interpersonales es, por lo general, en cómo las personas o las situaciones los afectan a ellos y en su necesidad agobiante de ser reconocidos y apreciados. Los narcisistas patológicos suelen exhibir una visión irreal, inflada y exagerada de sus propios talentos, y al mismo tiempo devalúan las contribuciones o habilidades de los demás. Tienden a carecer de sensibilidad y empatía en situaciones sociales y con los individuos con los que tienen una relación.

En sus relaciones interpersonales, los codependientes están patológicamente orientados hacia las necesidades de los demás mientras minimizan o ignoran la importancia de sus propias necesidades. Los narcisistas patológicos están patológicamente orientados hacia sus propias necesidades mientras minimizan e ignoran las necesidades de los demás. Debido a que los codependientes buscan atender las necesidades de los demás y los narcisistas patológicos buscan satisfacer sus propias necesidades, conforman una relación de pareja en perfecta consonancia.

Como resultado directo de sus orientaciones de relación bien sincronizadas, los codependientes y los narcisistas patológicos se sienten irresistiblemente atraídos entre sí por lo que parece ser una fuerza magnética invisible. Cuando se encuentran por primera vez, se ven envueltos en una fuerza de energía magnética y seductiva que, inicialmente, satisface su fantasía de amor verdadero, pero después se convierte en un doloroso subibaja de amor/dolor y esperanza/decepción. Como individuos opuestos pero inversamente complementados, se vuelven una pareja compatible. La misma fuerza de atracción magnética que los unió, también los vincula en una relación a largo plazo y persistente.

La historia está repleta de ejemplos de parejas románticas que se atraían irresistiblemente entre sí, no tanto por lo que veían, sentían o pensaban, sino más por una especie de fuerza de atracción magnética, imperceptible pero abrumadora. Antonio y Cleopatra (codependiente-narcisista), John y Jacqueline Kennedy (narcisista-codependiente), Elvis y Priscilla Presley (narcisista-codependiente), son sólo tres entre el incontable número de parejas famosas cuya relación fue impulsada por una especie de fuerza magnética de amor.

De manera similar, cuando individuos con antecedentes emocionales saludables se encuentran, se sienten atraídos entre sí por una fuerza de amor formidable que se alimenta de sus rasgos de personalidad opuestos y compatibles. A diferencia de la relación entre codependiente y narcisista patológico, los amantes saludables con personalidades complementarias, son capaces de construir una relación amorosa, recíproca y estable. Su orientación o auto-orientación relacional opuesta es equilibrada en el hecho de que ninguno de los dos está inclinado sólo hacia los demás o sólo hacia sí mismo.

En el sentido más general, los codependientes son individuos abnegados que están inherentemente orientados hacia el amor, el respeto y el cuidado (ARC) de los demás mientras que ignoran o minimizan la importancia de cuidarse a sí mismos. Por el contrario, los narcisistas patológicos son egoístas, egocentristas y están preocupados por su propia necesidad de ARC. Debido a que en las relaciones personales los codependientes están orientados hacia el cuidado de otros y los narcisistas patológicos, hacia sus propias necesidades, son considerados compañeros de relación opuestos, compatibles y disfuncionales. Como se ilustra en el ensayo sobre el Baile, compañeros sentimentales opuestamente disfuncionales conforman una pareja compatible. Debido a que el narcisista patológico y el codependiente son compatibles en una relación romántica, probablemente conforman una relación duradera y estable. Para el propósito de este libro, relación estable se define como capacitada y con probabilidades de continuar o perdurar, firmemente establecida, duradera o permanente. Las relaciones estables disfuncionales no son deseables.

La relación codependiente/narcisista patológico es paradójicamente considerada como una relación mutua y recíproca porque ambos compañeros sentimentales satisfacen las necesidades emocionales del otro: el "que cuida" atiende al que "necesita que lo cuiden", mientras que al que "necesita que lo cuiden" se le permite permanecer absorto con su propia vida. Debido a que ambos tienen una deficiencia inherente en lo emocional y psicológico, comparten la creencia distorsionada de que el otro los hará sentir completos.

> # RELATIONSHIP MATH
> THE ADDITION OF 1/2 + 1/2
> (CODEPENDENT & NARCISSIST) = 1,
> WHICH IS A HALF OF A RELATIONSHIP
> COMPRISED OF ENMESHED AND DEPENDENT
> PARTNERS. BUT THE ADDITION OF 1 + 1
> (TWO SELF-LOVING INDIVIDUALS) = 2,
> WHICH IS ONE WHOLE RELATIONSHIP
> COMPRISED OF MUTUALLY AND RECIPROCALLY
> LOVING INTERDEPENDENT ADULTS.

La suma de ½ + ½ (codependiente y narcisista) = 1, que es la mitad de una relación compuesta por parejas con simbiosis patológica y dependientes. Pero la suma de 1 + 1 (dos individuos que se aman a sí mismos) = 2, lo cual es una relación completa compuesta por adultos interdependientes que se aman mutua y recíprocamente.

Matemática relacional
En vez de alcanzar la fantasía de sentirse completos en lo personal, los compañeros sentimentales "desarrollados a la mitad", al unirse, crean "la mitad de una relación". La "matemática relacional" es simple: la suma de dos "mitades de personas" crea una sola persona, es decir, "la mitad de una relación". El nivel de disfuncionalidad de esta "mitad de una relación" es directamente proporcional a los problemas psicológicos o deficiencias en la salud mental que cada uno tenga. Individuos enfermos en lo emocional o deficientes en lo psicológico nunca pueden crear una relación emocionalmente saludable o psicológicamente estable. Por el contrario, cuando dos personas psicológicamente saludables se unen en una relación romántica, el resultado es una "relación completa" que se compone de dos individuos interdependientes que se ~~afirman~~ reafirman, respetan y cuidan mutuamente por igual. Con compañeros sentimentales saludables, uno más uno es igual a una relación completa, que se compone de dos individuos completos.

La relación codependiente/narcisista patológico es naturalmente resistente a las rupturas porque ninguno de los dos aprecia o disfruta estar a solas. Estar a solas, o sin su pareja romántica disfuncional, con frecuencia detona sentimientos inherentes y profundamente arraigados de incompetencia y vergüenza. Estar a solas simplemente los acerca a su núcleo emocional solitario. Debido a que estar a solas los hace sentir solos, y la soledad es una emoción dolorosa e insoportable, la relación permanece intacta a pesar de la infelicidad compartida y de las consecuencias negativas (que en su mayoría recaen en el codependiente).

Es como si los codependientes y los narcisistas patológicos fueran adictos el uno al otro. Al igual que los adictos, que harían cualquier cosa por conseguir su dosis, estos dos buscan compulsivamente el placer de la compañía del otro —algo que se siente bien en el momento— pero que nunca perdura. Es como si cada uno fuera para el otro la droga perfecta — su forma preferida de auto-medicarse. En última instancia y de manera previsible, la naturaleza compulsiva de su relación los conduce a una avalancha de pérdidas y consecuencias. Las rupturas no perduran ya que ninguno de los dos puede tolerar permanecer sin su "droga". Por lo tanto, volver a estar juntos después de una ruptura no es otra cosa que recibir una "dosis" temporal.

La adicción a la que tanto codependiente como narcisista están atados, se alimenta del poderoso síndrome de abstinencia de la soledad patológica. El dolor de esta soledad es terriblemente difícil de soportar, ya que es un crudo recordatorio de lo vacíos, incompletos y mal que se sienten consigo mismos. El miedo a la soledad patológica es con frecuencia más poderosamente motivador (para mantenerse en la relación disfuncional) que el sentimiento de soledad en sí. En última instancia, la necesidad de eliminar esa soledad fusiona a esta pareja, perfectamente opuesta, en una relación "matemáticamente precaria" en la cual simbiosis patológica de dos individuos incompletos y poco desarrollados resulta en una experiencia de amor disfuncional parecida a una droga calmante.

Lo que vincula al codependiente con el narcisista patológico en una relación disfuncional perdurable, es que tienen personalidades y auto-orientaciones opuestas. A pesar de su historia de infelicidad, resentimiento, conflicto y reiteradas rupturas, los dos permanecen juntos. Las consecuencias, tales como divorcios dolorosos y prolongados, daño emocional a sus hijos, abuso conyugal u órdenes de caución, suelen no ser suficientes para separar permanentemente a este par. Paradójicamente, su relación disfuncional les proporciona a ambos una sensación distorsionada de seguridad y protección. Para el codependiente y el narcisista patológico, dolor y protección a menudo están fusionados. Un poema escrito por uno de mis poetas favoritos, Rick Belden, ejemplifica cómo los dos se encuentran "fusionados en la herida".

Fusionados en la herida
   será amor o será adicción
      por qué no ambas
   ella conoce las lágrimas + yo conozco el enfado
   juntos hacemos casi una persona completa por un tiempo
   fusionados en la herida.

   pero nuestra casita de mentiras no es suficientemente grande
   para contenernos ahora
   ella no se defenderá + yo no puedo seguir defendiendo
      a los dos al mismo tiempo
   entonces montamos el subibaja roto de quedarnos + irnos
      un pié adentro + un pié afuera
   bailamos en la cocina como niños no amados + esperando
      el cumplimiento de las espectativas del dolor antiguo

   tan ansioso de irme   tan ansioso de ser dejado
   tan ansioso de estar en lo correcto   tan ansioso
   de ser herido
   tan ansioso de ser decepcionado
   tan ansioso de estar a solas de nuevo.

   cuando todo esto empezó
      quería que estuviéramos inmersos el uno en el otro
      quería que cada uno reparara al otro
      pensé que eso era lo que se supone que la gente haga
   ya no lo quiero
   ya no lo necesito
      pero todavía no sé
         cómo amar a alguien a quien no quiero reparar.

Si la pareja de codependiente-narcisista patológico fuera a terminar, uno o ambos son propensos a utilizar la culpa y la manipulación como una táctica para reconectarse. Promesas insinceras de cambio, recordatorios de las buenas obras, amenazas de recaer en la droga a la que son adictos o amenazas de causar daño emocional o físico a ellos mismos o a otros, son algunas de las muchas estratagemas manipulativas utilizadas para reconectarse. Una maniobra manipulativa común es la triangulación, el uso de un tercero para facilitar la reconciliación. Como un último intento desesperado, el narcisista patológico puede hacer promesas, no sinceras pero convincentes, de que participará en psicoterapia. Si los dos efectivamente terminan, por lo general es por poco tiempo, ya que ambos se vuelven a unir empujados por una especie de fuerza magnética de amor disfuncional. Si el codependiente y el narcisista patológico logran apartarse resueltamente, es probable que ambos, inconscientemente y sin saberlo, repitan el patrón de atracción disfuncional con su siguiente pareja romántica; alguien a quien sentirán fascinante y diferente al principio pero que, al final, tendrá la misma auto-orientación disfuncional de su compañero sentimental anterior. Comenzarán otro "baile" de relación disfuncional con la nueva pareja, pero tristemente bailarán la misma vieja canción.

Todas las relaciones se crean y se mantienen por factores conscientes e inconscientes. Las preferencias conscientes crean la base sobre la cual se despliegan las dinámicas inconscientes. Por lo general, el atractivo de una posible pareja romántica se profundiza cuando se comparten similitudes o se satisfacen las preferencias. Las investigaciones han confirmado lo que parecía obvio: nos sentimos atraídos hacia personas que son similares a nosotros, ya sea por su apariencia física, actitud compatible, asociaciones de grupos de pares, afiliación política, intereses sociales y culturales, pasatiempos o preferencias profesionales (Lydon, Jamieson y Zanna, 1988). Es común ser firmes e incluso tercos en nuestras preferencias acerca de lo que una relación "debe tener".

Según Susan Perry, autora de *Loving in Flow: How the Happiest Couples Get and Stay That Way* (2003), "Las personas tienden a buscar casi un clon de sí mismas... son muy específicas — demasiado específicas". Perry considera que la gente hace su propio inventario y lo compara con las posibles parejas.

Nuestras preferencias conscientes pueden inducirnos erróneamente a creer que nosotros somos los dueños de nuestro propio destino relacional. Algunos de los factores conscientes o rasgos preferidos incluyen, pero no se limitan, a los siguientes:

- Complexión física/características
- Rasgos de personalidad, por ejemplo: seriedad, buen sentido del humor, etc.
- Religión
- Política
- Grupo étnico o raza
- Educación
- Orientación y preferencias sexuales
- El deseo de tener o de no tener hijos
- Preferencias regionales
- Preferencias recreacionales o sociales

Cuando las fuerzas de atracción, tanto conscientes como inconscientes, se alinean perfectamente capturando hipnóticamente el corazón, es de esperar que aparezcan sentimientos de atracción romántica intensa e irresistible, o "química". Aunque las opciones conscientes y las preferencias personales son de vital importancia para la constitución de parejas románticas, son claramente secundarias frente a las preferencias ocultas o subyacentes que uno tiene. Una vez que hemos sido conectados por la química, la "urgencia de fusión" domina nuestra mente racional. Las lecciones aprendidas y las promesas hechas, a uno mismo y a los demás, son instantáneamente neutralizadas por el torrente de sentimientos de perfección romántica, intensamente eufóricos y gozosos. Este síndrome de atracción convence a cualquier par de amantes desventurados de que son la pareja perfecta a pesar de los signos obvios (para los demás) de incompatibilidad; como por ejemplo, que ella es poco independiente, se aferra demasiado y es insegura (una codependiente) y que el habla todo el tiempo de sí mismo y toma demasiado (un alcohólico y narcisista). No importa cuánto intenten luchar contra sus impulsos instintivos, de todas maneras, ambos caen víctima de ellos. Este es el Síndrome del Imán Humano.

De acuerdo con muchos teóricos en psicología, nosotros gravitamos inconscientemente hacia relaciones que nos resultan familiares y que nos recuerdan las que experimentamos durante nuestra infancia. Si no hay experiencias positivas en relaciones saludables, tanto los narcisistas patológicos como los codependientes se sienten irónicamente incómodos y ansiosos cuando su interés romántico es saludable y emocionalmente equilibrado. Debido a que ninguno advierte las dinámicas inconscientes de atracción, a menudo atribuyen ese sentimiento de incomodidad a una falta de "química". Cuando los narcisistas patológicos encuentran parejas románticas saludables, se sienten molestos y enojados por la falta de paciencia y tolerancia que tienen hacia su necesidad de ocupar el primer plano y de estar en el centro del escenario. Además, probablemente el narcisista patológico se enoje cuando la persona saludable con la que está saliendo no esté de acuerdo con él o no comparta pensamientos u opiniones similares sobre una variedad de temas. Cuando los codependientes conocen una posible pareja amorosa saludable, se sienten ansiosos y nerviosos porque no saben cómo participar en una discusión de mutuo intercambio o en una situación en la que salen con alguien y se comparte y se da de manera equivalente. Simplemente no saben cómo participar en una relación en condiciones de igualdad. Cuando se ven empujados a una relación mutua y recíproca, los codependientes se desplazan rápidamente hacia "la puerta de salida de la relación".

Cuando de manera consciente, un codependiente y un narcisista patológico se experimentan entre sí como atractivos, son atraídos magnéticamente entre si debido a que conocen instintivamente los ambientes disfuncionales. El sentimiento de atracción es extraordinariamente profundo —casi como un trance. Estos sentimientos inconscientes de familiaridad y confort suscitan sentimientos de protección y seguridad. En realidad, los sentimientos de protección y seguridad son sólo una ilusión. Están directamente conectados con las memorias inconscientes de la relación disfuncional que, en la infancia, tuvieron con su progenitor patológicamente narcisista.

Debido a que los codependientes y los narcisistas patológicos son disfuncionalmente compatibles, experimentan un intenso entusiasmo en la primera fase de su relación — casi como haberse ganado la lotería. Rasgos del narcisista patológico como su confianza, encanto y necesidad de ser el centro de atención, crearán una explosión de fuegos artificiales emocionales para el codependiente. Las grandes habilidades para escuchar, la paciencia y la naturaleza complaciente del codependiente, así como su aceptación incondicional, apoyo ilimitado y empatía, avivarán el fuego de las fantasías románticas del narcisista patológico. Los dos son propensos a vincularse instantáneamente ya que sus rasgos o personalidades disfuncionales son compatibles. El amor florecerá mientras estos dos amantes experimenten su nueva relación como perfectamente idónea.

Los codependientes reaccionan instintivamente a los rasgos narcisistas de una forma positiva, encontrándolos intensamente atractivos, deseables y extrañamente familiares. Como un reflejo automático, los codependientes se sienten atraídos hacia individuos narcisistas que encajan con su naturaleza sumisa, dadivosa y sacrificada. Los codependientes aprecian y se sienten intensamente atraídos hacia los narcisistas patológicos porque están enamorados de lo que ellos ven como rasgos de personalidad positivos y atractivos, como por ejemplo, confianza exagerada, comprensión lúcida de sí mismos, naturaleza asertiva o agresiva y su seductor sex-appeal. No solamente se sienten atraídos por su personalidad estrafalariamente arrogante y auto-engrandecida, sino que también se sienten de forma extraña equilibrados emocionalmente por ella.

Los codependientes se enorgullecen de sus habilidades naturales y bien desarrolladas para ser compasivos, pacientes y dadivosos. Ya que los codependientes se sienten a gusto y cómodos en el papel de sacrificar sus propias necesidades mientras atienden las necesidades de los demás, se sienten naturalmente atraídos hacia quienes responden favorablemente a su papel de cuidadores. Su abnegación y capacidad para absorber los problemas de su pareja los convierte en una caja de resonancia para alguien que es egocéntrico y centrado en sí mismo. Experimentan una especie de pseudo-autoestima cuando se encuentran en una relación en la que se sienten necesitados y apreciados. Es como si hubieran nacido para ayudar, solucionar y sacrificarse. Más adelante en este libro, vamos a ir descubriendo que esto no está demasiado lejos de la verdad.

Los codependientes caen víctimas de la imagen asertiva, fuerte e impositiva del narcisista patológico. Durante la fase de atracción de la relación, no son conscientes de que su nueva pareja romántica, excitante e intensamente atractiva es, en realidad, un lobo vestido de oveja — un narcisista patológico. Debido a que el codependiente está cautivado por la personalidad carismática de su posible pareja, es incapaz de reconocer el daño potencial que estos individuos pueden causarle. A pesar del hecho de que no están buscando de manera intencional parejas románticas narcisistas, por desgracia se encuentran perpetuamente en su compañía.

Al igual que su pareja codependiente, los narcisistas patológicos se sienten naturalmente atraídos hacia individuos que son compatibles con sus rasgos de personalidad únicos pero disfuncionales. Instantáneamente se sienten cómodos, seguros y en un ambiente familiar con posibles amantes que responden a sus rasgos narcisistas apreciándolos como deseables y cautivadores. A los narcisistas patológicos les atraen, en especial, aquellos individuos que los aprecian e idealizan por sus historias de adversidad y dificultades, y que al mismo tiempo se sienten movidos a cuidarlos. Cuando están con personas saludables, a menudo se sienten incomprendidos, no apreciados y juzgados. No obstante, cuando una posible pareja romántica se siente atraída hacia ellos, especialmente por sus singulares rasgos de egocentrismo y egotismo, experimentan una oleada de entusiasmo eufórico. Experimentan libertad emocional cuando no tienen que preocuparse por molestar a alguien debido a los rasgos narcisistas de su personalidad, que no reconocen, y que niegan poseer.

En los inicios de la relación, tanto el codependiente como el narcisista patológico son arrastrados por lo que podría parecer una especie de relación ideal — de amor verdadero. La intensidad de la atracción es formidable. Es ineludiblemente seductora y fascinante. Una vez instalados en su relación, rápidamente conformada, ninguno de los compañeros sentimentales podría soportar una separación, ya que ambos, por su inherente mala salud, constituyen el complemento para la disfunción del otro. No sólo están perdidamente enamorados el uno del otro; sus personalidades perfectamente compatibles los encierran dentro de una relación disfuncional cuasi-permanente.

A un nivel consciente, cada uno experimenta al otro como la persona de sus sueños, como su alma gemela. Sin embargo, hay sentimientos más profundos y oscuros de familiaridad disfuncional que a nivel consciente no alcanzan a ser percibidos, y que obligan a ambos individuos a repetir el patrón relacional de su infancia, lo cual es un callejón sin salida. Necesita ser amado por una persona que por sus características es incapaz de amarlo a él o a cualquier otra persona. Más específicamente, se sentirán obligados a repetir la misma versión de relación que en su infancia tuvieron con su progenitor patológicamente narcisista.

Según el libro fundamental de Harville Hendrix, *Getting the Love You Need* (2007), (Recibiendo el amor que uno necesita), nuestros patrones disfuncionales de relación son impulsados por una fuerza psicológica inconsciente que está dirigida a corregir los errores de nuestro trauma de la infancia. En el caso de los codependientes, ese trauma fue perpetrado por su padre y/o madre narcisista patológico(s) y/o perjudicial(es). La teoría Imago de Hendrix explica que las personas se sienten forzadas a elegir un elenco similar de personajes disfuncionales cuando son adultos para poder llegar a vencer lo que no podían haber vencido en su infancia — el trauma vincular.

Modelo de relación
El modelo de relación es un manual de instrucciones accionado inconscientemente que guía a las personas, saludables o no, en su escogencia de parejas románticas. Especifica e instruye el comportamiento relacional a través de patrones y roles, especialmente en las relaciones románticas. Este modelo hace que el codependiente se sienta intuitivamente seguro con una persona que lo aprecia por lo que hace y por lo bien que se sacrifica por ella. Al mismo tiempo hace que el narcisista se sienta familiarmente seguro con una persona que satisface sus caprichos y lo hace sentir como una estrella actuando en el centro del escenario.

El modelo sirve para guiar a ambos individuos hacia un "refugio seguro" en el que ambos creen que están a salvo de los estragos de la soledad patológica. Este es un sentimiento basado en la vergüenza de no sentirse a gusto dentro de la propia piel, y de sentirse no digno de amor o no importante en el mundo en el que se vive. Como se explica en los capítulos 10 y 11, el modelo relacional se crea mediante la calidad, o falta de la misma, de la propia experiencia de apego con los padres en la infancia.

La preferencia involuntaria de una pareja romántica que inconscientemente les recuerda su relación con un progenitor narcisista hace referencia al "modelo relacional". Este modelo sirve de guía a ambos individuos como un "refugio seguro" en el que ambos creen que se encuentran protegidos de los estragos de la soledad patológica, de sentimientos que se fundan en la vergüenza: no sentirse a gusto dentro de su propia piel y, al mismo tiempo, no sentirse merecedores de amor o importantes en el mundo en el que viven.

Experimentar sensaciones poderosamente personales, emocionales y físicas al inicio de una relación romántica —en especial si existe una fuerte atracción física— es algo que forma parte de la naturaleza humana. En relaciones altamente compatibles, al principio cada individuo siente oleadas involuntarias de entusiasmo intenso y abrumador, tanto personal como emocional y sexual. La intensa atracción romántica o *limerencia*, crea anhelos irresistibles y obsesivos por buscar la compañía intensamente estimulante de su nuevo amor.

Según Dorothy Tennov (1999), "la limerencia... puede ser experimentada como intensa alegría o como extrema desesperación, pudiendo esto variar dependiendo de que los sentimientos sean correspondidos. ásicamente, es un estado en el que la persona se deja llevar completamente por pasión o amor irracionales, incluso hasta el punto de comportarse de una forma adictiva". Definida de manera simple, la limerencia es una necesidad abrumadora y obsesiva de que los propios sentimientos sean correspondidos.

Síntomas de limerencia (D. Tennov 1979)

- Pensamientos intrusivos respecto al objeto del limerente (OL)
- Anhelo agudo de reciprocidad de la atención y el afecto
- Fluctuaciones del humor basadas en las acciones del OL
- Sólo se puede sentir con una persona a la vez
- Obsesión devoradora con que el OL aliviará el dolor
- Preocupación (miedo) al rechazo
- Timidez incapacitante e incómoda al principio de la relación
- Intensificación de la limerencia en medio de la adversidad
- "Corazón" adolorido (en el pecho) cuando hay dudas
- Flotabilidad ("caminar en el aire") cuando existe reciprocidad
- Las obsesiones intensas desmotivan a la persona de otras responsabilidades (amigos, familia, trabajo)
- Se pone énfasis en los atributos positivos del OL, mientras que se ignoran los negativos

Al inicio de la relación, los compañeros sentimentales enamorados ciegamente o *limerentes* se ven forzados, por impulsos extremos emocionales, físicos y sexuales, a unirse en una relación romántica que ellos creen los hará sentir enteros y completos. Aunque la atracción sexual juega un papel clave en el desarrollo de ese vínculo, por sí mismo no explica los ardientes deseos emocionales de relación evidentes en la pareja limerente. Sin embargo, la relación sexual casi siempre "sella el acuerdo" y empuja la fuerza hipnótica del amor/limerencia hacia niveles más profundos e impetuosos.

Cuando el codependiente y el narcisista patológico se encuentran por primera vez, la limerencia compartida crea un enamoramiento fuera de serie que, en última instancia, se asemeja al Trastorno Obsesivo Compulsivo (TOC). Cuando no están juntos, ninguno puede dejar de pensar en el otro, ni sienten muchos deseos de comer o de dormir. Cada uno está obsesionado con el otro; ninguno puede controlar sus incesantes pensamientos acerca de la nueva relación. Experimentan simultáneamente poderosas sensaciones corporales que pueden hacerlos sentir como si estuvieran flotando en el aire. Los sentimientos perfectos, creados cuando están juntos, rápidamente los vinculan a ambos en una relación romántica estrecha y complicada.

Los sentimientos responsables de la limerencia, que parecen una droga, son causados principalmente por sustancias químicas en el cerebro, ante todo por el neurotransmisor dopamina. Cuando una persona se experimenta "drogada" con el nuevo amor o la intensa atracción, se activan neuronas en el sistema de recompensa del cerebro. Este último libera un torrente de dopamina. Al mismo tiempo, se libera la hormona norepinefrina, que es responsable de un aumento en la presión arterial, sudoración de las manos y fuertes latidos del corazón. Simultáneamente, los niveles del neurotransmisor serotonina se reducen o inhiben, lo cual estimula comportamientos y procesos obsesivos y compulsivos del pensamiento. Cuando un codependiente y un narcisista patológico se enamoran es como estar drogado con potentes drogas estupefacientes y experimentar un serio caso de TOC.

El "amor a primera vista" es uno de los temas más comunes en películas, novelas y canciones colmados de la mujer ingenua (codependiente) que se enamora del "chico malo" atrevido y agresivo (narcisista patológico). Los catálogos de entretenimiento de la sociedad están atiborrados de historias de amor que involucran codependientes y narcisistas patológicos. Un ejemplo es la historia de amor de John Dillinger, un ladrón de bancos norteamericano y su servicial novia Billie Frechette. Dillinger era considerado un psicópata despiadado e insensible que era una especie de celebridad. Los medios de comunicación daban versiones de su personalidad audaz e increíble. Dillinger podría haber sido considerado un narcisista patológico, como se evidencia en su desprecio egotista, presuntuoso y sociópata de las leyes y las personas. Más concretamente, es muy probable que hubiera sido diagnosticado con trastorno antisocial de la personalidad.

La señora Frechette habría sido considerada codependiente, como lo evidencian sus relaciones con criminales encarcelados, junto con su personalidad servicial y su tendencia habitual a sacrificar su propio bienestar personal y emocional a favor de hombres narcisistas. Antes de conocer a Dillinger, Frechette estaba casada con un hombre que había sido sentenciado a prisión por cometer robo postal. A diferencia de

Bonnie Parker, cómplice activa de Clyde Barrow, Frecchette no fue obligada a convertirse en cómplice de Dillinger. Realizaba compras para él, como ropa y automóviles, pero principalmente desempeñaba los deberes de ama de casa. Fue una compañera leal para John Dillinger hasta que fue arrestada en abril de 1934 y posteriormente enjuiciada, condenada y sentenciada por albergar a un fugitivo federal.

> *Nunca lo olvidaré. Sucedió como en las películas. Yo tenía 25 años y nada me diferenciaba de todas las demás chicas que tenían 25 años. Nada de lo que me había pasado hasta ese momento había significado algo. Entonces conocí a John, y todo cambió. Comencé un nuevo tipo de vida. Había algo en esos ojos que jamás olvidaré. Eran penetrantes y vibrantes, sin embargo, también había en ellos un divertido brillo despreocupado. Se encontraron con mis ojos y me dejaron hipnotizada por un instante. Sólo me miró y sonrió un poco con la comisura de su boca. Sus ojos parecían atravesarme completamente.*
> *(Schroeder, 2011)*

¿Qué habría pasado si Billie Frechette hubiera sido psicológicamente saludable cuando conoció a John Dillinger? Dado que no habría habido compatibilidad emocional/psicológica, probablemente habría sentido repulsión instantánea por la personalidad narcisista y agresiva de Dillinger. Al encontrarse por primera vez con Dillinger, Billie habría sentido recelo. De manera consciente o inconsciente, ella se habría dado cuenta de que él era potencialmente peligroso y de que no era digno de confianza. A la inversa, si una persona saludable hubiera conocido a Billie, la habría percibido como insegura, excesivamente hambrienta de afecto, atención y apoyo emocional, e incapaz de decidir lo que quería o de saber cómo se sentía — en definitiva, no como una mujer emocionalmente atractiva.

"La pareja extraña pero natural"

Ella conduce un Mercedes, él una Harley; ella es atleta, él un ratón de biblioteca; él es conservador, ella liberal... ¿Se ha preguntado por qué algunos de nosotros tenemos amigos personales a quienes apreciamos, nos caen bien o incluso amamos, pero que lo más probable es que sean justamente las personas que más fastidio nos causan? Si un abogado y una trabajadora social comunitaria se casan, o un amigo obsesivamente limpio se convierte en el compañero de cuarto de uno desorganizado, ¿el resultado no debería ser una relación incompatible e inestable? No necesariamente.

Al igual que sucede con las relaciones románticas, los tipos opuestos de personalidad también conforman de manera natural amistades compatibles y perdurables. Tendemos a elegir personas que, en apariencia, nos aportan justamente las cualidades que nosotros pensamos que no tenemos (Reik, 2011). Las amistades opuestas pero compatibles, o las "parejas" extrañas pero naturales, funcionan porque sus rasgos opuestos de personalidad concuerdan. A pesar de tener opiniones claramente diferentes y momentos de conflicto, cada mitad de la pareja extraña, pero natural, se "pega" a la otra mitad, porque el aprecio y la valoración por parte del otro compensan sus mutuas frustraciones y molestias.

No todas las personalidades opuestas son compatibles en una relación. Cuando rasgos de personalidad opuestos y diferentes no son equilibrados o compatibles, es poco probable que los individuos formen una amistad. Si lo hacen, es de esperar que será inestable y efímera. Si no existe compatibilidad de rasgos opuestos y equilibrados de personalidad, por lo general la relación no se experimentará como mutuamente benéfica y gratificante. En otras palabras, si no hay "recompensa" por sus diferencias, sin duda la asociación romántica o personal no perdurará. Esas son las amistades que suelen terminar en conflicto o la relación que simplemente se desvanece.

La dinámica de atracción inversa

La atracción natural hacia rasgos opuestos de personalidad es un *proceso inverso*. El *Diccionario Merriam Webster* define inverso como: "opuesto en orden, naturaleza o efecto". La dinámica de atracción inversa se basa en rasgos de personalidad proporcionalmente opuestos. Amigos que tienen rasgos opuestos pero compatibles, o que son una "pareja extraña pero natural" se atraen entre sí, porque sus diferencias corresponden o concuerdan con cada uno. La atracción inversa, proporcionalmente equilibrada, es paradójica en su naturaleza, ya que requiere que elementos disímiles armonicen perfectamente. Por ejemplo, un maniático compulsivo por la limpieza puede sentirse atraído hacia una persona desorganizada y desordenada. Aunque es posible que ambos se sientan molestos por las deficiencias que perciben en el otro, se adaptan, debido a los beneficios inherentes a la compatibilidad de rasgos de personalidad diferentes.

Por mucho que los opuestos extremos compatibles se atraigan entre sí, lo mismo ocurre con personas de rasgos ligeramente opuestos pero compatibles. Para que el vínculo ligeramente opuesto sea exitoso, debe existir un equilibrio entre los rasgos de personalidad inversos o diametralmente opuestos. Para ilustrarlo, una persona ligeramente tímida y socialmente torpe, y un individuo moderadamente extrovertido y socialmente confiado, posiblemente podrían formar una amistad mutuamente satisfactoria y compatible. En esta amistad "extraña pero natural", las diferencias pueden ocasionar ligeros sentimientos ocasionales de malestar o conflicto, pero ambos se sentirán, en última instancia, seguros, a gusto y cuidados dentro de la relación. La combinación de tímido con sociable podrá fortalecer la relación siempre y cuando ambos individuos se beneficien de ella. Una amistad así probablemente sobrevivirá la prueba del tiempo.

Ejemplos de rasgos de personalidad que son opuestos, pero potencialmente compatibles, incluyen:

- Pensar versus sentir[4]
- Introvertido versus extrovertido[5]
- Privado versus público
- Orientado a la carrera versus orientado al hogar
- Pulcro versus desordenado
- Generoso versus ahorrativo

---

[4] Una de las dicotomías de personalidades que coinciden en la Prueba de Personalidad de Myers Briggs.
[5] Otra de las dicotomías de personalidades que coinciden en la Prueba de Personalidad de Myers Briggs.

Extrañas parejas famosas

Las parejas extrañas pero naturales constituyen algunas de las relaciones más improbables. Tal vez la más famosa entre ellas fue representada en *La Extraña Pareja* (*The Odd Couple* en su título original), la obra de teatro de Broadway de Neil Simon, hecha dos veces película y emitida también en formato televisivo sitcom (comedia de situación). La relación extrañamente compatible entre Felix Unger y Oscar Madison es introducida en la secuencia de apertura del espectáculo.

"El 13 de noviembre, se le solicitó a Felix Unger que se fuera de su lugar de residencia; esa solicitud vino de parte de su esposa. En el fondo, él sabía que ella tenía razón, pero también sabía que algún día volvería con ella. No teniendo otro lugar a donde ir, se presentó en la casa de Oscar Madison, su amigo de la infancia. Varios años antes, la esposa de Madison lo había expulsado, pidiéndole que jamás volviera. ¿Pueden dos hombres divorciados compartir un apartamento sin enloquecerse mutuamente?"

¡La respuesta es un SI rotundo! El argumento de *La Extraña Pareja* estaba basado en la relación, extraña pero muy cómica, entre Oscar Madison: un columnista de deportes, de espíritu libre y muy desordenado, y Félix Unger: fotógrafo del mundo de la moda, estricto y compulsivamente limpio. A pesar de que los dos compañeros de vivienda tenían creencias, valores y estilos de vida diametralmente opuestos, fueron capaces de superar sus diferencias y de seguir siendo amigos comprometidos y leales.

¿Quién habría pensado que un maniático del orden, estricto y compulsivo, sería capaz de vivir con un compañero de vivienda descuidado, brusco, despreocupado e incorregiblemente desordenado? "Los dos hombres —uno divorciado y el otro separado, y ninguno de los dos con suficiente claridad de por qué sus matrimonios habían fracasado— se mudan juntos con el fin de ahorrar dinero para la pensión alimenticia y, de repente, descubren que están teniendo los mismos conflictos y peleas que habían tenido en sus matrimonios" (*Kassel*, 2012). Las risas del espectáculo se derivaban de las locuras de estos compañeros de vivienda, aparentemente opuestos, pero, a la larga, compatibles.

Otra "pareja extraña" de la televisión, cuyos rasgos de personalidad opuestos están en perfecto equilibrio, es la pareja conformada por Penny y el Dr. Leonard Hofstadter de la serie en formato sitcom (comedia de situación) de CBS: *The Big Bang Theory*. Como vecinos de apartamentos que quedan uno enfrente del otro, Penny y Leonard se convirtieron en una pareja romántica poco probable. Penny, de Omaha, Nebraska, se graduó de la escuela secundaria y, aspirando a ser actriz, sin ser muy talentosa, trabaja como mesera. Por el contrario, Leonard es de New Jersey, tiene un doctorado de la Universidad de Princeton y es un exitoso físico experimental. Penny es socialmente extrovertida, asertiva, despreocupada y coqueta, por no decir promiscua; mientras que Leonard es socialmente torpe, excesivamente intelectual, ansioso, inseguro y mojigato.

Tanto Penny como Leonard se sienten atraídos románticamente hacia tipos de personalidad que, a menudo, los dejan sintiéndose vacíos y no amados. La de Penny es una historia de relaciones sexuales de corta duración con hombres que la tratan como objeto sexual. Leonard sólo ha estado involucrado con pocas mujeres que, como él, tienden a ser nerds, excesivamente intelectuales y, a fin de cuentas, poco interesantes. La amistad inusual de Penny y Leonard fue evolucionado hasta convertirse en una relación romántica — proporcionando muchos momentos divertidos.

A pesar de tener cualidades opuestas, la relación entre Penny y Leonard funcionó. El éxito de esta relación, al igual que la de Oscar y Félix, se debió a que sus personalidades son opuestas pero compatibles. Su relación "extraña pero natural" tuvo éxito porque la personalidad socialmente fluida, espontanea, despreocupada y comunicativa de Penny compensa la de Leonard: híper-analítico, socialmente inepto, inseguro, tímido y con fijación retentiva anal. Si los rasgos de personalidad inversos de Penny y Leonard no hubieran proporcionado un beneficio mutuo, la relación nunca hubiera funcionado (y no habría sido una buena comedia).

Tal como se presenta en este capítulo, los opuestos se atraen y pueden tener una relación saludable. Encontrar un amigo o amante que se opone perfectamente a nuestra propia personalidad podría ser otro secreto para tener una relación de por vida.

CAPÍTULO 3: INTRODUCIENDO LA TEORÍA DEL CONTINUUM DE YO

El Continuum del Yo

Codependiente   Orientación hacia otros   Orientación hacia sí mismo Narcisista Patológico

-5 -4 -3 -2 -1   +1 +2 +3 +4 +5

Creciente Salud Mental   Creciente Salud Mental

Punto Neutral
(Auto-Orientación Equilibrada)

A pesar de que la explicación del Síndrome del Imán Humano (SIH) da cuenta, de manera intuitiva, de las fuerzas que como imanes dan como resultado uniones románticas disfuncionales, carecía de fundamento teórico. En un esfuerzo por especificar y explicar las fuerzas de atracción románticas disfuncionales, irresistibles y predecibles, creé la Teoría del Continuum del Yo. Esta teoría proporciona los constructos necesarios para explicar por qué todas las personas, no solamente los codependientes y los narcisistas, se ven atraídos de manera predecible hacia determinado tipo de pareja opuestamente atractiva.

Debido a que la Teoría del Continuum del Yo está fuertemente influenciada por la teoría de Sistemas Familiares y la teoría Psicodinámica, no es una explicación ni estática ni lineal de los propios patrones de preferencias relacionales o de atracción. Proporciona una explicación abierta tanto de la atracción mutua disfuncional, como de por qué tantos de nosotros permanecemos en ciertas relaciones a pesar de que por mucho tiempo experimentamos sentimientos de ansiedad, enojo o resentimiento. También proporciona una explicación concreta y predecible de la aparentemente imborrable predisposición a repetir patrones disfuncionales de relación, a pesar de querer lo contrario. Además, explica por qué las relaciones se vuelven frágiles y, a menudo, terminan cuando alguno, en la pareja, alcanza de manera independiente mayor salud emocional y mental.

El concepto de Auto-Orientación (AO)
La Teoría del Continuum del Yo se apoya en el **concepto de la Auto-Orientación (AO)**, que representa una característica de la personalidad distintivamente humana y universal; ¡todos la tenemos! La AO es definida como la manera en la que una persona expresa o no expresa sus necesidades emocionales, psicológicas y relacionales cuando se encuentra en una relación romántica. *Existen solo dos tipos de AO*: hacia "el otro" y "hacia sí mismo". La **auto-orientación hacia "el otro" (AOO)** se manifiesta como la predisposición natural y automática para estar más orientado hacia las necesidades emocionales, personales y relacionales de los demás que hacia las propias. La segunda es la **auto-orientación hacia "sí mismo" (AOS)**, la cual es una orientación natural y automática hacia las propias necesidades y deseos emocionales, personales y relacionales, por encima de los de los demás.

Ambas auto-orientaciones están representadas como *características dicotómicas e inversas* en un continuum, en el Continuum del Yo. Como características de personalidad opuestas, la AOO y la AOS se encuentran en lados opuestos del Continuum del Yo. La forma más severa de cada AO se encuentra en los límites más lejanos de cada lado del continuum. La forma más severa de AOO es la codependencia. Por el contrario, la forma más severa de AOS es el narcisismo patológico. Los codependientes están casi completamente enfocados hacia las necesidades de los demás mientras los narcisistas patológicos están casi *completamente* enfocados a sus propias necesidades. En la mitad se encuentra una AO hipotéticamente equilibrada por parte de una persona que está en una relación en la cual busca satisfacer por igual las necesidades de "otros" y de "sí mismo". El Continuum del Yo, por lo tanto, representa toda una gama de AO posibles —desde las saludables hasta las disfuncionales.

La Teoría del Continuum del Yo fue diseñada para representar la auto-orientación de una persona de manera cuantitativa y cualitativa. Como herramienta *cuantitativa*, demuestra la interacción entre AOs opuestas a través de la utilización de una aritmética básica —suma y resta de **Valores del Continuum del Yo (VsCY)** positivos y negativos. Mediante la suma del VCY de ambos miembros de la pareja es posible identificar su compatibilidad psicológica y relacional. La "matemática relacional" también demuestra cuándo una relación es estable.

El Continuum del Yo también es una *herramienta de medición cualitativa* porque representa los grados de AOs saludables o disfuncionales que están interactuando en una relación. En consecuencia, el Continuum del Yo mide todo un rango de posibilidades de relación. Es importante tomar en cuenta que el Continuum del Yo está diseñado para ser una herramienta unidimensional, ya que solo mide las AOs interactuantes. No pretende medir nada más.

Amor, respeto y cuidado (ARC)

La Teoría del Continuum del Yo sugiere que todas las personas se sienten atraídas, consciente o inconscientemente, hacia una pareja romántica que tiene una AO opuesta, pero proporcionalmente equilibrada. Una persona con AOO se siente obligada a dar más **amor, respeto y cuidado (ARC)** a otros que a sí misma. Gravita de manera natural o se siente magnéticamente atraída hacia una pareja romántica con AOS, que se siente obligada a buscar saciar sus propias necesidades de ARC, mientras hace caso omiso de esas mismas necesidades en los demás. Sería entonces lógico asumir que individuos con AOs opuestas no solamente se atraerán entre sí; también se sentirán equilibrados el uno por el otro. Esta vinculación resultante en esta relación, opuesta pero equilibrada, probablemente soportará dificultades y será resistente al cambio.

De acuerdo con la Teoría del Continuum del Yo, las relaciones románticas se mantienen viables y perduran debido a la combinación de sus AOs opuestas y al equilibrio relacional creado por los correspondientes cambios del VCY. Si en la pareja uno de ellos se vuelve más saludable, lo cual se manifiesta en una disminución del VCY, entonces se ejerce presión tácita y directa sobre el otro para que responda con un crecimiento similar. Sin embargo, si la pareja del individuo más saludable no quiere cambiar/crecer, entonces la presión se ejerce sobre la relación. La presión llevará a la ruptura de la relación o creará presión sobre el miembro más saludable para que retroceda a niveles anteriores de funcionamiento disfuncional. El fracaso en mantener equilibrado un vínculo inverso puede resultar en el fracaso de la relación.

Posibilidades de las personalidades opuestas

La auto-orientación es considerada un *constructo dicotómico de la personalidad* porque está dividida en dos partes —un confort en dar o un confort en tomar. Como tal, el codependiente dador es una antítesis del narcisista patológico tomador. Debido a que la codependencia y el narcisismo patológico son auto-orientaciones mutuamente excluyentes, opuestas y contradictorias, su interacción relacional puede ser representada en un continuum. El dador codependiente, altruista, abnegado, sería colocado en el extremo izquierdo del continuum mientras que el tomador narcisista patológico, egoísta, que se cree superior y merecedor de un tratamiento preferencial, residiría en el extremo derecho. En la mitad estaría una persona con auto-orientación neutra, quien hipotéticamente daría y tomaría cantidades iguales de amor, respeto y cuidado en su relación.

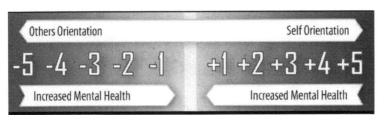

Orientación Hacia Otros   Orientación hacia sí mismo
Salud Mental Creciente   Salud Mental Decrecient

Valores del Continuum del Yo (VsCY)

En total, existen 11 VsCY en el Continuum del Yo, que representan toda la gama de posibilidades de AO. La designación positiva o negativa no implica que una AO sea mejor que la otra. En el centro del continuum está el VCY cero, o lo que yo llamo VCY míticamente equilibrado. Los VsCY crecen o decrecen en series de un solo dígito. Cuanto más progresa la combinación de VsCY hacia los bordes exteriores, tanto más se define la relación por una distribución desequilibrada de amor, respeto y cuidado.

El valor cero no significa ausencia de auto-orientación. En lugar de ello, representa a una persona que demuestra igual cantidad de "autocuidado" y "cuidado del otro" cuando se encuentra en una relación. El punto cero, la mitad del continuum, representa un equilibrio exacto de amor, respeto y cuidado (ARC), *dados y recibidos*.

La siguiente lista muestra la coincidencia de cada uno de los 11 Valores del Continuum del Yo (VsCY) con una descripción general de la personalidad. La intención con estos ejemplos es ilustrar el rango de posibilidades generales de personalidad de acuerdo con el concepto de auto-orientación de la Teoría del Continuum del Yo.

VCY -5: Un codependiente está completamente entregado a amar, respetar y cuidar (ARC) las necesidades de otros, mientras que ignora y desvaloriza completamente las propias. Esta categoría de individuo es a menudo incapaz y/o no dispuesto a buscar recibir ARC de parte de su pareja romántica.

VCY -4: Una persona con tendencias codependientes. Casi siempre está enfocada hacia las necesidades de ARC que tienen los demás, pero sólo de forma intermitente solicita que sus propias necesidades de ARC sean correspondidas y satisfechas. Esta persona es capaz de buscar ARC por parte de su pareja romántica, aunque carece de motivación, tiene miedo y/o inexperiencia. Con frecuencia elige no pedir a otros que satisfagan sus necesidades de ARC, ya que no quiere ser una molestia para los demás o causar conflicto. Si solicita algo parecido a ARC a su pareja, lo hace con nerviosismo y con marcados sentimientos de culpa y mendicidad.

VCY -3: Una persona que se identifica con su naturaleza cuidadora y dadivosa. Está enfocada de manera predominante a las necesidades de ARC de los demás, mientras con frecuencia reduce, retrasa o evade la satisfacción de sus propias necesidades. La identidad y reputación de esta persona están fusionadas con su naturaleza tendiente a ayudar y a cuidar. Por lo general entabla relaciones en las que existe un desequilibrio entre las necesidades de ARC de su pareja y las propias, dando mucho más ARC a su pareja de lo que recibe. Este individuo es capaz de establecer límites en relaciones y, al mismo tiempo, es capaz de pedir lo que necesita. Sin embargo, tiende a sentirse culpable o empobrecido cuando establece esos límites o pide ayuda de los demás.

VCY -2: Una persona involucrada en sus relaciones interpersonales, en las que su identidad brindadora de cuidado es valorada y apreciada, pero no explotada. Disfruta relaciones con los demás en las que proporciona grandes cantidades de ARC sin querer reciprocidad en cantidades equitativas. Es capaz de solicitar lo que quiere y necesita de los demás, pero se siente un poco incómoda al hacerlo. Se siente a gusto con una pareja que necesita más ARC de los que está dispuesta a retribuir. Es capaz de establecer límites y pedir lo que necesita cuando el balance de ARC va más allá del nivel de confort. Es posible que experimente leves sentimientos de culpa o necesidad patológica cuando le pide a su pareja que le satisfaga sus necesidades de ARC. En la medida de lo posible, evita individuos narcisistas, explotadores o manipuladores.

VCY -1: Una persona con un equilibrio saludable entre el amor, el respeto y el cuidado para sí misma y para los demás. Suele buscar experiencias de vida y relaciones en las que es capaz de satisfacer sus propias necesidades de ARC. Tiende a entablar y a apreciar relaciones basadas en una distribución recíproca y mutua de ARC. Aunque ayudar y cuidar a otros le proporciona sentido y felicidad, no tolera una pareja romántica egoísta y centrada en sí misma. Con frecuencia disfruta cuidando a los demás, pero no se identifica a sí misma como cuidador o ayudante. No experimenta culpa o sentimientos de carencia patológica cuando solicita ARC por parte de los demás.

VCY 0: Una persona que entabla relaciones en las que hay una distribución equitativa de ARC dados y recibidos. Con facilidad solicita lo que necesita de su pareja, mientras está abierto a las necesidades que su pareja tiene de ARC. En sus relaciones, donde existe un equilibrio de ARC, fácilmente puede fluctuar entre ser el que recibe y ser el que da ARC.

VCY +1: Una persona con un equilibrio saludable entre amor, respeto y cuidado para sí misma y para los demás. Tiende a entablar y a apreciar relaciones basadas en una distribución recíproca y mutua de ARC. Este individuo valora las metas y ambiciones personales y profesionales, por las cuales lucha con confianza. Aunque la búsqueda de sus propias metas y ambiciones le proporciona sentido y felicidad, también es consciente de la necesidad de amar, respetar y cuidar a su pareja romántica. Sin esfuerzo proporciona ARC a su pareja sentimental cuando es necesario o solicitado. Se podrá identificar tanto con el papel de cuidador o ayudante, mientras que quiere lograr sus propias metas y ambiciones.

VCY +2: Una persona que prefiere involucrarse en relaciones en las que el empeño por lograr sus propias ambiciones, deseos y metas es alentado y apoyado. En una relación romántica, busca activamente atención, aprecio y reafirmación. A pesar de ser alguien que consigue lo que se propone, y puede dejarse consumir "buscando ser el centro de atención", está dispuesto y es capaz de satisfacer las necesidades de su pareja. No es ni explotador ni egoísta. Como individuo que está más orientado hacia sus propias necesidades de ARC, periódicamente olvida la desigualdad de la distribución de ARC en la relación. Responde de manera favorable y no reactiva cuando su pareja le pide mayores niveles de ARC. A pesar de que puede sentirse cómodo en el papel de cuidador, no lo mantiene.

VCY +3: Un individuo medianamente egoísta y egocéntrico. Está predominantemente enfocado en sus propias necesidades de ARC mientras disminuye, retrasa y evade satisfacer las necesidades de su pareja. La identidad de esta persona y su reputación están fusionadas con su necesidad de atención, validación y reconocimiento. Se identifica con el personaje que consigue lo que se propone y que está motivado por el éxito. Suele entablar relaciones en las que hay un desequilibrio en la distribución de las necesidades de ARC, esperando o recibiendo más ARC del que da. Si es confrontado acerca de la desigualdad de ARC, puede ponerse a la defensiva, pero será capaz de hacer correcciones. Puede modular o controlar sus atributos egocentristas y aparentemente egoístas. A pesar de que puede ser percibido como envanecido y egocentrista, está dispuesto y es capaz de amar, respetar y cuidar a su pareja; sólo necesita frecuentes recordatorios.

VCY +4: Un individuo narcisista. Este individuo está absorto y preocupado por sus propias necesidades de ARC, y rara vez trata de satisfacer las necesidades de ARC de los demás. Da la impresión de creerse superior a los demás como si mereciera un tratamiento preferencial, parece abstraído y egocéntrico, ya que está orientado a buscar ARC por parte de los demás, aunque, a cambio, da mínimas cantidades de ARC. Se siente cómodo con la disparidad de ARC, creyendo que sus necesidades son más importantes que las de su pareja. Aunque esta persona es abiertamente narcisista, todavía es capaz de dar mínimos niveles de ARC a otros. Si es confrontado acerca de las desigualdades de ARC, normalmente se enojará y se pondrá a la defensiva. Se apresura a justificar sus acciones. Sin embargo, al ser confrontado no experimenta una herida narcisista ni exhibe ira narcisista.

VCY +5: Un narcisista patológico. Incapaz e inmotivado para amar, respetar y cuidar a los demás. Está consumido por lograr satisfacer sus propias necesidades de ARC sin intención de corresponder. Tiene gran dificultad para mostrar empatía, estima positiva incondicional o amor. Cuando da ARC a otros, es normalmente de manera condicional, con requisitos. No es capaz de comprender o aceptar sus niveles patológicos de narcisismo. Cuando es confrontado por los desequilibrios en el ARC, a menudo contraataca con agresión directa o pasiva.

Relaciones más saludables
Las relaciones más saludables están conformadas por parejas con VsCY más cercanos al cero que se combinan de manera inversa. Con combinaciones más bajas de VsCY, una pareja probablemente querrá y será capaz de participar en el proceso de "dar y tomar". La pareja con un VCY más bajo es capaz de flexibilidad debido a la naturaleza del dar y tomar correspondiente a sus AOs/VsCY bien combinados. Por ejemplo, si en la pareja se enfermara el progenitor que no trabaja, sino que se queda en casa, y que es un saludable (-2) "hacia otros", su pareja (+2) "hacia sí mismo", con mucho gusto pedirá tiempo libre en el trabajo para ayudar con el cuidado de los hijos y con otras actividades domésticas. Además,

parejas con combinaciones más bajas del VCY son capaces de pedir lo que necesitan sin causar resentimiento o conflicto en su relación. Esta es una relación saludable.

Tener VsCY, que combinados dan un total de cero, no significa una ausencia de AOs. Más bien representa el equilibrio exacto de amor, respeto y cuidado (ARC) *dados y recibidos.* En mi experiencia, es posible, pero no común, que una relación incluya VsCY que combinados den un total de cero. Aunque tener una ecuación de cero sería ideal, en la realidad, la inmensa mayoría de parejas se ubican en un lado u otro del continuum.

La relación "estable" con ecuación cero
La estabilidad de la relación se alcanza cuando los VsCY negativos y positivos de cada individuo dan un total de cero. Por lo tanto, **la relación con ecuación cero** describe el estado cuantitativo de la estabilidad de la relación, no su estado cualitativo. Para ilustrarlo, un individuo moderadamente orientado hacia otros, con VCY (-3), probablemente entablará una relación emocionalmente estable y duradera con una persona que está moderadamente orientada hacia sus propias necesidades, con VCY (+3). Por lo tanto, esta relación de un (-3) con (+3), que da un total de cero, es equilibrada y estable —a pesar de no ser completamente saludable o disfuncional.

En este libro, el término *estable* es utilizado como un adjetivo que describe cuantitativamente la relación. Una relación *estable* es resistente a la ruptura. Una relación inestable es probable que, por una parte, no perdure más allá de las etapas iniciales o que termine cuando se presente conflicto o discordia. El calificativo de *estable* no representa elementos cualitativos de la relación, es decir, no indica si la relación es considerada saludable o disfuncional. Según la Teoría del Continuum del Yo, una relación es considerada *estable* cuando dos individuos tienen auto-orientaciones inversamente compatibles (opuestas).

La siguiente imagen ilustra una relación saludable con AOs compatibles:
Una madre psicológicamente saludable, que ama ser la mamá que se queda en casa y que disfruta desempeñando varios puestos de voluntariado, está casada con un esposo

psicológicamente saludable y estable, que es un exitoso ejecutivo en una corporación. Con el apoyo de su esposa, él trabaja largas horas para construir prestigio y reputación en la empresa familiar. La esposa tiene un VCY de (-2) y el esposo tiene un VCY de (+2). Con VsCY inversos, cada uno se siente amado por el otro y comparten una relación de amor mutuo y recíproco. Se sienten felices y seguros en su relación.

Por el contrario, la siguiente imagen ilustra una relación disfuncional con ecuación cero:

Un hombre codependiente[6], con un VCY de (-5), está casado con una mujer con trastorno narcisista de la personalidad, que tiene un VCY de (+5). El marido codependiente es profundamente inseguro, dependiente y dócil. De mala gana aceptó quedarse en casa y criar a los hijos mientras su esposa narcisista, una vendedora sin éxito, insistió en ser la única proveedora para la familia. Debido a que teme enfurecer a su esposa —demasiado sensible, a la defensiva y narcisista— él evita confrontarla por las expectativas egoístas y rígidas que ella tiene. Por consiguiente, él suprime el resentimiento y el enojo que siente contra ella, y cumple con las expectativas narcisistas de su esposa. Siendo una narcisista (+5), la esposa ni siquiera tomará en cuenta las necesidades de su esposo, a menos que la hagan sentir mejor consigo misma. Si llegara a ser confrontada por su narcisismo, reaccionaría con dureza e incluso punitivamente hacia su esposo codependiente. Esta pareja permanecerá unida a pesar de su matrimonio disfuncional. Ninguno se atreverá a dejar al otro, ya que ambos se sienten igualmente inseguros y temerosos de estar solos.

Las AOs no saludables y problemáticas van del (-5 y +5) al (-3 y +3) respectivamente. A pesar de que estas combinaciones o relaciones de VsCY conforman una relación "equilibrada" o "estable", la desigualdad de ARC dados y tomados conduce a un detrimento en la calidad de la relación. Debido a que todos los individuos con auto-orientaciones de (+3) a (+5) demuestran tendencias narcisistas, la pareja de (-3) a (-5),

---

[6] Que manifiesta rasgos de codependencia.

auto-orientada "hacia otros", siempre "lleva la peor parte". La persona orientada a otros normalmente sufre más que su pareja narcisista centrada en sí misma, ya que se le niegan cantidades justas y equitativas de ARC.

En un esfuerzo por evitar molestar a su pareja, engreída y egocentrista, la persona orientada "hacia otros" tiende a tolerar y, en consecuencia, a adaptarse a la forma de ser de su pareja narcisista. Debido a que la pareja orientada hacia otros no es hábil ni se siente cómoda comunicando enojo, contrariedad o resentimiento, es probable que suprima esos sentimientos. Comunicar resentimiento o enojo posiblemente traería como consecuencia rechazo, conflicto y/o daños personales o relacionales. Al reprimir su enojo y amargura, y al aplacar a su pareja narcisista, la persona orientada hacia otros perpetúa la relación equilibrada, pero disfuncional.

Auto-orientaciones no saludables y problemáticas

Individuos con AOs no saludables y problemáticas están bloqueados rígidamente en su AO disfuncional. En especial, los codependientes (VCY - 5) y los narcisistas (VCY +5) son rígidamente inflexibles en sus AOs. Aunque las relaciones que combinan un VCY de (-4) y (+4) son disfuncionales, ambos individuos tienen cierta capacidad, aunque sea mínima, de liberarse del enfoque rígido de la orientación hacia otros que tienen en sus relaciones.

Las parejas románticas no saludables o disfuncionales suelen ser incapaces de mejorar su salud relacional, en razón de sus AOs extremas, rígidas e inflexibles. Estas relaciones oponen resistencia al cambio, sobre todo por la inhabilidad del narcisista patológico para reconocer el papel que desempeña en los problemas de la relación, a la vez que se resiste a buscar ayuda para él. También el codependiente (-5) opone resistencia al cambio, ya que cambiar podría traerle un potencial daño emocional, psicológico e incluso físico, además de poner en riesgo la viabilidad a largo plazo de la relación. El codependiente (-5) podría ser una esposa severamente permisiva, que lleva 30 años amenazado con dejar a su esposo alcohólico, pero que nunca ha llevado a cabo sus amenazas.

De manera similar, la relación que combina VsCY de (-4) y (+4) es resistente al cambio. La diferencia entre las combinaciones de VsCY de 5 y de 4 es que la primera es menos propensa a buscar psicoterapia y a tener éxito en ella que la segunda. No obstante, la terapia de pareja con individuos no saludables o disfuncionales es a menudo muy difícil, ya que los individuos narcisistas (+5) y (+4) oponen resistencia a asumir su responsabilidad por los problemas mientras que los (-5) y (-4) no son personas inclinadas a cuestionar a su cónyuge.

De acuerdo con los estándares sociales y culturales de los países occidentales más desarrollados, la relación entre un (-3) y un (+3) es a menudo considerada problemática, porque la distribución de ARC no es equitativa ni justa. En esta categoría de relación "problemática", la balanza de ARC se inclina significativamente poniendo la mayor carga sobre el individuo orientado "hacia otros". Incluso con la desigualdad entre los miembros de la pareja en el dar y recibir ARC, esta pareja es aún capaz de niveles mínimos a moderados de mutualidad y reciprocidad. Por ejemplo, un compañero sentimental orientado hacia otros es capaz de establecer algunos límites, así como de comunicar algunas de sus necesidades de ARC. A su vez, la persona orientada hacia sí misma es capaz de niveles mínimos a moderados de empatía y de motivación para satisfacer las necesidades de ARC de su pareja y, al mismo tiempo, puede estar abierto a algún tipo de retroalimentación constructiva y crítica.

La distinción entre acoplamientos saludables y no saludables de VsCY no siempre es clara. Desde el punto de vista de la cultura occidental moderna, una pareja con un VCY de (-3) o (+3) puede no ser considerada saludable, ya que existe una marcada disparidad en el intercambio de ARC. Sin embargo, desde la perspectiva de otras sociedades, culturas o grupos étnicos en las que la norma está orientada hacia una discrepancia aceptable entre dar y tomar ARC, esta relación podría ser considerada saludable. Es factible que individuos fuera de las culturas occidentales modernas consideren esta relación como no saludable o disfuncional. Si estas parejas románticas están satisfechas y felices con su relación y no hay daño perpetrado contra el individuo auto-orientado "hacia otros", entonces sus AOs, que de alguna manera están polarizadas, podrían constituir una relación saludable dentro de una cultura específica.

Auto-orientaciones o VsCY saludables

Los valores normales o saludables son (-2), (-1), (0), (+1) y (+2). Una persona cuya AO cae dentro de este rango, ejemplifica un equilibrio saludable de ARC hacia otros y hacia sí misma. Aunque es posible que una persona auto-orientada "hacia otros" (-2) y una persona auto-orientada "hacia sí misma" (+2) no compartan una distribución equitativa en el dar y tomar ARC, pueden experimentar una relación saludable y mutuamente satisfactoria alrededor de la configuración particular de su AO. Esta combinación de VsCY negativos y positivos se considera una relación saludable cuando ambos compañeros sentimentales están contentos y satisfechos con la distribución desigual en el dar y recibir ARC. La relación de un (-2) con un (+2) funciona, en especial, si ambas personas se sienten amadas, respetadas y cuidadas de una forma que satisface sus necesidades emocionales saludables.

Por lo tanto, una relación saludable no se define por un equilibrio con ecuación cero, sino, más bien, por el equilibrio entre el dar y el tomar dentro de la relación, como se representa en el caso de AOs ligeramente opuestas. Sin embargo, es necesario un equilibrio con ecuación cero para crear el fundamento de una relación saludable y equitativa, en la que cada parte siente que está dando y recibiendo la cantidad de ARC que corresponde a la combinación de sus AOs inversamente saludable.

Aquellos que caen en la categoría saludable de (-2) a (+2) o no sufrieron un trauma de apego en la infancia, la causa fundamental de la codependencia y de los trastornos del narcisismo patológico[7], o se han sometido exitosamente a tratamiento psicológico para remediarlo. Además de una buena salud mental, estos individuos "saludables", magnéticamente conectados, comparten niveles de autoestima que van de moderados a altos, son capaces de resolver conflictos, pueden comunicarse eficazmente y resolver sus diferencias, y son capaces de establecer límites saludables y responder a ellos. En pocas palabras, esta relación se compone de dos individuos con amor propio y salud psicológica.

Ni fijos ni permanentes

---

[7] Analizado en los capítulos 10 y 11.

A excepción de un narcisista patológico con trastorno de personalidad, la AO o el VCY no son ni fijos ni permanentes[8]. Normalmente el VCY de una persona fluctúa a lo largo de toda su vida. Es posible, aunque no típico, que una persona se mueva de un lado del continuum a otro. En el caso de que se dé un cambio en la AO, la persona usualmente comienza con un VCY negativo más cercano al cero o un VCY positivo menor. Aquí es donde la psicoterapia es tan crucial para la propia salud mental. Con motivación, fortaleza emocional y buena psicoterapia, los individuos auto-orientados "hacia otros" y hacia "sí mismos" son capaces de cambiar su AO no saludable. Cabe señalar que debido a que las diferencias psicológicas constitutivas entre las AOs hacia otros y hacia sí mismo, (que serán discutidas en los capítulos 10 y 11), los individuos orientados "hacia otros" tienen más probabilidades de cambiar de AOs.

Algunas explicaciones posibles para las fluctuaciones que uno tiene en el VCY o para el cambio de AO pueden incluir: procesos de desarrollo o maduración normal, experiencias religiosas o espirituales, servicios psicológicos o de salud mental, cambio en las experiencias de vida, transiciones relacionadas con la edad, por ejemplo, una experiencia hacia la mitad de la vida. Será suficiente decir que cierto tipo o ciertas características de personalidad no son una marca indeleble. El libre albedrío y la motivación para convertirnos en una mejor versión de nosotros mismos generan crecimiento emocional y sanación psicológica. Este autor está profundamente convencido de que el espíritu humano y la psiquis humana se definen por sus posibilidades y potencialidades.

Las relaciones románticas se vuelven más saludables cuando los VsCY equitativamente inversos se mueven más cerca del cero en el continuum. En este caso, la relación se define más por la igualdad, la reciprocidad y la mutualidad. Esa pareja más saludable ya no estará polarizada por las diferencias de sus AOs. En su lugar, experimentarán una distribución más equitativa de ARC que, a su vez, creará niveles más altos de armonía e intimidad.

---

[8] Como se discutirá más adelante en este libro, los individuos con trastorno de personalidad narcisista son capaces de crecimiento psicológico. Sin embargo, la probabilidad de que esto ocurra es muy baja.

Cuando alguien se sana

Si el CVY de uno de los miembros de la pareja se mueve en una dirección más saludable (más cerca del cero) y el otro no lo sigue, entonces es probable que la relación corra peligro. Esto es común cuando uno de ellos participa en un servicio de salud mental o relacionado con adicciones, mientras que el otro no lo hace —ignorando cuál es su contribución a la relación disfuncional. Las relaciones con VsCY desequilibrados son inherentemente inestables y, como consecuencia, propensas al conflicto, la discordia y la ruptura.

Un ejemplo de inestabilidad en la relación, causada por una salud mental creciente, puede ocurrir cuando una mujer codependiente (-5), casada con un hombre narcisista patológico (+5), busca psicoterapia para su codependencia. Como resultado del progreso en la terapia, es probable que su AO/VCY cambie para mejor, acercándose a cero. En caso de que su salud mental mejore y ella elija permanecer con su marido narcisista patológico, la relación se volverá inestable como resultado. Sin el balance de la ecuación cero, cualquier cosa puede pasar. Es probable que surja conflicto y diferencias irreconciliables, ya que la mujer que era codependiente se verá obligada a buscar mayores niveles de ARC por parte de su marido, quien no es capaz de dárselos. Incluso con una mayor salud mental, la cliente que antes era codependiente experimentará imperiosos deseos conscientes e inconscientes de retornar a sus niveles personales y relacionales disfuncionales. A través de la prolongación y el mantenimiento de su salud mental, el balance de ecuación cero se perderá, y como consecuencia, probablemente la relación terminará o se romperá.

Cabe señalar que los conceptos de estabilización y desestabilización están directamente influenciados por la teoría de los sistemas familiares. Esta propone que los individuos no pueden ser comprendidos de forma aislada, sino como parte de una relación mayor o de una familia que, en conjunto, funciona como una unidad emocional interdependiente.

El VCY de una persona no es una representación permanente de su salud relacional y mental. La gran mayoría de nosotros es capaz de superar los propios problemas y limitaciones personales y relacionales — convirtiéndonos en individuos más saludables. Sin embargo, todos nosotros experimentamos periodos en nuestras vidas en los cuales tenemos dificultades y damos algunos pasos hacia atrás. Así como podamos retroceder, también podemos avanzar.

Relación saludable con ecuación cero: Susan (-2) y Víctor (+2)
Susan es una persona saludable y equilibrada en lo emocional y psicológico, ligeramente orientada "hacia otros", como se ejemplifica en su VCY de -2. Susan experimenta gran alegría y se siente realizada con su enfoque caritativo y generoso hacia la vida. Le gusta organizar fiestas para los demás, ayudar a sus amigos a decorar sus casas, cuidar a los hijos de su hermana o simplemente ser una oyente compasiva siempre dispuesta a ofrecer un oído para escuchar y un hombro sobre el cual se pueda llorar. Más que nada, Susan se siente muy orgullosa de cómo cría a sus dos hijas. Ama cocinar sus platillos favoritos, ser líder de las *Girl Scouts*, llevarlas a patinar sobre ruedas y ayudarlas con sus proyectos o tareas escolares. Susan también trabaja medio tiempo como directora de una oficina para una firma de abogados, la cual requiere que coordine el horario de su jefe, una persona dinámica, exitosa, pero desorganizada.

Susan está casada con Francis, un médico talentoso, cuya ambición es convertirse en el jefe de cirugía ortopédica en el hospital en el cual trabaja. Aunque Francis es una persona muy ocupada y con frecuencia se consume en sus obligaciones profesionales, saca tiempo para satisfacer las necesidades personales y emocionales de sus hijos y de su esposa. A pesar de su capacidad reducida, su familia siente que recibe suficiente atención y amor por parte de Francis. Mientras que el matrimonio y la vida de familia combinados constituyen un desafío y, a veces, son claramente difíciles, tanto Susan como Francis están comprometidos en construir un futuro juntos. Susan apoya mucho a Francis en sus ambiciones profesionales, ya que ella y Francis comparten las mismas metas y ambiciones personales, familiares y profesionales. Ambos se sienten apoyados entre sí, y a la vez disfrutan indirectamente los logros del otro.

Como esposa que apoya, Susan es paciente con las exigencias y rigores del horario de trabajo de Francis. Incluso si es en medio de las numerosas obligaciones profesionales de su esposo o tarde en la noche, Susan casi siempre encuentra un oído comprensivo en Víctor cuando ella quiere desahogarse por haber tenido un día difícil con los niños o cuando algo malo sucedió en casa. Ella también encuentra el tiempo para sintonizar empáticamente con Víctor cuando el también necesita desahogarse y contarle acerca de un mal día. Lo que hace de Víctor una persona saludable y no una codependiente de VCY (-5) sino de (-2), es que ayudar a otros le proporciona mucho placer además de sentido a su vida y, cuando es necesario, no teme pedir ayuda y apoyo para ella misma.

A pesar de que Susan aprecia y se identifica con su naturaleza generosa, es capaz de establecer límites a los demás y es capaz de hacer valer lo que ella necesita. Por ejemplo, cuando se siente abrumada con el trabajo y/o con las responsabilidades familiares, es bastante capaz, con tacto, de decir no ante una solicitud de ayuda. Aunque ella no espera que "la proporción del dar y tomar" sea equitativa, ella conoce sus propios límites y tiene un buen barómetro interno que la orienta hacia el cuidado de sí misma. En general, Susan es una persona saludable y equilibrada cuya auto-orientación se inclina moderadamente hacia las necesidades de los demás.

De modo similar, Víctor es una persona saludable y equilibrada, incluso con su ligera auto-orientación (VCY de +2). Víctor claramente disfruta su lucha por lograr el éxito profesional. Al trabajar tan duro como lo hace, él cree que está haciendo lo que le corresponde en el matrimonio y en la familia. Víctor (como Susan) cree que sus ambiciones profesionales traerán como resultado mayor confort y felicidad para la familia en general. Aunque no siempre está contento por tener que estar fuera de casa tanto como lo está, él sabe que sus éxitos profesionales beneficiarán a las personas a quienes más ama: a Susan y a sus hijos. A pesar de la capacidad disminuida que Víctor tiene en lo personal y familiar, no duda en hacer que Susan se sienta amada, respetada y cuidada. Cuando no es capaz de estar presente en algún evento familiar importante, debido a algún compromiso profesional importante, la familia lo apoya, aunque se sientan decepcionados. Esta relación funciona porque la relación con ecuación cero entre Víctor y Susan es equilibrada y mutuamente gratificante.

Una relación disfuncional con ecuación cero: Sandra (-5) y Paul (+5)
Sandra es una mujer hermosa pero obesa de 39 años de edad, madre de
un hijo con necesidades especiales y esposa de un hombre que tiene
todos los síntomas principales del trastorno de personalidad narcisista.
Come como escape emocional, auto-medicando con comida su tristeza,
soledad y enojo. Sandra tiene talento musical. Escribe su propia música,
tiene una voz angelical, toca la guitarra magistralmente y trabaja para su
iglesia como directora del coro y del culto de alabanza de los
adolescentes. A pesar de su talento musical, de su posición en la iglesia y
de su naturaleza generosa, Sandra sólo ha recibido dos aumentos
salariales durante sus 15 años como empleada. Está muy mal pagada en
comparación con otras personas en el mismo campo. Los feligreses de la
iglesia la adoran y ella se ha convertido en un ícono para todos aquellos a
quienes ha enseñado.

A pesar de la impecable trayectoria de Sandra, el Reverendo Doeman,
líder de la iglesia y del consejo directivo, ha descuidado históricamente
darle los aumentos salariales y promociones que ella bien se merece.
Sandra no ha pedido un aumento, creyendo ingenuamente que si se lo
mereciera se lo habrían ofrecido. Recientemente, el Reverendo Doeman
la relegó a asistente del director musical y contrató a un viejo amigo suyo
para la posición recién creada de pastor asociado, que absorbería el coro
y las responsabilidades que tenía Sandra como directora de los
adolescentes. Ella se sintió humillada por esto y, para colmo de males, se
enteró de manera indirecta, a través de otro miembro del personal.

Cuando Sandra compartió sus sentimientos con el Reverendo, él
reaccionó igual que cuando lo han confrontado por cualquier mala
conducta en el pasado. Se enojó sin decir nada, y de manera defensiva y
manipuladora se presentó a sí mismo como la víctima que nunca logra
que todos estén contentos. Mientras se defendía a sí mismo, alababa la
capacidad de Sandra y le imploraba que no se molestara con él. Ella, en
vez de mantener su postura y confrontar las excusas y racionalizaciones
del Reverendo Doeman, se disculpó por haberlo molestado. Sandra ahoga
o suprime su enojo y resentimiento hacia la iglesia y en especial hacia el
Reverendo Doeman, debido a que se siente impotente, tiene miedo al
conflicto y lo evita.

El hijo de Sandra es un joven adorable y dulce, pero por desgracia ha sido diagnosticado con múltiples trastornos psiquiátricos: trastorno de ansiedad generalizada y trastorno por déficit de atención con hiperactividad (TDAH). Además de sus desafíos psiquiátricos, tiene una autoestima extremadamente baja y una actividad social y académica problemática. Sandra nunca ha sido consistente estableciendo límites con la mayoría de las personas, especialmente con los miembros de su familia. En consecuencia, su hijo rara vez hace caso de sus peticiones y se niega a ayudarla con los deberes del hogar. Debido a que se siente mal por los problemas de salud mental y sociales que su hijo tiene, ella se abstiene de castigarlo cuando se porta mal.

Sandra conoció a su marido Paul cuando ambos tenían 18 años y estudiaban el primer año en la universidad. A pesar de las persistentes dudas acerca del egocentrismo, egoísmo e inmadurez de Paul, ella se enamoró profundamente de él. Sandra se sintió extremadamente atraída hacia Paul porque él, como ella, disfrutaba de la emoción fresca de su relación sexual. Sandra estaba completamente enamorada de la personalidad juguetona, espontánea y rebelde de Paul. Le gustaba de él incluso su arrogante, aunque agudo encanto.

Durante su tercer año de universidad, Sandra y Paul espontáneamente decidieron casarse. Aunque ella había querido esperar, Paul la convenció de que, al casarse, él estaría más motivado en la universidad y, por lo tanto, sería más exitoso en su futura carrera. Aunque ella tenía muchas preocupaciones concernientes a casarse con Paul, estaba convencida de que ningún otro hombre estaría interesado en casarse con ella debido a su obesidad y a sus inseguridades. La desesperación de Sandra por casarse y tener hijos anuló todos los momentos en los que su intuición le decía que Paul no era un cónyuge apropiado para toda la vida.

Sandra estaba genuinamente confundida sobre cómo se sentía acerca de casarse con Paul. Su padre alcohólico y su madre severamente dependiente e insegura habían sido malos modelos de conducta para un amor saludable. Sin haber experimentado relaciones saludables y mutuamente amorosas, Sandra creyó sinceramente que su amor por Paul era realista y saludable. Poco tiempo después de la boda, Paul abandonó la universidad, ya que estaba perdiendo la mayoría de sus clases. Sandra no sabía que Paul tenía bajas calificaciones, pues él se lo había mantenido en secreto. De sus fracasos académicos, Paul culpó a los profesores. Estaba convencido de que ellos tenían vendettas personales contra él. Lo que Paul no logró entender fue que su bajo rendimiento académico, combinado con la forma arrogante e irrespetuosa de tratar a sus profesores, le habían ganado entre ellos una reputación de estudiante problema. Paul abandonó la universidad cuando ésta no aprobó la solicitud que él hizo de una matrícula condicional por motivos académicos, y dejó sus estudios

Después de abandonar la universidad, Paul cayó en un estado de depresión y, por lo tanto, no estaba motivado para hacer casi nada excepto beber mucha cerveza y fumar un montón de marihuana. Como resultado de las constantes peticiones de Sandra para conseguir un trabajo y contribuir económicamente, Paul encontró a regañadientes un trabajo en un concesionario de automóviles, donde ganaba un dólar más por encima del salario mínimo limpiando los automóviles usados que estaban para la venta. A causa de la falta de motivación de Paul para contribuir emocional y financieramente, su matrimonio rápidamente se volvió estresante. Al año de casados, Sandra quedó embarazada con quien sería su único hijo. Paul no estaba interesado en el embarazo de Sandra y parecía distanciarse aún más de ella.

Dos meses después de que su hijo Tyler naciera, Sandra descubrió que Paul estaba teniendo una aventura con una de sus compañeras de trabajo. Sandra no se atrevió a enfrentar a Paul ya que estaba aterrada de que la dejara por otra mujer. Debido a la terriblemente baja autoestima de Sandra y a su auto aversión, ella creía sinceramente que ningún otro hombre la encontraría atractiva o digna de una relación romántica duradera.

Rara vez Paul se involucraba personal y emocionalmente con Sandra y con su hijo. Prefería sus amigos hombres del club de automóviles antiguos, donde siempre tenía una audiencia para su encanto inmaduro, sus embustes, chistes y borracheras. Sandra renunció a enfrentarse a Paul, ya que eso nunca había traído un cambio duradero. También dejó de enfrentar a Paul por su mala conducta, ya que sus estallidos de furia se fueron volviendo progresivamente más amenazantes y aterradores.

Sandra simplemente dejó de creer que algún día él llegaría a escuchar sus peticiones y ruegos. Se fue acostumbrando a sentirse invisible y no valorada dentro y fuera de su matrimonio. Cuando Sandra finalmente enfrentó a Paul por su infidelidad, con frecuencia caía víctima de sus llorosas promesas de cambio (prometía cesar en sus mentiras e infidelidad) y de sus súplicas para que ella no lo dejara.

Eventualmente, Sandra se volvió insensible al dolor que Paul le causaba y, como consecuencia, dejó de esperar que él contribuyera a la familia de cualquier manera a excepción de su sueldo y seguro médico. El habitual engaño e infidelidad de Paul hicieron pedazos cualquier esperanza que Sandra hubiera tenido de ser amada, respetada y cuidada. La carrera de Paul nunca progresó más allá del mismo puesto en el concesionario de automóviles que él había conseguido recién casados. Después de veinte años muy infelices, Paul no había cambiado; fue descubierto en su quinta aventura. A lo largo de los años, estuvo ausente en su papel de amante, confidente, pareja y padre.

Del mismo modo, las inseguridades de Sandra, su baja autoestima y el miedo de enfrentar a Paul, permanecieron sin cambios, ya que sus inseguridades y confusión acerca de su matrimonio la mantuvieron atada a un marido narcisista, egoísta y deshonesto. Sandra es leal y servicial con todas las personas en su vida, siempre dispuesta a ayudar cuando es necesario. Conocida como la persona a la cual recurrir en su comunidad, proporciona asistencia a quienes necesitan su apoyo enriquecedor y paciente. Si bien quisiera decir no a las múltiples peticiones de su tiempo y energía, es incapaz de establecer límites y se siente culpable cuando piensa en pedirle a otra persona que haga algo por ella. Su exterior feliz y optimista esconde una acumulación secreta de ira y vergüenza porque nadie parece querer devolverle la ayuda y el amor que ella manifiesta.

Sandra es una codependiente clásica (-5) ya que pone las necesidades de todos los demás por encima de las propias. Se preocupa incansablemente por su hijo, su esposo, sus amigos y por las personas en la iglesia, pero recibe poco o nada a cambio. Nunca ha dejado a su esposo egocéntrico, abusivo emocionalmente y mujeriego por miedo a estar sola y a ser incapaz de pagar las cuentas. Su obesidad refuerza su creencia poco realista de que jamás nadie podría amarla, y genera sentimientos de impotencia para cambiar la naturaleza de sus relaciones unilaterales. Aunque Sandra fantasea acerca de hacer frente a las personas narcisistas e intimidadoras en su vida, al final elige rendirse ante ellas. Sandra automedica sus sentimientos de falta de valor a través de comer en exceso. Desde que se casó con Paul, el peso de Sandra ha aumentado 100 libras. A pesar de las advertencias de su doctor, Sandra parece incapaz de cambiar sus patrones emocionales de alimentación.

Paul es un narcisista típico (+5). Más específicamente, Paul encajaría en los criterios diagnósticos del Trastorno Narcisista de la Personalidad. Su enfoque ante la vida gira casi completamente alrededor de sus propias necesidades personales y emocionales —a expensas y excluyendo las necesidades de los demás, especialmente las de su esposa e hijo. Él y Sandra son perfecta pero miserablemente compatibles, ya que sus VsCY combinados crean una relación con ecuación cero. Juntas, sus auto-orientaciones son inversamente compatibles.

Esta relación opuesta perfectamente ajustada probablemente permanecerá estable, ya que la baja autoestima de Sandra y sus profundos sentimientos de inseguridad crean sentimientos de incapacidad ante la posibilidad de cambiar las circunstancias de su vida, como sería divorciarse de Paul. Además, Sandra, de una manera distorsionada, mantiene la creencia de que todavía ama a Paul. A él no se le ocurriría dejar a Sandra, ya que tiene la esposa "perfecta", que hará todo por él y no lo responsabilizará por sus numerosas deficiencias egoístas y narcisistas.

Paul no se quiere divorciar de Sandra porque, de manera similar, tiene un sentimiento distorsionado de amor y compromiso hacia Sandra. Él tampoco querría dejarla ya que cuenta con Sandra para cuidar a Tyler en la casa, pagar las cuentas y mantener su grupo social. Su matrimonio es considerado estable debido a que ambos, Paul y Sandra, están encerrados dentro de su relación y ninguno tiene la motivación o es psicológicamente capaz de dejar al otro.

Dos años después de que Sandra iniciara una terapia conmigo, perdió 75 libras, se divorció de Paul, renunció a su trabajo en la iglesia, fue contratada por un empleador que la empodera y recompensa sus contribuciones, rompió sus relaciones con sus amigos narcisistas y creó relaciones más saludables y mutuamente satisfactorias con el resto de sus amigos y familia. Sandra también cambió la relación con su hijo ya que creció su confianza, se volvió más consistente y menos temerosa de su enfoque parental. Como resultado de sus avances en psicoterapia, el VCY de Sandra cambió de (-5) a (-2), colocándola en un lugar más saludable del Continuum del Yo. Ahora Sandra está saliendo con Bill, un hombre maravilloso cuyo VCY es de (+2). Juntos son muy felices; se aman, respetan y cuidan de forma mutua y recíproca.

Excepciones a la regla
Existen excepciones a la Teoría del Continuum del Yo y a la hipótesis de la relación con ecuación cero. Por ejemplo, una pareja romántica que no comparte una relación con ecuación cero puede ser "estable" y resistir la ruptura por una variedad de razones atenuantes, que pueden incluir dependencia financiera, necesidades médicas o de seguros, requisitos culturales, étnicos o religiosos. Uno de muchos ejemplos es un matrimonio arreglado, como se acostumbra en algunas culturas de Asia, África y el Medio Oriente.

El hombre y la mujer dentro de un matrimonio arreglado pueden experimentar una relación saludable y amorosa como resultado directo de sus valores, creencias y prácticas compartidas. Su matrimonio arreglado, que no resulte en una ecuación cero, probablemente perseverará debido al respeto y al consentimiento que comparten por la institución del matrimonio definida culturalmente. Esta pareja también mantendrá una relación duradera como resultado de los fuertes sentimientos platónicos que tienen el uno por el otro y por el compromiso compartido hacia su fe y familia. Sin embargo, si sus VsCY no son inversamente equilibrados, probablemente nunca serán amantes cercanos e íntimos.

Por el contrario, si esta pareja en matrimonio arreglado tiene un VCY desequilibrado y experimenta conflicto, siendo incapaz de resolverlo satisfactoriamente, y uno o ambos cónyuges experimentan un daño culturalmente inaceptable, entonces esta configuración de relación culturalmente prescrita puede ser considerada no saludable y disfuncional.

La auto-orientación alfa

La Teoría del Continuum del Yo también abarca parejas en una relación en la que los dos individuos tienen la misma Auto-Orientación. Esto es común en relaciones platónicas, en el trabajo y en la familia. La Explicación de la Auto-Orientación Alfa predice que en cualquier relación en la que hay dos individuos con la misma auto-orientación, el que tiene el VCY más alto (más cercano al VCY +5) será quien ejerza más control dentro de la relación. Por el contrario, la persona con un VCY más bajo, será más pasiva y cederá más control dentro de la misma. Para ilustrarlo, Judy y Alexis son hermanas que comparten una Auto-Orientación "hacia Otros". Como el VCY de Judy es de (-5) y el de Alexis es de (-3), Alexis ejercerá automáticamente más control en la relación, mientras que Judy tenderá a obedecer.

Otro ejemplo es la relación de Jack y Frank, que han sido amigos durante 30 años. Jack es la figura dominante y controladora porque su AO hacia sí mismo (+4) excede la AO hacia sí mismo (+3) de Frank.

Cambio de auto-orientación

Mediante valentía, diligencia y una gran cantidad de psicoterapia, una persona codependiente (-5) puede sanar las heridas psicológicas responsables por el desarrollo y mantenimiento de su codependencia. Las mejoras o crecimiento en la salud emocional, mental y social de un codependiente en recuperación casi siempre corresponderán con cambios positivos en su auto-orientación.

Por lo tanto, es posible que un codependiente experimente roles, oportunidades y relaciones que estén más conectados con una saludable Auto-Orientación hacia sí mismo. En otras palabras, uno puede pasar de tener un tipo de personalidad, carrera y rol relacional de cuidador a unos más enfocados hacia las propias necesidades de amor, respeto y cuidado. Tenga en cuenta que cuando fuimos bebés éramos un lienzo en blanco en el que nuestros padres pintaron nuestra auto-orientación. Nuestro arduo trabajo y valentía pueden dar como fruto un nuevo autorretrato de un yo más feliz, saludable y seguro —independientemente del lugar del Continuum del Yo en el que terminemos ubicados.

La teoría del martillo y del clavo de Maslow

Por mucho que intento definir y cuantificar el comportamiento humano relacional mediante el uso de la Teoría del Continuum del Yo, no es ni factible ni conveniente depender solamente de una teoría para explicar los complicados patrones del comportamiento humano. Existen peligros inherentes a tener una visión limitada de la psicología humana. Según Abraham Maslow, uno de los fundadores de la teoría psicológica humanista, "Si la única herramienta que uno tiene es un martillo, supongo que es tentador tratar todo como si fuera un clavo". Que este "martillo" sea sólo una de muchas herramientas dentro de una caja de herramientas que podemos utilizar para comprender y cambiar nuestras relaciones disfuncionales.

Debido a que los tipos de personalidad con AOs compatibles pero opuestas son sólo una de muchas categorías posibles de tipos de personalidad, se presume que otros rasgos o constructos de personalidad pueden tener su propio y particular proceso de atracción. Por ejemplo, grupos de individuos con enfermedades mentales, desventajas económicas, marginación política, dificultades físicas, y otros con discapacidades, desafíos o que son oprimidos, pueden tener sus propias y singulares dinámicas relacionales de atracción.

A pesar de que la Teoría del Continuum del Yo intenta explicar y simplificar la complicada y multifacética dinámica de atracción, no pretende ser superior o más inclusiva de lo que es en su diseño. Es un paradigma de enfoque restringido que mide la AO de un individuo mientras que explica la dinámica de atracción entre tipos de personalidad opuestos pero compatibles. No pretende ser una explicación teórica autónoma o exhaustiva. Puede ser útil como un complemento para otras teorías psicológicas.

Creo que la Teoría del Continuum del Yo es un constructo tanto valido como fiable. Sin embargo, como es una nueva teoría psicológica, todavía no se ha enfrentado a los rigores del escrutinio científico. Espero que la Teoría del Continuum del Yo, y los demás conceptos explicativos proporcionados aquí, amplíen la comprensión actual de la conducta humana, además de seguir estimulando la reflexión y la discusión sobre el tema.

CAPÍTULO 4: EL SÍNDROME DEL IMÁN HUMANO

¡Todos somos Imanes Humanos!

En lo relativo a relaciones románticas, ¡todos somos imanes humanos! *El Síndrome del Imán Humano* es la explicación metafórica de la fuerza inconsciente que reúne parejas opuestas pero compatibles en una relación duradera y estable. Aunque es mucho más simple y menos integral que la Teoría del Continuum del Yo, sigue el mismo principio básico. Mientras el Continuum del Yo se enfoca en la auto-orientación de la persona o en el Valor del Continuum del Yo (VCY), el Síndrome del Imán Humano conceptualiza la atracción dinámica a través de la metáfora de una brújula y de unos imanes, que, como todas las cosas reales, operan según las propiedades del electromagnetismo. Como imanes humanos, nos sentimos empujados hacia compañeros románticos cuya "polaridad magnética" es opuesta a la nuestra.

A pesar de nuestros esfuerzos por encontrar una pareja romántica que nos ame, nos respete y nos cuide de manera incondicional involucrándose de manera recíproca en la relación, estamos inclinados a guiarnos según nuestra metafórica "brújula de amor" que dirigirá poderosamente nuestras decisiones relacionales. Ya sea que nos demos cuenta o no, todos utilizamos una brújula así cuando buscamos una pareja romántica ideal. Estamos obligados a seguir la dirección en la que somos conducidos, independientemente de que tengamos intenciones conscientes de tomar una ruta diferente. A pesar de las promesas que nos hacemos a nosotros mismos respecto a hacer elecciones razonables, seguras y saludables, somos incapaces de resistir la cautivadora fuerza que nos empuja en la dirección que la brújula indica. Los amantes desdichados, por lo tanto, se unen inevitablemente no por sus decisiones conscientes, sino debido a que sus brújulas han dirigido a cada uno hacia el abrazo amoroso del otro.

Atracción complementaria

La atracción es formidable y resulta virtualmente imposible oponerse a ella. Es inflexible, ya que desafía los intentos conscientes de modificarla o controlarla. Independientemente de las promesas que uno se haga, a sí mismo o a los demás, de no repetir los errores de las relaciones pasadas, se sigue un patrón aparentemente automático y predeterminado, guiado de forma magnética. A pesar de las señales de advertencia o de los obvios signos de peligro, es casi imposible romper la atadura magnética que une estos roles perfectamente compatibles, sean saludables o disfuncionales.

La atracción magnética también tiene la capacidad de coaccionar a los amantes infelices de manera crónica para que permanezcan en su relación, a pesar de estar descontentos, insatisfechos o heridos. Esta fuerza de atracción es suficientemente potente para socavar nuestras convicciones personales profundamente arraigadas, nuestros valores y moralidad, eclipsando incluso las costumbres y tradiciones sociales indoctrinadas por nuestra familia, cultura, religión o sociedad. Por mucho que pudiéramos tratar de oponer resistencia al poder fascinante del Síndrome del Imán Humano, muchos de nosotros caemos presa de su consabida naturaleza seductiva y controladora.

¿A qué edad somos "magnetizados"?

Aunque es imposible determinar la edad exacta en la cual el Síndrome del Imán Humano impacta nuestras opciones en cuanto a las relaciones íntimas, se estima que se manifiesta por primera vez entre los 21 y los 25 años de edad o al final de la edad adulta temprana. Antes de la aparición del Síndrome del Imán Humano, las opciones relacionales por lo general están guiadas por influencias innatas experimentadas en la adolescencia, que es cuando experimentamos de manera personal y social con el fin de desarrollar **preferencias conscientes** en referencia a las relaciones. Esto puede parecer como una contradicción, ya que se explicó anteriormente que el *modelo relacional* se forma en la primera infancia. Pero no es un contrasentido, puesto que los procesos psicosociales normales del desarrollo influyen en y mejoran este modelo.

No es anormal o atípico que los codependientes tengan experiencias de relaciones tempranas con personas más sanas, que no sean narcisistas patológicos. Pero hacia la edad de 21 años, cuando el modelo relacional se activa, las opciones relacionales se rigen por procesos inconscientes más poderosos, que obligan a la persona a sentirse paradójicamente segura y a gusto con un posible amante cuya personalidad evoca las experiencias que en la infancia tuvo con su progenitor patológicamente narcisista. Esto a menudo sucede de manera paralela al momento de la vida de la persona en el que ésta empieza a contemplar la posibilidad de tener una relación íntima con un compromiso a largo plazo, es decir, cuando va a tomar la decisión de "sentar cabeza".

¡Las compañías de citas por Internet están completamente equivocadas! Por desgracia e infortunadamente, todos los esfuerzos para escribir la propia biografía, escoger las mejores fotografías y ajustarse a las categorías más descriptivas y representativas de la propia personalidad y estilo de vida no sirven para nada; simplemente no tienen importancia alguna. Para colmo de males, es inútil confiar en la lectura cuidadosa y la interpretación del perfil de intereses de un amor potencial, mientras se escanea cada píxel de su fotografía con un lente de aumento buscando posibles pistas o señales de alerta. En pocas palabras, la química de los encuentros con fines románticos no está basada en el tipo corporal, intereses musicales, películas favoritas, inclinaciones políticas, educación, religión y otros criterios de la posible pareja. **¡Está basada en el Síndrome del Imán Humano!**

Cuando la mujer acostumbrada a cuidar siente la dicha química ante el aspirante narcisista romántico, no es por alguna similitud que ella comparta con él. No, en absoluto. Es la activación de mecanismos de atracción psicológicos inconscientes que reconocen una "pareja de baile" perfecta lo que hace que le de uno o dos vuelcos a su corazón. Su audacia, carisma, confianza en sí mismo y encanto, crean la ilusión de que éste ha sido el hombre con quien ella siempre había soñado. Lo que no sabe es que, siendo ella codependiente, ha elegido nuevamente a otro más de la larga lista de narcisistas.

Por supuesto, la química del Síndrome del Imán Humano va en ambos sentidos. La maquinaria química inconsciente del Sr. Perfecto también ha sido estimulada. Su corazón se alborota ante este ángel perfecto de mujer que lo escucha, llora por él y valida todo el trato injusto que él ha recibido de sus ex esposas que le exigen manutención para los hijos, de la oficina de impuestos que está detrás de sus declaraciones de impuestos entregadas tarde o que no aparecen y la larga lista de trabajos que no funcionaron porque sus jefes se sentían "amenazados" por su "intelecto superior y habilidades administrativas". Y, obviamente, el Sr. Perfecto, mejor conocido como el narcisista, también se ganó la lotería en esta relación.

La multibillonaria industria de citas por internet no se ha dado cuenta, pero están vendiendo el Síndrome del Imán Humano y yo creo que no lo saben. Como se ha discutido a lo largo de este libro, cuando dos aspirantes románticos se encuentran, ya sea por casualidad o por un cuidadoso proceso de selección utilizado en un servicio de citas por internet, si sucediera que sus auto-orientaciones fuesen opuestas y que su continuum o valores del yo se ajustasen de manera perfecta para crear un equilibro con ecuación cero, inmediatamente se sentirían a gusto el uno con el otro, en un ambiente familiar y seguro. *Casi siempre sucede de esta manera.* Sólo pregúntele a algunos de sus amigos, piense en su propia familia o analice su propia historia de citas.

La gente a cargo de las grandes empresas de citas por internet o bien no conoce el Síndrome del Imán Humano o le rehúye a las complicadas explicaciones psicológicas tipo "culpe a sus padres". Estoy seguro de que la promesa de encontrar una pareja perfecta o alma gemela vende más suscripciones que el emparejamiento de tipos de personalidad similarmente solitarias e infelices —codependientes y narcisistas. Es difícil imaginar este tipo de empresas adoptando la explicación del Síndrome del Imán Humano por encima de la investigación y el desarrollo, la comercialización y las campañas publicitarias multimillonarias que descansan sobre la promesa de encontrar un alma gemela debido a un algoritmo científico que supuestamente combina adecuadamente las parejas.

Reflexione en la Teoría del Continuum del Yo, en sus propios encuentros al azar y en las citas de pareja arregladas hábilmente, que parecían perfectas "en papel", pero que no suscitaron ni la más mínima chispa o química romántica. Probablemente concluirá que cuando las auto-orientaciones son similares, se experimentan sentimientos compartidos de decepción y frustración, especialmente si existen áreas de compatibilidad consciente. Para ilustrarlo, el hombre seductor, sexi, con abdominales marcados y la mujer que es para morirse de lo preciosa que está, que luce un conjunto perfecto de labios y bellas piernas largas, pueden no ser un buen partido. Si estos aspirantes, que en apariencia son altamente compatibles, tienen una auto-orientación similar, entonces el Sr. Seductor nunca se conectará con la Srta. Preciosa. O bien, si entra en escena la lujuria, la falta de química seguramente será el cubo de agua fría que los separe.

Todo en mi vida, en lo personal y profesional, confirma la conexión causal entre el Síndrome del Imán Humano y la química romántica. Por otra parte, mi trabajo clínico, mi historia personal de citas y experiencias relacionales, y miles de testimonios de clientes, lectores, contactos a través de redes sociales y subscriptores de videos en YouTube, todos están de acuerdo en la conexión química que existe entre codependientes y narcisistas.

Fuerzas magnéticas positivas y negativas
Como imanes humanos, todos tenemos ya sea una carga magnética positiva o una negativa, que nos empuja naturalmente a sentirnos atraídos por una persona que tiene una carga magnética opuesta. Mientras que la Teoría del Continuum del Yo denomina "auto-orientaciones" a los tipos de personalidad que combinan de manera inversa, el Síndrome del Imán Humano hace referencia a ellos como *funciones magnéticas* positivas o negativas. El término función magnética fue elegido intencionalmente por su equivalente metafórico a los polos magnéticos positivos o negativos de los imanes de metal. La codependencia o el VCY (-5) es metafóricamente equivalente a la función magnética *negativa* o a la carga negativa del imán humano. El trastorno del narcisismo patológico o el VCY (+5) es metafóricamente equivalente a la función magnética *positiva* o a la carga positiva del imán humano.

De manera similar a la Teoría del Continuum del Yo, el Síndrome del Imán Humano es un proceso en gran medida inconsciente. No obstante el encanto romántico y la "química" de la relación, también son dirigidos por procesos conscientes palpables (discutidos en el Capítulo 4). Si bien nos encontramos moviéndonos inconscientemente en la dirección del magnetismo personal único de una pareja romántica, también estamos altamente influenciados por lo que vemos, pensamos y percibimos.

Así como los individuos con funciones magnéticas negativas siempre se sientan atraídos hacia individuos con funciones magnéticas positivas, las funciones magnéticas similares siempre se repelerán entre sí. Los individuos con funciones magnéticas similares experimentarán una formidable fuerza de repulsión magnética, lo que hace casi imposible que se conecten de manera romántica. Esto se demuestra cuando dos imanes con la misma polaridad son colocados uno cerca del otro. Los imanes con cargas similares se alejarán uno del otro de manera natural, demostrando repulsión magnética. El Síndrome del Imán Humano y la Teoría del Continuum del Yo, explican la dinámica de repulsión de las personalidades parecidas, lo cual a menudo se experimenta como falta de química romántica. Muchos experimentan este fenómeno cuando encuentran un posible amante que es evidentemente atractivo y aparentemente compatible, pero que detona sentimientos de molestia o desasosiego cuando los dos "imanes" románticos se acercan (volviéndose más íntimos) entre sí.

Para ilustrar las propiedades de repulsión del Síndrome del Imán Humano, piense en una cita hipotética entre dos narcisistas patológicos o dos codependientes. Los dos individuos que concuerdan de manera similar tendrán *química anti-romántica*. A ninguno le parecerá interesante el otro y sentirán una clara sensación de desinterés, fastidio y/o repulsión. Esta es la razón por la que cuando encontramos una persona que podría parecer perfecta según nuestra lista del "debe tener", es posible que no haya chispa... nada de química romántica. Esto es lo que sentimos cuando abrazamos o besamos a alguien que podría interesarnos de manera romántica pero que, a pesar de nuestras esperanzas, parece más un amigo que un amante.

Para ilustrar el poder del Síndrome del Imán Humano con parejas románticas saludables, mi hermano y mi cuñada, David y Erika, me dieron permiso de incluir su historia de amor a primera vista. Haciendo mi mejor esfuerzo, colocaría a David con un VCY saludable hacia otros (-2) y a Erika con un VCY saludable hacia sí misma (+2). David, un soldado del Ejército de los Estados Unidos de 21 años de edad y Erika, una chilena de 24 años, que estaba visitando los Estados Unidos con una visa de estudiante, frecuentaban la misma piscina comunitaria en Arlington, Virginia. En ese tiempo, *ni David ni Erika hablaban el idioma del otro.* Cuando Erika y David se miraron por primera vez, experimentaron algo así como una descarga eléctrica de atracción magnética. David recuerda haber pensado que Erika era la mujer más hermosa que jamás había visto. De manera similar, Erika se sintió instantánea y completamente atraída hacia la buena apariencia y encanto de David. Para ambos, fue amor a primera vista —un sentimiento, que hasta ese momento, ninguno había experimentado jamás. Ninguno de los dos habría podido imaginar que esto podría pasar con una persona cuyo idioma y cultura era completamente diferente a la suya.

Pasaron varias semanas antes de que David y Erika tuvieran el valor de iniciar su primera conversación, lo cual obviamente sería un reto ya que ninguno hablaba el idioma del otro. Sus conversaciones iniciales tomaron la forma de preguntas y respuestas de tres o cuatro palabras. Incluso con este problema, ninguno podía resistir el intenso e incontrolable impulso de acercarse al otro. David cuenta que, al principio, podía pasar toda una noche en vela solo pensando en estar con Erika. Desde el momento en que David puso sus ojos en Erika, experimentó una oleada de intensas sensaciones emocionales y físicas. Erika recuerda haber tenido una experiencia emocional similarmente explosiva.

David y Erika recuerdan con cariño su primera noche juntos cuando sólo se miraron a los ojos y rozaron sus narices, sintiendo que no había necesidad de pronunciar una sola palabra o entablar una mayor intimidad física. Para ambos, el tiempo se detuvo como si hubieran sido raptados a un lugar de éxtasis emocional. Hasta ese momento, ninguno había experimentado sentimientos tan intensos y eufóricos de atracción emocional.

Decididos a comunicarse, se apoyaron en los recursos que estaban a su disposición de manera inmediata. David se comunicaba con Erika a través de notas que ella llevaba a su profesor de Inglés para que las tradujera. Erika contestaba esas notas y le hacía preguntas a David a través de un amigo que él tenía en el ejército y que hablaba fluidamente tanto Inglés como Español. Aunque Erika y David tuvieron dificultades, debido a que no hablaban el idioma del otro, no dejaron que eso se interpusiera en el camino de sus intensos y apremiantes sentimientos de atracción, por ser imanes humanos saludables. En realidad, el lenguaje del amor, o el poder del Síndrome del Imán Humano, superaron sus dificultades con el idioma verbal y con sus marcadas diferencias culturales.

En menos de tres meses después de su primer encuentro, tanto David como Erika comenzaron a comunicarse en el idioma del otro. La fuerza magnética irresistible que los unió culminaría en un matrimonio cinco meses después de haberse conocido. Veinte años después, este vínculo sigue conectado a pesar de los altibajos que son normales en relaciones saludables. ¡El lenguaje y la cultura no fueron un rival para el Síndrome del Imán Humano!

El encuentro de dos imanes humanos
La siguiente historia de una cita por Internet es un ejemplo de lo que sucede cuando se encuentran dos individuos entre los que aparentemente hay una atracción y, a pesar de que tienen intereses en común, se dan cuenta de que sus "imanes" se repelen entre sí.

Jason, mi cliente, y Sally se encontraron en un popular sitio de citas por internet. Este sitio en particular utiliza un algoritmo computarizado patentado que ayuda a los usuarios registrados a encontrar individuos que compartan intereses similares y que sean excepcionalmente compatibles. Cuando Jason y Sally comenzaron a escribirse, supieron que eran una excelente combinación porque tenían prácticamente los mismos intereses en política, recreación, religión, música y películas. Sobre la base de las fotografías publicadas, ambos estaban seguros de que también eran físicamente compatibles. Sus correos electrónicos eran emocionantes y estaban llenos de conversaciones interesantes y estimulantes.

Después de una semana de enviarse mensajes por correo electrónico, comenzaron a hablar por teléfono. Estas conversaciones eran siempre animadas y amenas. Normalmente pasaban más de una hora hablando cada vez. ¡Su primera llamada duró cuatro horas! Convencidos de que hacían buena pareja, decidieron fijar una fecha y encontrarse para cenar.

Jason estaba muy emocionado de conocer a Sally. De hecho, no durmió bien la noche anterior a su cita. Jason recuerda que, cuando vio por primera vez a Sally, pensó que era hermosa, incluso más que en sus fotografías. A Sally también le agradó la apariencia de Jason. La primera hora de la cita trascurrió extremadamente bien, mientras continuaron con sus conversaciones previas, pero desde el principio Jason no dejó de pensar que la "química" que había experimentado por correo electrónico y por teléfono, no estaba ahí. Aunque no pudo definirla, desechó la idea pensando que era demasiado analítica.

La segunda hora de la cita parecía extraña y mecánica, ya que ambos agotaron su lista de temas de conversación casuales, con la esperanza de experimentar una conexión emocional más intensa e íntima. Con desesperación, Jason quería liberarse del incómodo intercambio de preguntas y respuestas, y conectarse íntimamente con Sally, ya que pensaba que tanto su belleza externa como la larga lista de compatibilidades eran perfectas. Pero lamentablemente, él (y Sally) no pudieron superar la falta de química que los separaba.

Al contrario de lo que había pasado al principio, Jason no se sintió forzado a hablar con Sally todos los días (por correo electrónico, mensajes de texto o llamadas telefónicas). Como Sally no lo había llamado, él pensó que los sentimientos eran mutuos. Cuando finalmente volvieron a hablar, la conversación se volvió más moderada emocionalmente. Siendo personas honestas, francas y comunicativas, discutieron abiertamente el "ambiente" ligeramente incómodo de su primera cita. Estando de acuerdo en que las primeras citas por lo general son difíciles, planearon una segunda cita para cenar.

En la segunda cita, por mucho que Jason y Sally querían que su química personal funcionara, no lo hizo. Aunque cada uno encontró al otro interesante, el encanto romántico no estaba presente. Después de la cena, Jason acompañó a Sally a su auto y decidió besarla. Pensó que con seguridad un beso suscitaría la química que había estado ausente. A medida que su boca se movía hacia la de ella, Sally movió su cara para que el beso aterrizara en su mejilla. Ella se apartó suavemente y dijo lo que él ya sabía: Simplemente no había la más mínima química romántica. Ambos estuvieron de acuerdo, se rieron e instantáneamente se sintieron más relajados. Decidieron mantenerse en contacto e intentar más bien una amistad.

Después de diez años, Jason y Sally están felizmente casados con individuos que "los noquearon" cuando los conocieron. Jason y Sally han logrado forjar una relación platónica significativa a lo largo de los años. Esta historia es un ejemplo del poder del Síndrome del Imán Humano —

cuando dos individuos son compatibles en lo físico y personal, pero no "encajan magnéticamente".

La fuerza de Gravedad Relacional
La Gravedad Relacional es una metáfora de las fuerzas psicológicas que mantienen nuestros pies plantados en una relación romántica. Es un poder "vertical" que pesa sobre nosotros y nos mantiene en las relaciones. Está sinérgicamente conectado con la influencia "horizontal" del Síndrome del Imán Humano, que de manera irresistible une a una pareja romántica. Ambas fuerzas explican la naturaleza a largo plazo y comprometida de todas las relaciones, desde las saludables hasta las disfuncionales. La Gravedad Relacional es una fuerza constante y omnipresente que hace presión sobre cualquier persona que desee terminar o dejar una relación. Esta *fuerza para quedarse* es un fenómeno "bueno" para relaciones saludables y "malo" para relaciones conectadas intrincadamente debido a su disfunción compartida, como es el caso de la relación bien combinada entre codependiente y narcisista.

Mi hipótesis es que la Gravedad Relacional, o las fuerzas psicológicas reales que son responsables por ella, tiene una finalidad evolutiva, ya que obliga a individuos unidos románticamente a permanecer comprometidos, mientras que genera sentimientos de confort y conexión. La magnitud de esta fuerza gravitacional es influenciada por la propia salud mental y por el estado sentimental posterior en el que uno se encuentre durante la relación. Por ejemplo, la Gravedad Relacional tienes menos fuerza de impacto en amantes psicológicamente saludables que se sienten a salvo y seguros en su relación. Por el contrario, es más poderosa y "más pesada" en las relaciones compuestas de compañeros sentimentales no saludables, como en el caso de un codependiente y un narcisista patológico, quienes experimentan sentimientos de temor, peligro e inseguridad.

Una pareja psicológicamente saludable puede tener problemas, pero no está sumida en ellos ni se siente incapaz de modificarlos. La pareja experimentará la Gravedad Relacional como una fuerza que le ayuda a mantenerse unida en una relación a largo plazo. En concreto, debido a que dar-y-tomar amor, respeto y cuidado es algo mutuo en la relación, se incrementarán los sentimientos de seguridad, que la pareja experimenta.

Las personas psicológicamente saludables también utilizarán sus propios recursos psicológicos internos para salir de la relación si creen que es la mejor decisión a tomar, a pesar del "peso" de la Gravedad Relacional.

En cambio, dos personas psicológicamente no saludables también sentirán la fuerza de la Gravedad Relacional que los mantiene juntos en una relación a largo plazo, pero esta fuerza es mucho más fuerte aquí. En el caso de la relación romántica entre codependiente y narcisista patológico, después de la fase inicial de atracción, o lo que Dorothy Tennov denominó "limerencia", la Gravedad Relacional pesa sobre el codependiente y el narcisista y los consolida dentro de su relación disfuncional.

La "carga" invisible de la Gravedad Relacional impide a la pareja salir de su relación disfuncional, a pesar de sentirse incómoda, miserable e infeliz. Sin la Gravedad Relacional, "flotarían" de una relación a otra, especialmente cuando los sentimientos de *atracción intensa* (*limerencia*) *se desvanecen* en el codependiente y/o en el narcisista patológico. Esto ocurre al mismo tiempo en que sus "alas de alma gemela" son "cortadas" y ambos caen desde la dulzura eufórica de un "cielo relacional" al terreno caliente como lava de su relación disfuncional recién formada.

Correlación entre Gravedad Relacional y la Teoría del Continuum del Yo
La Gravedad Relacional y el Síndrome del Imán Humano, en conjunto, pueden entenderse como fuerzas combinadas que ayudan a explicar por qué dos personas permanecen conectadas en una relación comprometida, independientemente de la salud de la relación y de la salud mental del propio individuo. Un ejemplo de cómo la Gravedad Relacional funciona en las relaciones saludables puede ser el caso de una mujer con VCY (-2) que decide romper con su novio narcisista, que tiene un VCY (+4). Ni la Gravedad Relacional ni el Síndrome del Imán Humano son fuerzas lo suficientemente poderosas como para inhibir su decisión de dar por terminada la relación sin mirar atrás.

En otras palabras, la Gravedad Relacional puede ejercer presión sobre una pareja saludable mal emparejada, tratando de hacer que la relación funcione, pero no los inhabilita para elegir irse si es necesario.

El Continuum del Yo demuestra por qué la Gravedad Relacional y el Síndrome del Imán Humano trabajan juntos para mantener a dos compañeros sentimentales no saludables juntos en una relación. Un ejemplo de esto es una pareja con VsCY de (-5) y (+5) —un codependiente y un narcisista— para quienes será prácticamente imposible moverse más allá de los confines de su relación disfuncional, aparentemente permanente. Es como si cada uno llevara una mochila de 75 libras, lo cual los hace letárgicamente incapaces de moverse más allá de su relación, a pesar de ser infelices en ella y de no sentirse a salvo. Con toda la Gravedad Relacional pesando sobre ellos, se necesitaría una fuerza monumental para hacer cualquier tipo de cambio en la relación. *Por lo tanto, cuando más lejos del VCY 0, tanto más alta (pesada) es la fuerza de Gravedad Relacional. Cuanto más cerca de cero, tanto más baja o ligera es la fuerza de gravedad.*

Debido a que ambas fuerzas están influenciadas por la salud mental de cada persona, es imperativo que consideremos trabajar en nuestro propio equipaje emocional/problemas psicológicos antes de, durante y/o después de una relación, para que podamos experimentar en ella mutuo amor, respeto y cuidado.

Recuerde, la combinación de dos personas con amor propio, psicológicamente saludables, se verá influenciada maravillosamente tanto por el peso de la Gravedad Relacional como por el Síndrome del Imán Humano. Pero para el par relacional de codependiente y narcisista, las dos fuerzas serán el cemento, que secándose alrededor de sus tobillos, los incapacitará para encontrar paz y felicidad perdurable en la relación.

CAPÍTULO 5: CODEPENDENCIA

Aunque este libro trata *tanto* de la codependencia *como* de los trastornos del narcisismo patológico, y también de las dinámicas de atracción compartidas por ambos, es claro que está más orientado hacia el problema psicológico e interpersonal conocido como "codependencia". Como se ha mencionado en varios capítulos, este libro está influenciado de manera profunda e inevitable por la "curva de aprendizaje" de mi propia recuperación de la codependencia y por mi trabajo con clientes codependientes. Cuando doy algunos pasos hacia atrás y reflexiono acerca de mi vida, me siento humildemente agradecido por las extraordinarias fuerzas que esculpieron mi forma psicológica y emocional actual.

Claramente, mis esfuerzos para superar el férreo control que la codependencia tenía sobre mi vida se manifestaron, en última instancia, en mis ambiciones para llegar a dominar el dilema de la codependencia y el narcisismo, a la vez que enseñaba las lecciones aprendidas a otros codependientes en recuperación. Ahora, más que nunca, estoy agradecido por mi codependencia y los tiempos difíciles que acompañaron el problema. Si no hubiera sido por mis dificultades, nunca hubiera trabajado tan duro para convertirme en el hombre que soy ahora, que quiere compartir lo que ha aprendido. La gente suele decir que "las coincidencias no existen". Pues bien, yo creo que ese dicho es verdad, ya que el camino que me condujo al mundo oscuro, doloroso y solitario de la codependencia, también me sacó de él.

Se espera que el lector codependiente, más que el lector narcisista patológico, experimente este libro como una invitación y un recurso útil para su crecimiento personal, emocional e incluso espiritual. Debido a que los codependientes son capaces de tener una comprensión de sus problemas de salud mental y de reconocer su responsabilidad personal por ellos, son más propensos a buscar recursos, como éste, para resolver los desafíos de su codependencia. Los codependientes y las personas que están buscando ayuda para sus relaciones personales desequilibradas o disfuncionales tendrán mayores posibilidades de responder a este libro con mente abierta y de reconocer su relevancia.

Es probable que este libro resuene con fuerza en quienes se dedican a profesiones asistenciales, ya que muchos de ellos han batallado con la codependencia y han estado en relaciones con narcisistas patológicos. Para ilustrarlo, una encuesta realizada entre 1985 y 1986 por el Centro de Tratamiento *"Sierra Tucson Treatment Center"* de Arizona, reveló que el 25% de las personas que buscaban tratamiento para la codependencia trabajaban en el campo de servicios humanos (Laign, 1989). La codependencia es más frecuente en las profesiones asistenciales, específicamente en los campos del cuidado de la salud y de la psicoterapia. Esto no es una coincidencia. Tal vez en ningún otro sistema social, la visión positiva del comportamiento codependiente sea más evidente que en el sistema del cuidado de la salud. Las profesiones de atención de la salud y de la salud mental, con su énfasis en la dedicación al cuidado de los demás, son un medio ideal para la expresión de aspectos propios de la persona codependiente, como su tendencia natural a velar por los demás. Se ha afirmado que muchas personas codependientes se convierten en cuidadores profesionales justamente por esta razón (Clark y Stoffel, 1991).

Por el contrario, mi experiencia ha sido que los narcisistas patológicos responden a mis seminarios y artículos sobre la codependencia con actitud defensiva, con desprecio e ira. Es como si me escucharan decir que tienen toda la culpa de la codependencia y del camino para recuperarse de ella. Parece como si mi trabajo llegara hasta ese fondo de vergüenza y auto desprecio que se alberga en ellos (de manera inconsciente y oculta), con lo cual provoca una necesidad automática de arremeter contra el portador de la verdad.

Como su frágil autoestima no puede tolerar la idea de que tienen responsabilidad compartida por la disfuncionalidad de su relación, es probable que este libro les parezca acusador, antipático o simplemente equivocado. A pesar de que los narcisistas patológicos sufrieron un trauma vincular mucho peor que el de sus homólogos codependientes, es exponencialmente mucho más difícil para ellos explorar las raíces de sus problemas. Hacerlo implicaría descubrir un depósito largo tiempo oculto de reprimidos recuerdos intensamente dolorosos. Por lo tanto, la mayoría de los narcisistas patológicos hacen caso omiso de su trastorno y son hipersensibles a cualquier sugerencia de que algo anda mal en ellos.

Yo he observado un patrón interesante durante mi recorrido con el seminario *"Codependientes y Narcisistas Patológicos: Comprendiendo la Atracción"*. Normalmente, uno o dos participantes se enojan y se ponen nerviosos por la presentación. De acuerdo con su retroalimentación verbal y/o escrita, sienten que el seminario es ofensivo, mal planteado, sesgado e incluso absurdo. En particular, se sienten muy molestos por lo que ellos perciben como un juicio precipitado y predisposición contra ellos. Estos participantes me escuchan decir que los codependientes son víctimas y los narcisistas patológicos son los responsables de sus relaciones disfuncionales. Nada podría estar más lejos de la verdad, ya que el entrenamiento (y este libro) detallan específicamente como ambos, codependiente y narcisista patológico, son imanes igualmente dispuestos a colaborar en su "baile" disfuncional. La tendencia del codependiente a encontrar parejas dañinas y a permanecer con ellas no puede y no debería adjudicársele a los narcisistas patológicos o viceversa.

La herida narcisista
Parecería que las severas reacciones de mi audiencia son probablemente el resultado de una herida narcisista, que ocurre cuando un individuo narcisista *se siente* criticado, juzgado o derrotado. Si no me equivoco, es probable que el contenido del seminario haya irritado inconscientemente a esos participantes, debido a que son individuos narcisistas, moderada o severamente orientados hacia sí mismos, con un VCY de (+4) o (+5). La ira y la actitud defensiva son reacciones comunes de un narcisista patológico que percibe que está recibiendo una herida narcisista, ya que *se siente* ofendido, degradado y/o humillado cuando alguien lo confronta por sus malas acciones. Por cierto, no creo que la retroalimentación negativa a este libro o a mis seminarios implique automáticamente que quien la hace sea un narcisista patológico.

Lamentablemente, el término "codependencia" ha sido utilizado en exceso, se ha hecho mal uso de él y a menudo se ha entendido equivocadamente. Se ha convertido en una caricatura de su significado original. Para el público en general, el término implica ahora que la persona es débil, necesitada de manera inmadura, pegajosa e incluso emocionalmente enferma. El término ha sido reestructurado de manera vaga y conveniente para que se ajuste a nuestro léxico convencional, como ha sucedido con el término "disfuncional". Desafortunadamente, cuando los medios de comunicación y el público en general utilizan terminología diagnóstica fuera de los contextos en los que ha sido creada, con frecuencia se pierde o se diluye el significado original.

Las raíces del término "codependencia", se remontan al movimiento de los Alcohólicos Anónimos (AA), que fue establecido en 1936. Debido a que los médicos fueron los primeros pioneros en el tratamiento del alcoholismo, esta adicción fue naturalmente concebida conforme al modelo médico. Este modelo abordaba todas las adicciones de la misma forma, como un médico abordaría una enfermedad o una dolencia física, es decir, centrándose principalmente en la dolencia del individuo y en cómo ella afecta sus sistemas internos. Al adoptar el modelo médico, o el modelo de enfermedad, como algunos lo llaman en el campo de los 12 pasos, la naturaleza persistente del alcoholismo se entendía mejor. Ya no se veía como una debilidad de la personalidad o como una deficiencia del carácter, sino como un auténtico problema médico.

A pesar de que tomó un par de décadas, el campo del tratamiento de adicciones con el tiempo se pondría al día con AA, que a principios de 1951 inició Al-Anon, un programa de recuperación de 12 pasos para las familias y personas significativas del alcohólico. Al-Anon encaró la otra cara de la moneda del alcoholismo —los sufridos miembros de familia que, como el alcohólico, sentían como si sus vidas estuvieran fuera de control y llenas de obstáculos y pérdidas. "El desarrollo de Al-Anon siguió al de Alcohólicos Anónimos de manera tan natural como la primavera sigue al invierno, porque donde los alcohólicos se reunían, también se reunían las esposas, preparaban té y compartían su terrible secreto de vivir con el alcoholismo. Hablando entre sí se dieron cuenta que también habían sido afectadas y necesitaban un programa de recuperación" (www.alanon.org.za, 2012).

Hacia los años setenta, quienes brindaban tratamiento para el alcoholismo comenzaron a considerar las limitaciones del modelo médico, especialmente cuando era utilizado como la única modalidad de tratamiento. Comenzaron a entender la necesidad de incluir aspectos sociales, familiares y relacionales de la vida del alcohólico. Por lo tanto, antes de principios de la década de los setenta, las parejas y la familia del alcohólico no eran incluidas en el proceso de tratamiento. Al incluir en este proceso a la familia y a personas significativas para el alcohólico/adicto, se lograrían mejores resultados (menos tasas de reincidencia).

Como resultado de las innovadoras iniciativas de los años 70 para el tratamiento de la drogadicción y el alcoholismo, fuertemente influenciadas por AA y Al-Anon, los programas de tratamiento del alcoholismo empezaron a enfocarse en las dinámicas de las familias y de las personas significativas que contribuían a la adicción. Con el tiempo, la familia y las personas importantes para el adicto/alcohólico fueron tomadas en cuenta e incluidas en el proceso de tratamiento. En los años ochenta, los programas de tratamiento de adicciones comenzaron a proporcionar asistencia de manera regular a las familias y parejas de alcohólicos y adictos. En los años noventa, la mayoría de los programas de tratamiento de adicciones requerían o recomendaban encarecidamente algún nivel de participación de la familia y de las personas significativas. En la medida en que los centros de tratamiento fueron tomando en cuenta el papel de la familia, tanto en la enfermedad como en su tratamiento, los resultados mejoraron de manera natural.

Con la participación de los miembros de la familia y de la pareja del alcohólico, la terminología del tratamiento se amplió. Términos como "hijo-adulto de un alcohólico", "familias de alcohólicos" y "co-alcohólico", fueron creados para mantenerse al día con los avances en el tratamiento de la droga y del alcohol. "Co-alcohólico" fue el término predilecto y tal vez el más preciso para denominar a la pareja del alcohólico (literalmente significa copartícipe del alcohólico).

Debido a que las adicciones a las drogas y el alcoholismo comparten más similitudes que diferencias, hacia principios y mitad de la década de los ochenta, los programas de tratamiento para varias drogas comenzaron a fusionarse en un solo programa unificado. La "químico dependencia" se convirtió en el término elegido, ya que reflejaba mejor el hecho de que el alcohol era una droga (química) y, por lo tanto, el alcoholismo no debería ser tratado de manera diferente a otras drogodependencias. En consecuencia, los tratamientos de todas las adicciones se fusionaron en un solo paradigma de tratamiento unificado: "químico dependencia".

Eventualmente, el término co-alcohólico fue actualizado por codependiente —la pareja del químico *dependiente*. De manera similar, el "co-alcoholismo" fue reemplazado por "codependencia".

El cambio de terminología causó cierta confusión ya que muchos interpretaron el nuevo término de manera incorrecta, como si tuviera que ver más con un tipo de personalidad dependiente que conforma una relación con otra persona dependiente—dos dependientes o co-dependientes. En cambio, "codependencia" denotaba personas que se encontraban habitualmente en relaciones con individuos químico dependientes, a quienes trataban de controlar, lo cual, en última instancia, resultaba imposible. Debido a la confusión que el término mismo causó, y que continua hasta el presente, ha habida numerosas suposiciones y connotaciones incorrectas sobre el término o trastorno.

A principios de la década de los ochenta, la codependencia fue utilizada solamente para describir a una persona que entablaba habitualmente relaciones con un compañero sentimental químico dependiente. Una persona era considerada codependiente si se encontraba (a) en una relación amorosa o marital con un alcohólico, (b) tenía uno o más progenitores o abuelos alcohólicos, o (c) había sido criado dentro de una familia emocionalmente represiva (Wegscheider-Cruse, 1984). Los centros de tratamiento para la químico dependencia comenzaron a suministrar periódicamente tratamiento y/o servicios de apoyo a los miembros de la familia del alcohólico (adicto). Su objetivo principal en relación a los codependientes y/o personas significativas del adicto, era apoyarlos durante el proceso de tratamiento mientras que les enseñaban cuál era el papel que desempeñaban en el problema o enfermedad. Con el tiempo, el término "codependencia" fue siendo cada vez más aceptado dentro de los campos de tratamiento y psicoterapia. Eventualmente, se convertiría en un término estándar de diagnóstico utilizado para las parejas de individuos químico dependientes o para otros individuos que permitían la químico dependencia de un amigo o ser querido.

A mediados de los 80, gracias a muchos avances cruciales dentro de los campos de la químico dependencia, incluyendo la proliferación de investigaciones y libros acerca del tema, el término "codependencia" se amplió, reformó y refinó aún más. El significado del término fue expandido para describir a un individuo que entabla habitualmente relaciones con individuos narcisistas o adictos. Tanto el público en general como los profesionales empezaron a utilizar el término "codependencia" para describir a la persona que no podía o no quería cuidar adecuadamente de sus propias necesidades emocionales y personales, o satisfacerlas, mientras que se centraba exageradamente en las necesidades, deseos y peticiones de los demás. De acuerdo con la definición revisada, los codependientes demostraban tener conductas interpersonales usuales tendientes a complacer o a sacrificarse por otros, sintiéndose a la vez incapaces de oponer resistencia a relacionarse con individuos adictos, controladores y/o narcisistas. Se hizo evidente que los codependientes se encontraban en todos los ámbitos de la vida y que no necesariamente estaban casados o tenían una relación con individuos químico dependientes/adictos.

En 1986, un innovador libro escrito por Melody Beattie: *Codependent No More: How to Stop Controlling Others and Start Caring for Yourself,* (Codependiente no más: cómo dejar de controlar a otros y empezar a cuidar de sí mismo), jugó un papel decisivo en promover una mayor comprensión de lo que ahora es visto como un problema universal. Su libro pionero sobre la codependencia vendió más de 8 millones de copias a nivel mundial. Las ventas del libro sugieren que la codependencia es un problema que se extiende más allá de los límites regionales, étnicos y culturales. Como resultado del libro de la señora Beattie, así como una serie de otras contribuciones literarias y relacionadas con la investigación sobre el tema, la codependencia, el trastorno, finalmente vio la luz del día. Salió del closet y dejó de ser considerado un secreto vergonzoso para el que no había ayuda. Libros como *Codependent No More* ayudaron a cambiar las actitudes del mundo hacia las parejas de adictos o narcisistas.

Los codependientes ya no eran vistos como víctimas débiles e indefensas, incapaces de salir de sus relaciones dañinas y disfuncionales. Hacia finales de los años ochenta, las opciones de tratamiento para la codependencia se volvieron cada vez más disponibles para ayudar a estos individuos a liberarse de relaciones habituales y perjudiciales.

Más o menos al mismo tiempo que *Codependent No More* fue publicado, se estableció Co-Dependientes Anónimos (CoDA). CoDA es una organización parecida a Alcohólicos Anónimos que promueve un proceso de recuperación de 12 pasos, mediante el cual los individuos pueden encontrar una solución permanente para sus tendencias fuera de control y destructivas de la codependencia. Como organización, CoDA se esfuerza por ayudar a los codependientes a desarrollar relaciones saludables y de auto-empoderamiento. Se estima que CoDA está presente en más de 40 países, con aproximadamente 1,200 grupos activos solamente en los Estados Unidos.

Debido a que la codependencia comparte muchas similitudes con el alcoholismo y otras adicciones, CoDA utiliza de manera efectiva el programa de 12 pasos de Alcohólicos Anónimos. Los alcohólicos y otros adictos son incapaces de detener su comportamiento adictivo. Lo buscan compulsivamente debido a sus propiedades placenteras, pero no lo pueden controlar. Como resultado de su incontrolable adicción a las drogas, la vida del adicto queda sembrada de consecuencias negativas y, posteriormente, se sale de control. De manera similar, los codependientes buscan controlar a otros, quienes por su propia naturaleza, no pueden ser controlados. Así como sucede en la relación del alcohólico con el alcohol, los codependientes creen que pueden controlar a su pareja narcisista o químico dependiente, considerándola capaz de hacerlos sentir felices. De manera habitual y compulsiva, los codependientes se encuentran a sí mismos en una rueda para ratones hámster de posibilidades relacionales —siempre intentando controlar lo incontrolable pero sin llegar jamás a alguna parte.

Las similitudes entre AA y CoDA se ejemplifican por sus primeros pasos (de los 12 pasos):

"Admitimos que éramos impotentes ante el alcohol; que nuestras vidas se había vuelto ingobernables" versus "Admitimos que éramos impotentes ante los demás; que nuestras vidas se había vuelto ingobernables" (Alcohólicos Anónimos Servicio Mundial, 1939).

Tanto las adicciones como la codependencia son procesos progresivos que se caracterizan por pérdidas, consecuencias negativas, negación y necesidad de controlar algo o a alguien que nunca pueden ser controlados. Por lo tanto, el modelo de recuperación de 12 pasos de

CoDA, así como el de otros grupos "Anónimos" de 12 pasos, son muy benéficos para individuos codependientes que se sienten desesperadamente fuera de control ante su compulsión por controlar a su pareja adicta o narcisista. Por esta razón, con frecuencia recomiendo CoDA a mis clientes codependientes. Cabe señalar que CoDA no reemplaza la terapia ni la terapia reemplaza el trabajo de los 12 pasos. Dado que la comprensión y el tratamiento de la codependencia ha evolucionado durante los últimos 30 años, sería útil entender el problema desde otras perspectivas. Los siguientes son un puñado de definiciones que considero consistentes con mis propias experiencias con la codependencia.

Para comenzar, el *Diccionario Merriam Webster* define codependencia como:

... una condición psicológica o una relación en la que una persona es controlada por otra, que está afectada por una condición patológica (como en el caso de una adicción al alcohol o a la heroína); y en términos más amplios, se refiere a una dependencia de las necesidades de alguien o de controlar a alguien.

En el artículo de investigación de Clark y Stoffel titulado, *"Assessment of Codependency Behavior in Two Health Student Groups"*, (Evaluación del comportamiento en dos grupos de estudiantes saludables), ellos describen/definen codependencia como:

"Un patrón de dependencia dolorosa de comportamientos compulsivos y de la aprobación de los demás, en un intento por encontrar seguridad, valor del propio ser e identidad" (p. 822).

"... un proceso progresivo mediante el cual la negación de sí mismo y el concomitante cuidado de otros miembros de la familia se basa en el presupuesto de que actuar así fomentará amor, cercanía, aceptación y seguridad en la familia" (p. 822).

"... un sentido extremo de responsabilidad por los demás, inhabilidad para cuidar apropiadamente de uno mismo, una creciente atención a las necesidades de los demás, decreciente atención a las propias necesidades,

reacción exagerada ante las cosas externas al yo, baja reacción a las cosas internas del yo, baja autoestima, bajo auto-concepto, alto ámbito de control externo y negación" (p. 822).

"(Una disposición) a sacrificarse tanto a sí mismos, que hacen a un lado sus propias necesidades físicas, emocionales y psicológicas en beneficio de los demás. Son perjudicialmente abnegados" (p.823).

De acuerdo con el libro clave de Melody Beattie, *Codependent No More* (1986):

"Una persona codependiente es alguien que ha permitido que el comportamiento de otra persona la afecte, y que está obsesionada con controlar el comportamiento de esa otra persona" (p.34).

"La codependencia implica un sistema habitual de pensamientos, sentimientos y conducta hacia nosotros mismos y hacia los demás que puede causarnos dolor. Los comportamientos o hábitos del codependiente son auto-destructivos" (p.37).

"Nosotros (los codependientes) con frecuencia reaccionamos a las personas que nos están destruyendo; reaccionamos aprendiendo a destruirnos a nosotros mismos. Estos hábitos nos pueden llevar a relaciones destructivas, a relaciones que no funcionan y a mantenernos en ellas. Estos comportamientos pueden sabotear relaciones que de otro modo podrían haber funcionado. Estos comportamientos pueden impedirnos encontrar la paz y la felicidad con la persona más importante en nuestras vidas —nosotros mismos. Estos comportamientos pertenecen a la única persona que cada uno de nosotros puede controlar —la única persona que podemos cambiar: nosotros mismos" (p.37).

"La codependencia es muchas cosas. Es dependencia de otras personas — de sus estados de ánimo, conductas, enfermedad o bienestar, y de su amor. Es una dependencia paradójica. Los codependientes parecen personas de las que se puede depender, pero ellas mismas son dependientes. Parecen fuertes pero se sienten incapaces. Parecen controladoras pero en realidad son controladas, a veces por una enfermedad como el alcoholismo" (pp. 51-52).

Los codependientes no pueden ser narcisistas patológicos
Durante los últimos diez años me han preguntado cientos de veces, sobre todo los codependientes, "¿un codependiente puede ser narcisista?" Mi respuesta ha sido siempre un rotundo ¡No!. Como será explicado en detalle en los siguientes capítulos, los elementos psicológicos fundamentales de los dos trastornos son bastante diferentes, al igual que los síntomas. La explicación más simple para esta pregunta es la siguiente: la mayoría de los narcisistas no dedican una gran cantidad de tiempo, energía y reflexión a la idea de que algo anda mal con ellos mismos.

Más bien, normalmente culpan a otros por sus problemas, mientras experimentan poco o ningún conflicto interno por el daño que hayan podido causar a otros. Personas así por lo general no tienen un concepto de sí mismas como proveedoras de cuidados, sacrificadas, o codependientes. Pasan poco tiempo contemplando cómo están siendo en un momento dado. En vez de eso, se concentran en advertir qué tan mal o bien se sienten con base en las acciones u omisiones de los demás. Por el contrario, los codependientes rápidamente se echan la culpa de errores y problemas, sean responsables de ellos o no. También son propensos a tener intrincados patrones de pensamiento acerca de lo que tal vez hayan hecho mal, de lo que podrían haber hecho mejor, y de cómo contentar a las personas que están molestas con ellos. El codependiente está preparado para creer que cualquier problema serio puede tener que ver con ellos.

Dado que los codependientes carecen de confianza y de sentimientos de eficacia personal y relacional, son propensos a varias formas de tácticas de manipulación psicológica que los narcisistas patológicos utilizan para establecer su poder y control. Una de estas formas de manipulación mental es el Gaslighting, término acuñado de una película de 1944 que llevaba el mismo nombre. Gaslighting es una forma de abuso mental en el que la víctima es manipulada para que dude de su propia memoria, percepción y cordura. Las víctimas de esta manipulación no son conscientes de que están siendo manipuladas de manera encubierta y metódica, para creer que tienen un problema o un trastorno que las vuelve impotentes y necesitadas de la persona que, de hecho, creó el problema. Por lo tanto, el codependiente víctima de Gaslighting se identifica con el problema y, sin saberlo, es coaccionada para representar ese papel.

Un ejemplo de un codependiente víctima de Gaslighting es una mujer que antes de conocer a la persona que se convertiría en su esposo, rara vez se sentía ansiosa o socialmente torpe. Sin embargo, desde el comienzo de la relación hasta el presente, su esposo narcisista patológico ha insistido en que ella tenía un "terrible caso de ansiedad social", el cual ha sido responsable de que ella tenga tan pocos amigos. El marido narcisista patológico se ha inventado situaciones en las que ella se ha sentido impotente y ansiosa y la ha manipulado para que crea que esa ansiedad es inherente a su personalidad. Al identificarse con el dictamen hecho por su esposo de que ella tiene ansiedad social y, por lo tanto, al comportarse de esa manera, ha caído víctima de la estrategia manipulativa ejercida por su marido para mantenerla "bajo su hechizo". Hasta que ella buscó psicoterapia con un terapeuta calificado, ella creía que tenía una ansiedad social incurable y que jamás sería "lo suficientemente buena" o "lo suficientemente agradable" como para tener amigos.

La gimnasia psicológica y el lavado de cerebro están detrás de que los codependientes lleguen a tener la creencia distorsionada de que son narcisistas. A menudo llevan consigo una narrativa personal que los condena por ser egoístas o narcisistas cuando quieren o buscan satisfacer sus propias necesidades o deseos. Esta situación sin salida o dilema obliga a los codependientes a sentirse egoístas o narcisistas cuando se defienden o cuando intentan cuidarse a sí mismos o a cualquier otra persona que no sea un narcisista. Debido a la narrativa disfuncional, se someten a la creencia de que son "buenos" o de que "aman" cuando se sacrifican y, en cambio, son "egoístas" o "narcisistas" cuando procuran satisfacer sus propias necesidades o si manifiestan alguna pizca de auto-respeto, producto del amor propio. Estas distorsiones del pensamiento provienen de la experiencia de toda una vida de haber sido hechos responsables del narcisismo de un ser querido patológicamente narcisista—una proyección injusta.

Categorías de codependencia: activa y pasiva

Como resultado directo de que los codependientes se cuestionan si son narcisistas, categoricé la codependencia en dos subtipos: pasivo y activo.

Aunque todos los codependientes se sienten atraídos de manera habitual e instintiva (y después vinculados) a parejas severamente narcisistas, unos son más activos en sus intentos perpetuos e infructuosos de obtener amor, respeto y cuidado (ARC) por parte de su narcisista, mientras que otros son más pasivos. Aunque ambos tratan de controlar y manipular a sus parejas narcisistas, lo hacen de manera diferente.

Los codependientes pasivos son más temerosos del conflicto y lo evitan. Por razones complicadas, en su mayoría relacionadas con su extremadamente baja auto-estima, su miedo a estar solos y su tendencia a relacionarse con narcisistas patológicos controladores, peligrosos y/o abusivos, el codependiente pasivo intenta controlar o influenciar a su pareja narcisista a través de la ejecución cuidadosa, cuando no meticulosa, de estrategias de control. La intención en la mayoría de estas estrategias es que sean percibidas por el narcisista patológico (por su consciencia). Debido a la naturaleza secreta y oculta de sus estrategias de control, los codependientes pasivos son vistos como más resignados, estoicos y sumisos que los codependientes activos.

Por otra parte, los codependientes activos son abiertamente manipulativos en sus estrategias de control, en sus intentos por rectificar la desigualdad de ARC en su relación. Teniéndole menos miedo al conflicto, con frecuencia se involucran con narcisistas patológicos en discusiones y confrontaciones. También son propensos a tener altercados agresivos, a mentir y manipular, en un esfuerzo por evitar que les hagan daño o para lograr la satisfacción de sus propias necesidades. Por lo tanto, son experimentados en controlar, antagonizar y manipular. Además, es posible que quieran que otros los vean pelear, controlar y manipular a su pareja narcisista, ya que eso les sirve como un intento sutil de sentirse poderosos y en control.

Los codependientes activos son confundidos a menudo con narcisistas por su comportamiento más abiertamente controlador. Al igual que los codependientes pasivos, ellos creen que "algún día" su pareja patológicamente narcisista se dará cuenta de sus equivocaciones y malas acciones y por fin les dará el amor, el respeto y el cuidado que con tanta desesperación quieren y necesitan. Esto simplemente nunca sucede…

Aunque son diferentes "por fuera", el codependiente pasivo y el activo tienen en común una auto-orientación patológica "hacia otros". Aunque los codependientes activos pueden parecer más fuertes, más en control y con más confianza, ambos comparten las mismas inseguridades profundamente arraigadas y los mismos sentimientos de impotencia. Ambos son incapaces de liberarse de su relación disfuncional.

Anorexia codependiente —La auto-imposición de un régimen de privación de amor

La Anorexia Codependiente ocurre cuando un codependiente se rinde ante su patrón de toda su vida de relacionarse con narcisistas patológicos destructivos. El codependiente a menudo pasa a tener Anorexia Codependiente cuando toca fondo y ya no puede soportar el dolor y el daño que le causan los narcisistas patológicos malignos. En cierto sentido es paradójico, ya que ocurre durante un momento de claridad, cuando el codependiente toma consciencia de que es completamente incapaz de detener la atracción que siente por amantes que, al principio, se sienten muy bien, pero que poco después lo hieren tanto. En un esfuerzo por protegerse de la larga línea de "almas gemelas", que de manera inesperada se convierten en "compañeros de celda", desactiva el "botón" de su vulnerabilidad, con lo cual se apaga completamente su maquinaria emocional, relacional y sexual.

Aunque su intención es evitar que otro narcisista les vuelva a dar una paliza, sin saberlo se aíslan de la experiencia humana del amor romántico íntimo. Este mecanismo de defensa sirve para proteger a los codependientes de la cascada de consecuencias suscitadas por sus elecciones amorosas debilitantes. Al negar su necesidad humana de conectarse y de amar apasionadamente, en cierto sentido neutralizan el Síndrome del Imán Humano. O en otras palabras, ellos mismos se están apartando de cualquier posibilidad de amor romántico cercano, sea éste saludable o no.

Para mantener su anorexia codependiente, en última instancia los codependientes tienen que divorciarse a sí mismos de su yo emocional y sexual. Como resultado, se "privan" a sí mismos de la necesidad humana de conectarse de manera romántica, íntima y sexual. Esta privación a menudo conduce a problemas mentales y relacionales a largo plazo.

En el estado de anorexia codependiente, la persona es híper vigilante de cualquier persona o situación que pueda conducirla a una relación íntima potencialmente dañina y peligrosa. A menudo en situaciones sociales evitan ya sea mostrar interés en alguien o reaccionar accidentalmente a las insinuaciones de alguien. A tal efecto, también se privan a sí mismas de eventos sociales cotidianos, para no tropezar accidentalmente contra situaciones o personas vulnerables o amenazantes. Y si una persona o evento llega a amenazar la barrera anoréxica codependiente, un shock de ansiedad extrema los volverá a re direccionar de manera incómoda para que sigan su curso seguro de auto-privación.

Los codependientes anoréxicos son incapaces de reconocer que la desconexión o disociación de su yo vulnerable relacional y sexual es dañina, si no debilitante. No obstante, siguen el camino de privarse de la intimidad, para ser capaces de mantener su sentido distorsionado de poder y control sobre las amenazas reales e invisibles. Al final del día, logran que no los hiera otro narcisista patológico, pero viven su vida en un árido desierto de soledad y miedo.

Los codependientes no pueden desprenderse de la creencia poco realista de que la felicidad sólo vendrá si se encuentran dentro de una relación. Esperan que otras personas los hagan sentir contentos y realizados. Piensan que sólo mediante una relación íntima serán capaces de sentirse completos. Los codependientes tienden a depender de una fuente externa a ellos mismos —sus parejas románticas— para que los hagan sentir valiosos y dignos de amor.

Como resultado de que los codependientes esperan que los narcisistas patológicos los hagan sentir bien consigo mismos, rara vez experimentan amor propio o niveles saludables de autoestima.

Dado que los codependientes eligen inconscientemente parejas que no tienen la disposición, la motivación o la capacidad de satisfacer sus necesidades personales y emocionales, pueden optar por un camino de control para hacer que su pareja patológicamente narcisista les de lo que ellos quieren y necesitan. Para algunos, resulta contradictorio que los codependientes sean controladores. En efecto, hay codependientes que se rinden y adoptan un rol pasivo de víctimas en sus relaciones disfuncionales. Sin embargo, debido a que la mayoría de los codependientes asumen la mayoría de las responsabilidades en la relación, como el cuidado de los hijos, la limpieza de la casa, cocinar, ir de compras y/o sostener financieramente la relación/familia, no pueden darse el lujo de someterse y renunciar al control de la vida de su familia. Si no mantienen cierta apariencia de control, ellos, su familia o la relación sin duda sufrirían. Para la mayoría de los codependientes, la idea de detener sus intentos por lograr que su pareja narcisista responda de manera recíproca o se comporte de manera justa y responsable, equivaldría a renunciar a la relación; algo que los codependientes en su mayoría no están dispuestos a hacer y son incapaces de hacer.

A menudo, los codependientes desarrollan patrones compulsivos o adictivos mientras intentan controlar a su pareja narcisista. Su compulsión por controlar a alguien que no puede ser controlado los coloca en un camino circular que siempre los trae de vuelta al punto de partida: enojo, frustración y resentimiento. A semejanza de un hámster en su rueda, corren alrededor y alrededor intentando llegar a alguna parte, pero siempre terminan en el mismo sitio. No importa cuán rápido corran o por cuánto tiempo lo hagan, en realidad nunca dejan el lugar del que partieron — su relación disfuncional con un narcisista patológico. Sus intentos por conseguir lo inalcanzable crean una serie de fracasos personales y relacionales que, en última instancia, les recuerdan su falta de poder sobre los demás. Este patrón se auto-refuerza a sí mismo. Cuanto más fallan en controlar al narcisista patológico, tanto peor se sienten. Con el tiempo, quedan agotados por sus fracasos y, por consiguiente, pierden la esperanza de que la naturaleza unilateral de su relación cambiará algún día.

Los codependientes son lentos para renunciar a la esperanza de que su pareja con el tiempo les dará lo que quieren, merecen y necesitan. Sin embargo, para algunos codependientes, su paciencia finalmente se debilita. Su creencia ingenua de que su pareja narcisista les dará lo que ellos han estado esperando con tanto sacrificio y paciencia, finalmente se transforma en ataques de ira y resentimiento. Al darse cuenta de que la esperanza y la espera no les consigue lo que quieren, es decir, que su cónyuge deje de tomar, dé por terminada su aventura o les muestre amor y consideración, recurren a formas directas o pasivas de agresión. En lugar de correr en su rueda de hámster, empiezan a intentar activamente controlar a su pareja inflexible. De manera que el estereotipo de que los codependientes son víctimas pasivas que esperan toda una vida para lograr lo que quieren, simplemente no es cierto.

Patrones y características de los codependientes

Co-dependientes Anónimos divide las características de la codependencia en cinco patrones: patrones de negación, patrones de baja autoestima, patrones de sumisión/complacencia/conformidad, patrones de control y patrones de evitación.

Patrones de negación
• Minimizan, alteran o niegan sus sentimientos.
• Se perciben como muy generosos y dedicados al bienestar de otros.

Patrones de baja autoestima
• Tienen dificultad para tomar decisiones.
• Juzgan duramente sus pensamientos, palabras y acciones, como si no fueran suficientemente buenos.
• Sienten vergüenza al recibir reconocimientos, halagos o regalos.
• Valoran la aprobación que otros dan a sus pensamientos, sentimientos y conductas, y no valoran la propia aprobación.
• No se perciben como dignos de recibir amor, ni como personas valiosas.
• Son incapaces de identificar o pedir lo que quieren y necesitan.

Patrones de sumisión/complacencia/conformidad
• Son extremadamente leales y se mantienen en situaciones dañinas demasiado tiempo.
• Comprometen sus valores e integridad para evitar el rechazo o la ira de otras personas.
• Dejan de lado sus intereses personales para hacer lo que otros quieren.
• Son muy sensibles a los sentimientos de otros y los asumen como propios.
• Temen expresar sus creencias, opiniones y sentimientos cuando difieren de los de otros.
• Aceptan el sexo como sustituto del amor que desean.

Patrones de control

• Creen que la mayoría de las personas son incapaces de cuidarse.
• Tratan de convencer a otros de lo que deben pensar, hacer y sentir.
• Ofrecen consejos y guía sin que nadie se los pida.
• Se resienten cuando los demás rechazan su ayuda o consejos.
• Despilfarran regalos y favores a los que desean influir.
• Usan el sexo para obtener aprobación y aceptación.
• Tienen que sentirse necesitados para tener una relación con otros.

Patrones de evitación

• Actúan de formas que invitan a otros a rechazar, avergonzar, o expresar rabia hacia ellos.
• Juzgan duramente lo que otros piensan, dicen o hacen.
• Evitan la intimidad emocional, física o sexual como medio de mantener las distancias
  para sentirse más seguros.
• Permiten que sus adicciones a la gente, los lugares y las cosas, los distraigan para evitar
  intimidad en las relaciones personales.
• Utilizan comunicación indirecta y evasiva para evitar los conflictos o los enfrentamientos.
• Disminuyen su capacidad de tener relaciones saludables al renunciar al uso de todas las
  herramientas de la recuperación.
• Reprimen sus sentimientos o necesidades para evitar sentirse vulnerables.
• Atraen a otros, pero cuando se acercan, los alejan.
• Renuncian a entregar su propia voluntad, a fin de evitar rendirse ante un poder mayor que ellos mismos.
• Consideran que las demostraciones de emoción son una señal de debilidad y por eso
  se niegan a expresar aprecio.

Rasgos típicos de los codependientes:

• Baja autoestima

- El valor propio/la autoestima depende de ser necesitado y de tener pocas necesidades
- Excesivamente sumiso a sugerencias, peticiones o a órdenes inapropiadas
- Preocupado por los problemas, dificultades y necesidades de los demás mientras descuida las propias
- En un intento por ser todo para todos, pierde la habilidad de atender sus propias necesidades
- Es un campeón y un ávido apoyo para las necesidades, objetivos y sueños de otros, mientras ignora o devalúa los propios
- Adepto a resolver los problemas de los demás mientras no es capaz o no está motivado para resolver los propios
- Tendencia perpetua a complacer a los demás, siempre buscando ayudar o servir
- Tiene dificultad para rechazar una solicitud de ayuda —puede sentirse culpable o exageradamente empobrecido
- Sobre-comprometido en muchas relaciones importantes
- No puede decir no cuando le piden ayuda
- Crea horarios excesivos/imposibles de trabajo y personales
- Incapaz de pedir lo que quiere o necesita
- Se siente "egoísta" o "necesitado de una manera que implica inmadurez" cuando pide ayuda
- Dificultad para identificar y comunicar emociones
- Se somete voluntariamente a expectativas relacionales no realistas ni razonables
- Tiene temor y evita los desacuerdos y conflictos
- Se siente incapaz de protegerse a sí mismo de ser perjudicado; es fácilmente manipulado y explotado por individuos egoístas
- No establece límites firmes (consecuencias) cuando es maltratado y/o abusado
- Intenta controlar o manipular a quienes normalmente lo descuidan
- En un intento por ser útil, impone su "ayuda" a otros
- Confunde trabajo con relaciones personales

Algunos codependientes racionalizan o re-significan sus rasgos de codependencia de manera diferente, como si fueran comportamientos positivos. Su codependencia se convierte en una especie de insignia de honor para ser llevada con orgullo —y con frecuencia. Estos individuos experimentan lo que yo llamo "síndrome del mártir codependiente". El mártir codependiente se siente intensamente orgulloso de su enfoque abnegado, sacrificado y de tolerancia hacia sus relaciones. Su identidad y autoestima se fusionan con la de su codependencia. Estos mártires se sienten orgullosos y hasta se jactan de lo mucho que hacen por los demás, así como de lo mucho que sacrifican en su vida. Estos patrones de creencias están influenciados a menudo por valores familiares que se trasmiten de una generación a la siguiente. Este patrón intergeneracional es a menudo influenciado por creencias y prácticas regionales, étnicas, culturales o religiosas.

La autoestima del mártir, a la que me refiero como pseudo-autoestima, está construida sobre una base de halagos. En otras palabras, su codependencia se ve reforzada por atención positiva, reconocimiento e incluso premios que recibe por su desinterés. Como individuos que piden muy poco y siempre están dispuestos y accesibles para ayudar a los demás, puede que se refieran a ellos como "verdaderos santos" o "sal de la tierra". Cuando les preguntan por qué no piden mucho, probablemente digan que ellos en realidad no necesitan mucho y que dar a los demás los hace sentir alegres y realizados. Muchos incluso racionalizan su naturaleza abnegada, dadivosa y generosa como necesaria en el camino hacia la salvación religiosa o como garantía de la vida eterna. No solamente se sacrifican como nadie sino que tampoco dejarán que los demás lo olviden. Algunos codependientes mártires generosamente ofrecen viajes de culpabilidad para recordarle a otros su sacrificio.

Los padres codependientes también hieren a sus hijos
Aunque un progenitor codependiente se ve perjudicado por su pareja narcisista, su codependencia no debe ser considerada una excusa válida para no proteger a sus hijos. A pesar del todopoderoso Síndrome del Imán Humano, el padre codependiente adulto, como todos los demás padres adultos, tiene la responsabilidad de cuidar y proteger a sus hijos. Pero la cruda y más lamentable realidad es que, como es de esperar, se enamora de un narcisista patológico a quien se siente irremediablemente vinculado, a pesar de sentirse maltratado, descuidado y/o privado de

afecto. Y cuando se convierte en padre, a menudo elige quedarse en la relación con el narcisista en vez de elegir proteger a sus hijos.

La mayoría de los padres codependientes sinceramente no desean que ningún daño recaiga sobre sus hijos. De hecho, hacen hasta lo imposible por detener, mitigar o amortiguar el daño o abuso hacia sus hijos. A pesar de sus mejores intenciones, son incapaces de detener las consecuencias: la privación afectiva, la desatención y/o el abuso que todos en la familia están forzados a soportar, a excepción, obviamente, del ofensor narcisista. La inhabilidad del codependiente o su falta de voluntad para proteger a sus hijos *co-crea* un entorno familiar tóxico en el que los hijos son lastimados y su salud psicológica futura se ve comprometida.

El deseo obsesivo y compulsivo del codependiente de satisfacer las necesidades insaciablemente egoístas del narcisista, tratando a la vez de controlarlo o coaccionarlo para que se comporte de una manera menos narcisista, da lugar a un agotamiento de su energía, tiempo, atención y recursos emocionales, que de otro modo serían otorgados a los hijos. Entonces, cansado y abatido, con frecuencia se cierra y se desconecta de su responsabilidad parental de proteger a sus hijos (y a sí mismo).

Aunque estoy sugiriendo que los codependientes comparten la responsabilidad por el daño de sus hijos, se debe tener cuidado de atribuirles la culpa. Los padres codependientes crecieron del mismo modo en una familia en la que los niños eran cautivos de la negligencia y/o el abuso de un progenitor codependiente y de otro patológicamente narcisista. Claramente son víctimas del entorno de su infancia. Además, sin sus intentos por proteger a sus hijos y sin el amor y el cariño que les dan, la suma total del daño psicológico hecho a los hijos sería mucho peor que si fueran criados solamente por un narcisista patológico.

Muchos de mis clientes codependientes han compartido su enojo, resentimiento e incluso disgusto por la falta de voluntad de su progenitor codependiente para protegerlos y por no tratar de terminar, dejar y/o divorciarse del progenitor narcisista dañino. Estos mismos clientes recuerdan numerosas ocasiones en las que su padre o madre los habría podido proteger, pero eligió ya sea ignorar la situación o racionalizarla. El sentido distorsionado de lealtad del padre codependiente hacia el narcisista llevó a un sacrificio innecesario del futuro psicológico y relacional de sus hijos. En otras palabras, la salud psicológica de los niños fue sacrificada porque el padre codependiente se mantuvo leal al narcisista, ignorando el mandato parental de proteger de todo daño a los niños inocentes e indefensos. Lamentablemente, la necesidad egoísta que tiene el padre codependiente de seguridad y de evadir de por vida su debilitante soledad, en última instancia tuvo prioridad sobre sus hijos.

A menudo, al inicio del tratamiento de la codependencia, mis clientes eran incapaces de abrazar el concepto de que su progenitor codependiente, "maravillosamente amoroso y cariñoso" debería compartir cualquier responsabilidad por su infancia desatendida o abusiva. Después de trabajar fuertemente en psicoterapia específica para la codependencia, llega el momento en que el cliente codependiente está lo suficientemente saludable psicológicamente para dejar ir la fantasía del "buen" progenitor codependiente y, de manera realista, hacerlo parcialmente responsable por su infancia traumática. Aunque este proceso con frecuencia comienza con enojo y una necesidad de que se rindan cuentas, eventualmente se transforma en una disponibilidad para mirar con empatía, aceptar y perdonar a su padre o madre codependiente. En el proceso de ser honestos acerca de cómo era realmente su progenitor y de lo mucho que fueron lastimados por él, son capaces de "apropiarse" de su propia codependencia, al comprender mejor lo que están haciendo o han hecho a sus propios hijos.

El padre codependiente que se disocia de su deseo/atracción hacia narcisistas patológicos, deseo que ha sido alimentado por el Síndrome del Amor Humano, también lastima a sus hijos. Aunque este tipo de codependencia, que he acuñado como "anorexia codependiente", protege tanto al codependiente como a sus hijos del abuso narcisista, sigue siendo dañino. Al privarse a uno mismo de compañía adulta íntima saludable y a los hijos de un segundo padre, los niños son privados, en última instancia, de otro adulto que los puede cuidar, respetar y amar profundamente, y que se comprometa de por vida incondicionalmente por su bienestar. Además, son privados de un progenitor del sexo opuesto, quien puede proporcionar una perspectiva de género y una forma de afectividad alternativa[9]. Por otra parte, criar una familia mientras se evita deliberadamente una pareja romántica e íntima, envía el mensaje de que ese tipo de relaciones adultas pueden ser peligrosas y dañinas.

La anorexia codependiente a menudo trae como resultado que el progenitor codependiente, de manera injusta e inapropiada, busque satisfacer sus necesidades emocionales, sociales y personales a través de sus hijos. Esta forma de simbiosis patológica a menudo se denomina incesto emocional, el cual es dañino para el desarrollo psicológico de un niño[10].

Los codependientes y los "empáticos" son diferentes

Me he dado cuenta en los últimos cinco años que el término "empático" ha sido utilizado de manera intercambiable con "codependiente". El término "empático", que tiene sus orígenes en el mundo espiritual y metafísico, nunca fue pensado para ser un término sustituto de codependencia. Un empático se define como una persona con una habilidad paranormal para sentir y comprender de manera intuitiva el estado mental o emocional de otro individuo. De acuerdo con personas empáticas con las que he conversado y con la información disponible en Internet, los empáticos son personas altamente sensibles a la energía emocional y metafísica de otros. Si, en efecto, este fenómeno extra-sensorial existe, definitivamente no es lo mismo que la codependencia.

Debido a que el término "empático" tiene, en general, connotaciones positivas y el de "codependiente" no, se entiende que sea uno de los sobrenombres preferidos para el serio problema psicológico de la codependencia. Falsificar la codependencia solamente añade capas de negación a un problema que ya está envuelto en vergüenza. Además, proyecta luz positiva sobre un problema serio, perpetuando el mito de

---

[9] Obviamente esto no aplica en todas las situaciones, como en el caso de padres del mismo sexo, que conectan a sus hijos con relaciones adultas en las que hay adultos de un sexo que no es el propio.

[10] Para más información sobre anorexia codependiente, vea mi artículo que fue publicado en el sitio web de *The Good Men Project* (http://goo.gl/Dhjfmp).

que los codependientes son víctimas, en vez de participantes voluntarios en sus relaciones disfuncionales con narcisistas.

¿Quién puede argumentar que ser empático es malo? Bueno, no lo es. La idea de que los empáticos son personas vulnerables solamente porque tienen un cierto tipo de personalidad es una excusa que no ofrece solución alguna al problema. ¡Ser empático es bueno! Sin embargo, ser empático y permitir que lo hieran personas con las que usted decide estar, o hacia las que se siente inconscientemente atraído, no lo es.

En cambio, uno podría argumentar que ser demasiado empático y a la vez elegir estar en relaciones dañinas con narcisistas es algo disfuncional y auto-destructivo. "Empático", por lo tanto, no debería ser un término sustituto para "codependiente". Cuando admitimos que estamos luchando con la codependencia, estamos confesando nuestro dolor con honestidad y valentía, y también estamos describiendo lo que necesitamos hacer para encontrar relaciones llenas de mutuo amor, respeto y cuidado.

CAPÍTULO 6: NARCISISMO PATOLÓGICO – DEFINIENDO EL TRASTORNO

Para los propósitos de este libro, se ha creado una definición operativa del término "narcisista patológico". En vez de ser una descripción arbitraria o subjetiva, la definición es específica y toma en cuenta sus múltiples dimensiones. Esta nueva definición procura estandarizar el término describiendo específicamente sus aspectos cualitativos, así como cuantitativos. En otras palabras, estas definiciones creadas de manera original utilizan lenguaje descriptivo que ilustra y especifica características inherentes y al mismo tiempo asigna un sistema de medición para las mismas, es decir, los Valores del Continuum del Yo o VsCY.

Para muchos, los términos "narcisista patológico" o "narcisismo patológico" son términos psicológicos indefinidos y generales. Si se toman como valor nominal, describen a una persona cuyo narcisismo tiene niveles patológicos y dañinos. Para comprender mejor lo que se define exactamente como "narcisismo patológico" será necesario revisar las categorías de la orientación "hacia sí mismo" del Continuum del Yo.

Cuando se "trazan" en el Continuum del Yo, los narcisistas patológicos tienen la auto-orientación "hacia sí mismo" más severa, que corresponde al VCY más alto de (+5). Estos narcisistas son incapaces de manifestar incondicionalmente amor, respeto y cuidado por otros y normalmente no se dan cuenta de cómo su narcisismo y egoísmo perjudican a quienes ellos dicen amar. Están casi completamente absortos en su propia necesidad de amor, respeto y cuidado, al tiempo que ignoran completamente esas mismas necesidades en los demás. Debido a que se encuentran en el punto más alejado del cero, del lado de la auto-orientación "hacia sí mismo" en el Continuum, sus niveles de reciprocidad y mutualidad son inexistentes. La única excepción a la regla es cuando hay una ventaja personal, relacional o táctica en atender temporalmente las necesidades de los demás. Las formas encubiertas del narcisismo patológico se discutirán en detalle en los capítulos del 11 al 13, donde se explicarán el trastorno límite de la personalidad y el trastorno antisocial de la personalidad.

Para el propósito de este libro, el narcisismo patológico se refiere a una categoría definida que incluye trastornos psicológicos reconocidos, los

Trastornos de Personalidad Narcisista, Límite y Antisocial. El término "narcisismo patológico" también es utilizado para describir una persona que es adicta a las drogas, al alcohol o a una conducta/proceso, y cuyas adicciones la han llevado a comportarse de manera narcisista en sus relaciones interpersonales. Aunque los tres trastornos de la personalidad y el trastorno de adicción son demostrablemente diferentes entre sí, los cuatro comparten un grupo de rasgos de personalidad que tienen un núcleo similar patológicamente narcisista. Esto no implica que otros trastornos psicológicos, cuestiones y/o problemas no incluyan rasgos de narcisismo patológico. Sin embargo, estos cuatro trastornos específicos son los que más se caracterizan por una sintomatología narcisista personal e interpersonal/social.

El trastorno narcisista de la personalidad, el primer subtipo patológicamente narcisista, describe a una persona que tiene un sentido inflado de superioridad e importancia a la vez que está preocupado por pensamientos y sentimientos de éxito y poder. El segundo subtipo, el trastorno límite de la personalidad, describe personas que aman a los demás con intensidad y pasión. Sin embargo, si perciben la posibilidad de juicio, desaprobación, crítica o abandono, a menudo contraatacan con una furia agresiva llena de odio y venganza. El tercero, el trastorno antisocial de la personalidad, describe un individuo que es embaucador, astuto, encubiertamente manipulador e intencionalmente explotador. El último subtipo, el trastorno de adicción, describe a un adicto que, debido a su adicción, se comporta de manera deshonesta, manipuladora, egoísta y egocéntrica. Normalmente, los adictos son dependientes física y psicológicamente de una substancia o patrón de comportamiento que altera su estado de ánimo, como, por ejemplo, el sexo, el juego, o gastar.

Los trastornos del narcisismo patológico no pueden ser comprendidos sin entender cómo se manifiestan dentro de una relación. Esto sigue la lógica de que si usted quisiera comprender los problemas del alcoholismo, sería necesario que entendiera la relación del alcohólico con su pareja —el co-alcohólico o codependiente. Por mucho que la definición de alcoholismo o, para el caso, de químico dependencia, requiere una descripción de sus características psicológicas y fisiológicas, la definición estaría incompleta si no hubiera información acerca de sus componentes relacionales. A tal fin, es imperativo entender las relaciones del narcisista patológico con los demás, principalmente con su pareja codependiente. Ninguno puede manifestar sus rasgos de personalidad psicopatológica sin el otro.

Una definición del trastorno de personalidad y del trastorno de adicción ayudará al lector a comprender mejor los trastornos del narcisismo patológico. De acuerdo con el DSM-V (*Manual Diagnóstico y Estadístico de los Trastornos Mentales Versión V*), los trastornos de personalidad son una clase de tipos de personalidad y patrones persistentes de comportamiento asociados a angustia y discapacidad significativas, que aparentemente se desvían de las expectativas sociales y culturales, en particular, en la relación con otras personas. Para calificar dentro de este diagnóstico, el individuo, debido a su trastorno de personalidad, tiene que verse afectado de manera social, ocupacional o en otras áreas importantes de funcionamiento.

Actualmente hay diez trastornos de la personalidad listados en el DSM. Inherentes a todos los trastornos de personalidad hay patrones profundamente arraigados de inadaptación en el comportamiento, emoción y pensamiento, que pueden ser identificados ya en la adolescencia y que persisten a lo largo del ciclo vital. Es una práctica ampliamente aceptada, así como un requerimiento del DSM, que la mayoría de los trastornos de la personalidad no sean diagnosticados formalmente antes de los 18 años de edad. Debido a que estos trastornos son considerados permanentes en su naturaleza, incumbe a quienes diagnostican y/o a los clínicos, respetar el impacto de incluir este diagnóstico en los registros de salud mental o médicos de alguien. Se le debe a nuestro sistema actual de seguros, que ciertos diagnósticos de salud mental sean utilizados para excluir a individuos de seguros asequibles o incluso de poder ser asegurados.

Los individuos con trastornos de personalidad tienen dificultad para controlar sus impulsos o moderar su comportamiento patológico. También tienen dificultades para expresar emociones socialmente apropiadas, para relacionarse con los demás y para formar y mantener relaciones recíprocas y mutuamente satisfactorias. Hacen caso omiso de sus déficits psicológicos, conducta excéntrica y patrones disfuncionales de percepción y pensamiento. Sin la habilidad para percibir y comprender con precisión y, en consecuencia, para adaptarse a formas aceptables de comportamiento personal y social, experimentan importantes problemas y limitaciones en sus encuentros sociales y en la mayoría de sus relaciones significativas, como en sus relaciones de trabajo, familiares y personales. Al no tener una comprensión de sus propios déficits psicológicos y del daño resultante que ocasionan a los demás, normalmente culpan a otros o proyectan sus problemas e insuficiencias sobre otras personas[11]. Por no tener una comprensión precisa y subjetiva de sus limitaciones y psicopatología, ni del impacto negativo que tienen sobre otras personas, normalmente no buscan asistencia psicoterapéutica.

Los individuos con trastornos de personalidad simplemente no creen que ellos tengan un problema. Especialmente los individuos con uno de los trastornos de personalidad patológicamente narcisista no admitirán tener problema(s) o estar ocasionando daños o dolor a otra persona, ya que hacerlo iría en contra de la constitución narcisista de su personalidad (megalomanía, sentirse superiores y merecedores de un tratamiento preferencial, vanidad, etc.). Cuando admiten que tienen un problema o que un elemento de su personalidad es problemático, es generalmente porque han sido "atrapados con las manos en la masa" en una mentira o porque están tratando de manipular con el fin de no tener que rendir cuentas por un acto hiriente.

Los individuos que son adictos a una droga o a un comportamiento en particular, como los que tienen adicción al sexo o al juego, califican para ser diagnosticados con narcisismo patológico solamente si, además, demuestran tener rasgos patológicos significativos de alguno de los trastornos de personalidad patológicamente narcisista. Sin embargo, la diferencia es que la adicción y no un trastorno psicológico subyacente, puede ser responsable de su conducta psicopatológica o disfuncional. En otras palabras, la adicción en sí misma puede obligarlos a comportarse de manera similar a como se comportan quienes tienen cualquiera de los tres trastornos de personalidad patológicamente narcisista. Por ejemplo,

---

[11]La proyección es un mecanismo de defensa en el cual una persona inconscientemente niega tener sus propios atributos, pensamientos y emociones indeseables, que luego atribuye al mundo externo, usualmente, a otras personas. Es el mecanismo de defensa que funciona como "lo adviertes si lo tienes".

es posible que sean egocéntricos y egotistas como el narcisista; erráticos, reactivos y perjudiciales para las personas a las que dicen amar, como los que tienen trastorno límite de la personalidad; o deshonestos y manipuladores como los individuos con trastorno antisocial de la personalidad.

El trastorno de adicción es una expresión que sirve como un "comodín" para la dependencia persistente y compulsiva a una substancia o comportamiento que se vuelve hábito. A pesar de las consecuencias negativas, los individuos con trastornos de adicción se ven obligados a continuar usando una substancia específica que altera su estado de ánimo o a continuar con un patrón de conducta destructivo y repetitivo. Este es un trastorno progresivo que tiene su origen en el cerebro. O, como Alcohólicos Anónimos lo llama, es una enfermedad. Con el tiempo, los adictos aumentan la frecuencia y la cantidad de la droga o el comportamiento adictivo elegido para alcanzar la experiencia eufórica "normal" o quedar "drogados".

Con el uso regular, aumenta la tolerancia a la droga o se desarrolla la euforia que lleva al comportamiento. La tolerancia es un proceso mediante el cual el adicto requiere cantidades cada vez mayores de la substancia o del comportamiento adictivo para alcanzar los efectos eufóricos originales y, al final, sentirse incluso normal.

La dependencia física con el tiempo ocurre como resultado de un "uso" continuado y en progresivo aumento de la droga o del comportamiento. La dependencia física de una droga o comportamiento obliga a los adictos a mantener sus patrones de uso si bien aumentan progresivamente la frecuencia y las cantidades de la droga de su elección. Si deben disminuir radicalmente la droga o los patrones conductuales adictivos, o abandonarlos, el adicto probablemente experimentará síndrome de abstinencia (síntomas). Los síntomas de abstinencia incluyen, pero no se limitan a, ansiedad, irritabilidad, deseos intensos de la substancia, nausea, alucinaciones, dolores de cabeza, sudores fríos y temblores. Incluso después de que los síntomas de abstinencia desaparecen, el adicto a menudo experimenta un deseo irracional de volver a abusar de las drogas o a retomar sus comportamientos adictivos, siendo ambos destructivos y con frecuencia peligrosos para su vida. Por esta razón, la adicción es considerada a menudo como un padecimiento de por vida.

CAPÍTULO 7: TRASTORNO NARCISISTA DE LA PERSONALIDAD (TNP)

> "El que se miente a sí mismo y escucha sus propias mentiras, llega a no saber lo que hay de verdad en él ni en ninguna otra persona, o sea, pierde el respeto a sí mismo y a los demás. Al no respetar a nadie, deja de querer, y para distraer el tedio que produce la falta de cariño y ocuparse en algo, se entrega a las pasiones y a los placeres más bajos. Llega a la bestialidad en sus vicios. Y todo ello procede de mentirse continuamente a sí mismo y a los demás."
> —Fyodor Dostoevski, *Los hermanos Karamazov.*

Aparentemente, los individuos con niveles moderados de narcisismo son alabados y premiados en nuestra sociedad. Rasgos como la excesiva y atrevida confianza en uno mismo, una desbordante auto-promoción, el deseo de hacerse notar y ser apreciado, son características norteamericanas valoradas. En el libro *The Culture of Narcissism: American Life in an Age of Diminishing Expectations* (1991), (La cultura del narcisismo: la vida americana en una época de expectativas que disminuyen), Christopher Lasch explica que después de la Segunda Guerra Mundial, la cultura norteamericana cambió su enfoque hacia adentro, hacia lo único que tenía la esperanza de poder controlar —ella misma. Como resultado de la riqueza económica posterior a la Segunda Guerra Mundial, del gobierno y las políticas liberales, de la desintegración de la religión organizada y de una sociedad en búsqueda de auto-realización, el pueblo estadounidense se deshizo de los valores sociales basados en la comunidad y, en cambio, buscó la felicidad y la plenitud en sus propios esfuerzos. La búsqueda de una utopía en los años sesenta se transformó, en la década de los setenta, en una obsesiva búsqueda de "crecimiento personal". En ninguna de estas décadas encontramos lo que estábamos buscando. En su lugar, como sociedad, nos volvimos cada vez más obsesionados con el confort personal, la satisfacción emocional y los objetivos egoístas. Como sociedad, nos volvimos cada vez más insensibles hacia el bienestar de nuestras comunidades y hacia la humanidad en su conjunto (Lasch, 1991).

De acuerdo con datos de investigación, desde los años setenta, niveles no diagnosticables de narcisismo entre estudiantes universitarios han aumentado de manera constante. Un estudio epidemiológico a gran escala sugiere que los adultos jóvenes son más propensos que los adultos mayores a ser diagnosticados con trastorno narcisista de la personalidad (Dingfelder, 2011). Según la Dr. Jean M. Twenge, autora de *Generation Me*, (Generación yo) (2006) y de *The Narcissism Epidemic* (La epidemia del narcisismo) (2010), el narcisismo va en aumento, especialmente en la generación de veintitantos años. La Dra. Twenge sugirió que la generación de los *"millennials"*, conformada por los que nacieron más o menos entre 1982 y 1989, probablemente es más egocentrista, se siente superior y más merecedora de un trato preferencial que las generaciones previas. Los hallazgos de la Dra. Twenge están basados en el mayor estudio de investigación intergeneracional jamás realizado. El estudio analizó datos que incluyeron encuestas de 1.3 millones de jóvenes, algunas de las cuales datan de 1920. Su investigación demostró una tendencia generacional progresiva hacia rasgos como autoestima, asertividad, auto-importancia y altas expectativas, todos asociados con el narcisismo.

Según la investigación que el Dr. Nathan Dewall realizó en el 2011, los adolescentes mayores y los estudiantes universitarios están demostrando tener más rasgos narcisistas que generaciones pasadas. En un estudio realizado por él y colegas suyos se reveló que las letras de canciones entre 1980 y el 2007 tienen una clara tendencia hacia contenidos narcisistas (Dewal, Pond, Campbell, Twenge 2011). Utilizando un análisis informático de tres décadas de canciones exitosas, el equipo investigador encontró una tendencia estadísticamente significativa hacia letras narcisistas en la música popular. Para ilustrarlo, la palabra "yo", y otras que implican primera persona, aparecieron con mayor frecuencia, mientras que palabras como "nosotros" disminuyeron. La investigación reveló que las canciones en los años ochenta eran más propensas a hacer hincapié en unión, armonía y amor, mientras que las canciones en la última década fueron claramente escritas acerca de lo que un individuo quiere y de cómo ha sido decepcionado y agraviado. Las canciones actuales, según este estudio, tienden a girar más en torno a una persona muy importante y amada: el cantante o el compositor de la canción.

Las palabras "narcisista" y "narcisismo" son normalmente utilizadas para describir una persona que está excesivamente absorta y fascinada consigo misma y que está exageradamente preocupada por su apariencia, cualidades y logros externos. También son utilizadas para describir un individuo que demuestra tener egolatría, amor propio, egocentrismo, autosuficiencia y arrogancia desmesurados. Según Eleanor Payson, autora del libro *The Wizard of Oz and Other Narcissists* (2002), (El mago de Oz y otros narcisistas),

> **"La palabra narcisismo en su sentido más fundamental significa una tendencia**
> **a la egolatría"**
> (p.5).

Los orígenes de la palabra se remontan al mito griego de Narciso y Eco. Narciso era el buenmozo y muy encantador hijo del dios-río Céfiso. Por su exquisita buena apariencia, encanto y fascinante atractivo sexual, todas las jóvenes en esa legendaria comunidad buscaban desesperadamente su atención. Narciso rechazaba a todas y a cada una de las que se enamoraban de él. Una de las desafortunadas jóvenes que estaba cautivada por la apuesta apariencia y atractivo encanto de Narciso fue una joven mujer llamada Eco. Al igual que con las otras mujeres, Narciso rechazó sus insinuaciones y se negó a aceptar su amor. Como resultado del humillante rechazo a Eco y de otras quejas manifestadas por las otras jóvenes agraviadas, Némesis, la diosa de la venganza, dictó sentencia contra Narciso maldiciéndolo para que no pudiera ni experimentar amor, ni corresponder al afecto. También fue maldecido para enamorarse perdidamente de su propia imagen. Esta maldición haría que sintiera el rechazo, la tristeza, el vacío y la soledad que habían sentido todas las mujeres a las que él había rechazado. Debido a la maldición, Narciso jamás sería capaz de experimentar amor por nadie, ni tampoco por él mismo.

Un día, Narciso se arrodilló para tomar de una fuente de agua y vio su propio reflejo. Sin saber que se trataba de su imagen reflejada, se enamoró de manera inmediata y total de esa imagen reflejada de su hermoso rostro. Narciso quedó cautivado con su reflejo y no pudo apartarse de él. Pasó días y noches contemplando la imagen, con la esperanza de sentir o experimentar unión o conexión amorosa con ella. Allí permanecería hasta que murió lentamente de inanición. El pobre

Narciso murió mientras intentaba obtener amor de la única persona a la que era completamente incapaz de amar —él mismo. Debido a la obsesión de Narciso por sí mismo, jamás experimentaría intimidad verdadera y real. Narciso pasaría el resto de su vida intentando obtener sin éxito un amor que jamás podría ser. Narciso es el narcisista originario.

Narcisismo saludable

Antes de discutir el trastorno narcisista de personalidad y sus subtipos, primero es importante mencionar que el excesivo amor a sí mismo no es patológico *per se*. Todos conocemos a alguien, ya sea un amigo, hermano, compañero de trabajo, etc., que es "el alma de la fiesta", el "sabelotodo", el comediante o el artista improvisado. Estos individuos valoran y buscan reconocimiento, elogio y aprecio. Como narcisistas saludables usualmente no hieren a otros mientras buscan la realización de sus ambiciones, enfocadas en ellos mismos. Su forma de ser narcisista está compensada por sus rasgos de personalidad sensitivos y empáticos, moderadamente ocultos. Estos individuos son conscientes de su sólida confianza y conductas de auto-promoción. No contraatacan defensivamente con ira cuando son criticados o cuando sus ambiciones de auto-promoción son frustradas. Según Simon Crompton, autor de *All About Me: Loving a Narcissist* (2008), (Todo sobre mí: amando a un narcisista),

> "Algunos… hacen distinciones entre "narcisismo saludable" y "narcisismo no saludable"… El narcisista saludable es alguien que tiene un sentido real de autoestima que lo capacita para dejar una huella en el mundo, pero que también puede participar en la vida emocional de otros. Se podría argumentar que algún nivel de narcisismo es saludable" (p. 37).

De manera similar, la Teoría del Continuum del Yo representa un continuum narcisista que abarca desde las personas egocentristas saludables con un VCY de (+1) o (+2), a los narcisistas moderados con un VCY de (+3), hasta los narcisistas dañinos con VsCY de (+4) y (+5). El primer grupo es considerado saludable, el segundo es un grupo de personas moderadamente obsesionadas consigo mismas, egoístas, que se sienten superiores y merecedoras de un trato preferencial. El tercer grupo es el de los narcisistas dañinos. Solamente el último grupo manifiesta bajos niveles de introspección hacia su narcisismo, hacia el impacto que su narcisismo tiene sobre los demás y bajos niveles de motivación para cambiar o detener el daño que causan.

Narcisismo benigno o moderado

Los narcisistas benignos o moderados están representados en el Continuum del Yo con un VCY de (+2). Son capaces de participar y de mantener relaciones saludables, a pesar de que se inclinan ligeramente hacia el lado egocentrista. Son capaces de participar y de mantener relaciones saludables, a pesar de que se inclinan ligeramente hacia el lado egocentrista. Están un poco obsesionados con ellos mismos y pueden ser involuntariamente pesados con otras personas. Entre los rasgos de un narcisista benigno o moderado estaría la tendencia activa a buscar alabanza, reafirmación y reconocimiento por su personalidad, talentos, habilidades o contribuciones notables. Periódicamente es posible que se centren en sí mismos, que sean exageradamente engreídos y que de manera moderada se sientan superiores y merecedores de un trato preferencial. Estos individuos son conscientes de su excesiva auto gratificación, pero son capaces de moderarla, especialmente si han molestado u ofendido a alguien, o si son criticados por su comportamiento narcisista. Sus tendencias narcisistas rara vez terminan haciendo daño. Aunque los narcisistas benignos a veces se abandonan a sus impulsos, tienen la habilidad de ser conscientes de esa tendencia y, cuando es necesario, son capaces de controlarla o modularla. Además, no se enojan ni se vuelven hostiles cuando se los confronta.

El narcisismo benigno o moderado puede ser producto de inmadurez; los adultos más jóvenes son más egocéntricos y están más obsesionados consigo mismos que los adultos mayores y más sabios. Los adultos más jóvenes todavía están aprendiendo acerca de las normas sociales y la conducta apropiada para su edad. Simplemente todavía no tienen la experiencia de vida para comprender los aspectos negativos o consecuencias de sus tendencias narcisistas.

Los narcisistas benignos pueden ser muy queridos y exitosos en sus carreras, ya que trabajan muy duro para llamar la atención, mientras que hacen un esfuerzo adicional para asegurarse de que las personas aprecien y tomen nota de sus habilidades. Debido a que tienen capacidad para niveles moderados de empatía y mutualidad en sus relaciones, los demás no los experimentan como característicamente dañinos o hirientes. Su búsqueda benigna de atención y reconocimiento, combinada con su tendencia a buscar ser el centro de atención, es probablemente algo que hacen para hacerse querer de sus amigos. A menudo son apreciados y valorados por su naturaleza afable, encantadora, divertida y confiada. Debido a que aman ocupar el centro del escenario y buscar reconocimiento, estos individuos también son valorados por su valor entretenedor. Después de todo, en nuestra cultura, ser autosuficiente y seguro de sí mismo son rasgos de personalidad admirados.

Narcisismo moderado
Aunque los narcisistas moderados pueden ser exasperantes y desafiantes en su búsqueda de validación, reafirmación, alabanza y atención, tienen la habilidad de experimentar empatía y pueden periódicamente ser desinteresados y centrarse en los demás. Son propensos a tener ataques de vergüenza y auto-condena cuando se les confronta por sus malas acciones. Pero cuando son criticados, no devuelven el golpe con la ira enfurecida que viene de las heridas narcisistas. A estas personas se les asigna un VCY de (+3 a +4).

En una relación, los narcisistas moderados son agotadores, ya que requieren frecuente atención, reafirmación y validación. A diferencia de quienes son diagnosticables con trastorno narcisista de la personalidad, tienen algo de introspección y control sobre sus rasgos narcisistas. Muchos de nosotros conocemos e incluso queremos a estos narcisistas; son nuestros amigos, miembros de familia o seres queridos que consistentemente gastan una gran cantidad de energía asegurándose de que advertimos su valor, importancia, singularidad, etc. Son personas que florecen en un ambiente de atención positiva y reconocimiento. Le dan mucha importancia, y por lo tanto buscan obtener admiración, atención, estatus, comprensión y apoyo.

Los narcisistas moderados manifiestan públicamente su autoestima. Son propensos a jactarse de lo que valen, de sus talentos y éxitos, a veces hasta el punto de fastidiar a los demás. Al igual que los narcisistas benignos, con frecuencia son el alma de la fiesta, los expertos sabelotodo, los comediantes o entretenedores. Les gusta anunciar sus logros y habilidades, al igual que su capacidad para hacer que las cosas sucedan para otros. A diferencia de los narcisistas benignos, no siempre saben cuándo detener su búsqueda de atención o sus molestos comportamientos narcisistas.

A diferencia de un individuo que ha sido diagnosticado con trastorno narcisista de la personalidad, las personas moderadamente narcisistas son capaces, aunque en forma limitada, de ser empáticas e incondicionalmente generosas en sus relaciones. También son capaces de participar en relaciones con bajos niveles de reciprocidad y mutualidad, y de mantenerlas. El valor de compartir y dar no se ha perdido en ellos. Aunque les cuesta trabajo regular sus rasgos narcisistas, pueden ser amigos leales; simplemente, estarán más inclinados hacia el "yo" que hacia el "tú". Los narcisistas moderados son capaces de satisfacer algunas, pero no todas, las necesidades emocionales y personales de sus seres queridos. Cuando es necesario o requerido, son capaces de suspender su forma de ser egocéntrica, envanecida y egoísta. Son capaces de sacar provecho de una terapia, ya que son capaces de asumir responsabilidad limitada por sus conductas y por la forma de tratar a su pareja.

Los narcisistas moderados prosperan en carreras en las que pueden ser centro de atención, actuar y mostrar abiertamente sus talentos, habilidades y éxitos. Sus logros profesionales pueden, de hecho, florecer a causa de su tendencia a buscar éxito si bien se aseguran de que todo el mundo lo advierta. Carreras como la música, la actuación, el mundo académico, la administración de empresas y la política no sólo tienen un atractivo para ellos, sino que se ajustan de manera natural a su personalidad.

Los narcisistas moderados normalmente no son ni maliciosos ni intencionalmente dañinos en su búsqueda de reconocimiento y elogio. A diferencia de una persona con verdadero trastorno narcisista de la personalidad, son capaces de responder a la crítica constructiva sin devolver el golpe automáticamente o herir a la persona que la expresó. Los narcisistas moderados no responden mecánicamente con ira, enojo o humillación (que constituye una herida narcisista) a la retroalimentación constructiva o a la crítica . Y cuando su narcisismo hiere a otros, son capaces de experimentar pequeñas dosis de remordimiento y empatía por quienes sin querer han afectado. Sin embargo, solo una línea muy delgada separa a los narcisistas moderados, con su sólida confianza en sí mismos, arrogancia, sentido de superioridad, creencia de que deben ser tratados de manera preferencial y su egotismo, y la forma de narcisismo más patológica y perjudicial —el trastorno narcisista de la personalidad.

Narcisismo Patológico o Trastorno narcisista de la personalidad (TNP)
"Amor propio sin restricciones" es mi definición simple y favorita para el trastorno narcisista de la personalidad (TNP). Como sucede con otros trastornos, los individuos con TNP generalmente no son conscientes y hacen caso omiso de su trastorno psicológico. Los individuos diagnosticados con TNP son considerados patológicamente egoístas, envanecidos, presuntuosos y egotistas. Están motivados por un insaciable deseo —de larga data— de admiración, elogio y validación. La constante necesidad de reafirmación, validación y atención de la persona con TNP a menudo agobia a su pareja, pues los cumplidos y la reafirmación nunca son bastantes para hacerlos sentir suficientemente bien. Como esponjas, su objetivo principal es absorber lo que se encuentra a su alrededor. A pesar de su necesidad compulsiva de "absorber" reafirmación y atención, su naturaleza porosa (psicológicamente subdesarrollada) no les permite aferrarse a ello; simplemente se vacía.

Quienes tienen TNP se ven obligados a dirigir, corregir y recordarle continuamente a los demás cómo hacer las cosas correctamente. Tienden a monopolizar las conversaciones a la vez que se presentan a sí mismos como expertos en muchas cosas, especialmente en el tema que se esté tratando. Son hábiles para hacer que las conversaciones giren en torno a lo que ellos saben y a las experiencias que les atañen. Como expertos auto-proclamados, creen y se comportan como si fueran moral e intelectualmente superiores, lo cual es un resultado directo de su auto-proclamada riqueza de conocimiento y su dramático ascenso al éxito. Sin saberlo, la auto-proclamación de su grandeza y éxito no siempre están anclados en la realidad.

El trastorno narcisista de la personalidad, al igual que los otros dos trastornos narcisistas de la personalidad, está representado en el Continuum del Yo con un VCY de (+5). Este VCY "severo" es indicativo de una auto-orientación que está casi completamente enfocada a las propias necesidades excluyendo las necesidades de ARC de los demás. Según los autores del DSM-IV-TR™, el 1% de la población en los Estados Unidos sufre de trastorno narcisista de la personalidad y, entre ellos, el 50 y el 75% son hombres. Dado que los individuos con trastorno de personalidad tienden ya sea a negarlo o a hacer caso omiso de él, recopilar datos acerca del TNP es, en el mejor de los casos, difícil. Como la mayoría de las estadísticas se compilan con base en datos auto-notificados, es probable que las estadísticas del DSM representen de manera insuficiente la prevalencia real del TNP.

Según el DSM-IV-TR™, el trastorno narcisista de la personalidad se clasifica como un trastorno/condición mental de Eje II. El DSM utiliza un sistema de evaluación y diagnóstico multiaxial para clasificar todas las condiciones mentales. La categoría de Eje I es reservada para trastornos clínicos, del desarrollo y del aprendizaje. Los trastornos típicos del Eje I incluyen depresión severa, trastorno de déficit de atención con hiperactividad, esquizofrenia, trastorno de ansiedad generalizada, trastornos de adicción y muchos otros. Estos se caracterizan por períodos de enfermedad y remisión, y normalmente responden al tratamiento médico y/o psicológico. La mayoría de los trastornos de salud mental o enfermedad mental se han clasificado en la categoría de Eje I.

Por el contrario, los trastornos de Eje II incluyen trastornos de salud mental o enfermedades mentales prolongados, continuos, persistentes y que normalmente no son influenciables ni receptivos al tratamiento. Estos trastornos se desarrollan y comienzan a aparecer normalmente en la adolescencia, persistiendo a lo largo del ciclo vital. Por ejemplo, trastornos comunes del Eje II son las discapacidades del desarrollo y trastornos de personalidad, que incluyen los tres trastornos de personalidad patológicamente narcisista. Cabe señalar que para recibir un diagnóstico por parte del DSM, un calificado especialista en diagnóstico, utilizando el protocolo de diagnóstico requerido, debe ver que coincidan los síntomas del cliente y su grado de patología con un número específico de criterios, que aparecen listados en el DSM-IV-TR™. Sólo profesionales de la salud experimentados, entrenados y calificados pueden hacer el diagnóstico como tal. En muchos estados, este tipo de profesionales incluye psiquiatras, psicólogos y profesionales clínicos con licencia y calificados a nivel de maestría.

Un patrón de megalomanía

De acuerdo con el DSM, él se entiende como un: "patrón general de megalomanía (en la fantasía o el comportamiento), necesidad de admiración y falta de empatía, que empieza al inicio de la vida adulta y que se da en diversos contextos" como se indica en cinco (o más) de los siguientes:

- Tiene un excesivo sentido de auto-importancia, (p. ej., exagera los logros y capacidades, espera ser reconocido como superior, sin unos logros proporcionados).
- Está preocupado por fantasías de éxito ilimitado, poder, brillantez, belleza o amor imaginarios.
- Cree que es "especial" y único y que sólo puede ser comprendido por, o sólo puede relacionarse con otras personas (o instituciones) que son especiales o de alto status.
- Exige una admiración excesiva.
- Es muy pretencioso, por ejemplo, tiene expectativas irrazonables de recibir un trato favorable especial o de que se cumplan automáticamente sus expectativas.
- Es interpersonalmente explotador, por ejemplo, saca provecho de los demás para alcanzar sus propias metas.
- Carece de empatía: es reacio a reconocer o identificarse con los sentimientos y necesidades de los demás.
- Frecuentemente envidia a los demás o cree que los demás le envidian a él.
- Presenta comportamientos o actitudes arrogantes o soberbias. (DSM-IV; F60.8 Trastorno narcisista de la personalidad [301.81]).

Dado que los individuos con TNP llevan una pesada carga inconsciente de vergüenza y de profundos sentimientos de inadecuación, compensan con una obsesión por el poder y el estatus. Son excesivamente orgullosos y tienen una fijación en sus propios logros y apariencia. Su vanidad, ya sea por sus atributos físicos o de personalidad, a menudo se eleva a nivel de obsesión. Como resultado de su inflada auto-valoración y su consecuente necesidad de mostrar a los demás sus cualidades y contribuciones positivas, normalmente dan la impresión de ser arrogantes y presumidos.

Los individuos diagnosticados con trastorno narcisista de la personalidad son incapaces de mantener relaciones de mutualidad y reciprocidad. Tienen una capacidad limitada para la empatía y sensibilidad hacia los demás, especialmente cuando se sienten en competencia o amenazados. Además, los individuos con TNP son generosos con otros cuando el beneficio personal es inminente. Su actitud, llena de condicionamientos hacia las relaciones, demuestra su naturaleza egoísta. Sus intercambios interpersonales egoístas y sus relaciones unilaterales son considerados insoportables y ofensivos para todos, excepto para los codependientes o individuos con un VCY de (-5).

Como resultado directo de su auto-concepto subdesarrollado y de sus bajísimos niveles de autoestima (a los que son ajenos), las personas con TNP reaccionan de forma exagerada cuando sus errores o defectos son percibidos. Son agudamente sensibles a cometer errores y a la posibilidad de ser criticados o juzgados. Incluso cuando los comentarios son constructivos o benignos, reaccionan como si alguien les dijera que son "malos" o "estúpidos". Internalizan la crítica constructiva como si el crítico, de manera intencional o maliciosa, estuviera tratando de avergonzarlos o de demostrar a los demás que "están equivocados" o que son "malos". La frágil autoestima del narcisista simplemente no se puede acomodar a sentirse equivocado o humillado. Contraataca casi instantáneamente con furia y desdén hacia la persona "que se erigió en juez". En vez de procesar el valor de la retroalimentación crítica, reacciona con aire de suficiencia y con furia —a veces incluso con agresividad. Alternativamente, los narcisistas pueden apagarse emocionalmente y/o comportarse de manera agresiva-pasiva.

La reacción agresiva y enfurecida de quienes tienen TNP hacia la herida narcisista es considerada "ira narcisista". Una vez enfurecida, la persona con TNP es normalmente incapaz de detener o de controlar su conducta destructiva. Dado que el individuo con trastorno narcisista de la personalidad no es consciente o es incapaz de asumir responsabilidad por sus reacciones nocivas, es diligente en acusar a otros de haberlo "iniciado". Rara vez pide disculpas por sus malas acciones, excepto cuando está acorralado y cuando puede obtener un beneficio inminente de un acto de contrición.

Como resultado de sus expectativas irrazonables y de su ego sobre inflado, los individuos con TNP creen que automáticamente deben recibir tratamiento preferencial y obediencia instantánea a cualquier petición o deseo. Desde el punto de vista de estas personas, siempre deberían ser las primeras en todo. Quienes tienen TNP y son presuntuosos, son los que se cuelan en una larga fila o insisten en que inmediatamente se les otorgue una mesa en un restaurante, a pesar de la molestia de quienes han estado esperando el mismo tiempo. Una persona con TNP que conocí, tomó el permiso de estacionamiento para discapacitados de su padre con discapacidad y, sin vergüenza alguna, lo usaba para conseguir estacionamiento preferencial.

SUBTIPOS DE PERSONALIDAD NARCISISTA
El trastorno de personalidad narcisista puede ser clasificado en subtipos. Mientras que las características externas pueden variar, las dinámicas psicológicas narcisistas internas son similares.

Narcisismo manifiesto
El narcisismo manifiesto es la "variedad casera" del trastorno narcisista de la personalidad. Es una expresión incorregible y obvia del TNP. Estos individuos llevan la delantera en su forma franca y descarada de megalomanía, sentido de superioridad y de merecer un tratamiento preferencial, envanecimiento y engreimiento. Exteriormente son seguros, excesivamente desenvueltos y carismáticos, a menudo buscando o exigiendo el centro de atención, disfrutando de cualquier oportunidad que pueda atraerles atención y admiración. Tal como los define el DSM-IV-TR™, el narcisismo manifiesto y el trastorno narcisista de la personalidad son lo mismo.

Narcisismo encubierto
Los narcisistas encubiertos son maestros del disfraz —exitosos actores, filántropos, políticos, miembros del clero, e incluso psicoterapeutas, que son amados y apreciados, pero secretamente egoístas, calculadores, controladores, iracundos y vengativos. Los narcisistas encubiertos crean la ilusión de ser desinteresados, al tiempo que obtienen beneficios de su

estatus elevado. Aunque comparten rasgos básicos similares con los narcisistas manifiestos, es decir, la necesidad de atención, reafirmación, aprobación y reconocimiento, son más sigilosos a la hora de ocultar sus motivaciones egoístas y egocéntricas. A diferencia del narcisista manifiesto, que ostenta su narcisismo para que todo el mundo lo vea, el narcisista encubierto esconde furtivamente sus verdaderos motivos e identidad. Estos narcisistas son capaces de engañar a otros para que crean que son individuos honestos, altruistas y empáticos. Son exitosos en pretender ser una versión más agradable de sí mismos, sabiendo que, si su verdadera identidad se descubriera, no serían capaces de mantener el respeto, el estatus y el prestigio que de manera tan disimulada han cosechado.

Una variación común del narcisista encubierto es el padre que dedica una cantidad enorme de tiempo y energía cuidando de todos los aspectos de sus hijos. Estos individuos son admirados y gozan de alta estima por sus aparentes esfuerzos incansables y dedicados por ser todo en todo momento para su hijo. Sus frecuentes quejas por los costos personales y emocionales de su sacrificio son, en realidad, estratagemas manipulativas orquestadas para obtener atención y elogio. Aunque para el mundo externo parecen padres generosos que dan incondicionalmente, en realidad, todas sus acciones son motivadas por su insaciable necesidad de reconocimiento, admiración y respeto. En última instancia, las necesidades emocionales del niño son secundarias en relación a sus propios requerimientos narcisistas de validación, reafirmación y atención. Desafortunadamente, la única persona que tiene la visión verdadera de las intenciones reales de este narcisista encubierto es su hijo. Al igual que todos los narcisistas encubiertos, los amigos cercanos y los miembros de la familia son los que están al tanto de su agenda más vergonzosa y oculta.

En comparación con los narcisistas manifiestos, los narcisistas encubiertos son más reservados y tranquilos. Al no hacer publicidad de sus más profundos valores y motivaciones narcisistas, son capaces de alcanzar sus objetivos, protegiendo al mismo tiempo sus más íntimas inseguridades y vulnerabilidades. A diferencia de los narcisistas manifiestos, dedican una gran cantidad de energía psicológica conteniendo u ocultando su yo interior insensible, indiferente y manipulativo. Aunque los narcisistas encubiertos han reprimido el pleno alcance y la magnitud de su trastorno de personalidad, en un nivel semiconsciente se dan cuenta de que sus fantasías son vergonzosas e inaceptables.

Debido a que los narcisistas encubiertos son capaces de mantener una fachada de altruismo y de estima positiva incondicional, pueden desempeñarse en posiciones que tradicionalmente no son atractivas para los narcisistas, por ejemplo, como clérigos, maestros, políticos, psicoterapeutas y otros. A pesar de que son capaces de replicar las características que corresponden a estas posiciones, a menudo se sienten profundamente inseguros y reservados en relación a su falta de conocimiento o a su inhabilidad para desempeñar las tareas más esenciales. Por ejemplo, un narcisista encubierto que es psicoterapeuta habrá dominado los patrones de comportamiento estereotipados e idiosincráticos específicos de esa profesión tales como la escucha reflexiva, la retroalimentación llena de apoyo y aprobación y los gestos que imitan la aceptación incondicional. Sin embargo, este psicoterapeuta será deficiente en el área más crucial del trabajo. Aunque intenta demostrar honestidad, simpatía y empatía con sus clientes, en última instancia se queda corto. Simplemente es incapaz de manejar los elementos clave de la posición, ya que es inherentemente crítico, controlador y emocionalmente distante. Estos terapeutas a menudo se ponen nerviosos con sus clientes cuando se sienten desafiados o cuestionados. Los clientes que no les permiten controlar el proceso con frecuencia desencadenarán una herida narcisista.

El siguiente es un ejemplo que ilustra la naturaleza manipulativa, hipócrita y maliciosa de los narcisistas encubiertos

Desenmascarando a su amigo falso, el narcisista encubierto
Imagine que un amigo suyo, cercano y querido, le da el regalo con el que siempre había soñado —¡su propio reloj Rolex! Usted no solamente apreció el regalo, sino que también quedó extasiado de que su increíblemente generoso amigo le hubiera obsequiado ese regalo maravilloso. Aunque se sorprendió con el obsequio, no le pareció extraño, ya que usted conocía historias acerca de su generosidad y amabilidad hacia otras personas que, de manera similar, anhelaban algo que él había sido capaz de darles.

Pocos meses después de haber recibido su magnífico Rolex, se da cuenta de que el cristal tiene algunos rasguños, lo cual parece imposible ya que los relojes Rolex son conocidos por sus cristales de zafiro resistentes a los rasguños. Tres meses después de eso, sucede lo increíble: ¡el reloj empieza a atrasarse! No se atreve a mencionárselo a su amigo por miedo a parecer desagradecido e irrespetuoso. Elige mantenerlo en secreto, ya que el reloj es más que un cronómetro para usted; simboliza la cercanía que usted y su amigo comparten. Después de todo, piensa usted, el hecho de que su hermoso reloj pierda unos pocos minutos al día no es un gran problema. Sin daño ni perjuicio, no ha pasado nada.

Para su gran sorpresa, seis meses después de recibir su apreciado regalo, su Rolex, rasguñado y funcionando mal, pero hermoso, ¡deja de funcionar por completo! Confundido pero con curiosidad, lo lleva a un taller de reparación de relojes, donde se entera de que el preciado regalo de su preciado amigo es una falsificación; ¡nada más que una falsificación de 75 dólares hecha en China!

Con la mejor de las intenciones, le envía, de manera cortés y delicada, un correo electrónico a su amigo para hacerle saber que ha sido engañado en la compra de un reloj falso. Le recomienda que intente obtener una compensación por parte del joyero deshonesto que se lo vendió. Aunque "engañado" y "deshonesto" tal vez no fueron las mejores palabras, usted confía en que su amigo interpretará el correo en el espíritu con el que fue enviado. La respuesta de su amigo lo confunde, ya que la experiencia de decepción y frustración que usted pensó que ambos compartirían es rebatida con la ira y la actitud defensiva de esta persona. Él lo acusa de sacar conclusiones precipitadas y prematuras, de juzgarlo y de ser irresponsable e imprudente con el valioso regalo que él le dio de manera desinteresada. La situación se vuelve aún más ridícula cuando usted se da cuenta de que el correo electrónico con esa conversación en particular también ha sido enviado con copia al grupo de siete hombres que pertenecen al círculo social que comparte con su amigo. De repente, usted se da cuenta de que ha emergido una nueva narrativa: él es la víctima y usted es un creador de problemas malagradecido.

Abatido y consternado, usted responde automáticamente, y solamente a él, con un firme mensaje de "relájate" y "desiste", preguntándole a la vez por qué incluiría a los amigos de su grupo en esa conversación. La respuesta lo incendia a él como un fósforo tirado en un charco de gasolina. En un ataque de indignación iracunda, le exige a usted que le devuelva el reloj para poder refutar sus acusaciones "sin fundamento y resentidas".

Después de sus bien intencionados intentos por calmarlo, por bajar la intensidad de su actitud defensiva y por lograr que deje de culparlo, se da cuenta de que su personalidad de su amigo se ha transformado en distante, fría y sin interés alguno en escuchar más acerca de la decepción que usted sintió. Confundido y aturdido por la suma total de su ira y aparente venganza simplemente por informarle acerca del reloj, usted obviamente obedece devolviéndole el reloj. No se atreve a desafiar esa estrafalaria solicitud porque está más que claro que el hacerlo daría lugar a niveles aún más altos de ira histriónica y fuera de lugar. Además, usted ya está suficientemente avergonzado porque todos los amigos en su grupo están ahora enterados de este asunto privado. Usted no se imaginó que, devolviendo el reloj, perdería cualquier posibilidad de limpiar su nombre y restaurar su reputación, empañada por esta lamentable e injusta campaña de descrédito.

Usted termina tratando de comprender cómo y por qué la empatía, altruismo y sinceridad de su amigo desaparecieron en un instante y se transformaron inesperadamente en una fuerte cruzada para herirlo. Después de considerarlo cuidadosamente, usted decide dejar pasar toda la situación, ya que lleva las de perder. Desafortunadamente, es demasiado tarde, pues el efecto dominó no puede ser detenido. Usted se entera por un pajarito de que su antiguo amigo ha planeado una campaña de difamación que culminará en la orden expresa de excluirlo de todas las actividades futuras del grupo. Este abandono fuera de lugar por parte de sus amigos añadirá otra dosis de trauma y traición.

Usted terminará sintiéndose de muchas maneras que pueden resumirse en un "¡al diablo con todo!!!!", mientras trata de entender lo que pasó y por qué. A semejanza de otras víctimas de narcisistas encubiertos, tristemente se dará cuenta de que su "amigo" y la amistad con él nunca fueron reales. Es posible que también llegue a la conclusión terriblemente decepcionante de que su falso amigo lo engañó a usted y a otros creando múltiples capas de rasgos falsos de personalidad, diseñados para beneficiarlo a él. En otras palabras, quedará en shock al darse cuenta de que la fachada generosa, incondicionalmente amorosa y altruista de su amigo no era más que una actuación digna de un premio Oscar, desarrollada, practicada y perfeccionada en una larga lista de otros "amigos" descartados.

Pronto se dará cuenta de que su querido amigo siempre fue un narcisista encubierto y que la amistad que usted apreciaba y valoraba tanto no era más que una falsificación, como el falso reloj Rolex.

Narcisismo productivo

Michael Maccoby, un destacado antropólogo y psicoanalista, acuñó el término "narcisismo productivo". De acuerdo con sus artículos y libros sobre el tema, los narcisistas productivos son extraordinariamente útiles e, incluso, una manifestación necesaria del TNP. Aunque se parecen a los narcisistas manifiestos, los narcisistas productivos son responsables por los mayores logros de la sociedad. Debido a su ferviente deseo de hacer del mundo un mejor lugar, se asignan a sí mismos la responsabilidad de aportar importantes invenciones, logros y contribuciones a la humanidad. Son sumamente talentosos y creativos intelectuales, inventores, líderes empresariales, políticos, etc., que encuentran mucho sentido en hacer del mundo un lugar mejor y en dejar tras de sí un legado perdurable. Andrew Carnegie, John D. Rockefeller, Thomas Edison y Henry Ford son ejemplos de esta subcategoría de narcisismo. A estos narcisistas los impulsa una pasión inquebrantable por lograr y construir grandes cosas, no para sí mismos, sino para el mejoramiento de la humanidad.

Al igual que los narcisistas manifiestos y encubiertos, los narcisistas productivos son hipersensibles a la crítica, exhibiendo tendencias exageradamente competitivas, megalómanas, de aislamiento y pomposidad. Como resultado directo de ser reconocidos y elogiados por sus dones profundamente intelectuales y creativos, en realidad se acercan a la obtención de sus grandiosos ideales y fantasías. Sus éxitos les dan la oportunidad de pasar por alto las limitaciones en las que muchos narcisistas se ven envueltos. No es que estén más orientados que otros narcisistas hacia las necesidades de los demás; más bien, están completamente absortos en su empeño por marcar la diferencia. Su obsesión por contribuir al mundo en el que han vivido sigue siendo un proceso narcisista, ya que, a fin de cuentas, lo que los motiva es su incansable búsqueda de convencerse a sí mismos de su grandeza.

Incluso con todas sus habilidades, los narcisistas productivos son propensos a la autodestrucción. Con sus logros, comienzan a creer en sus grandiosas fantasías y sentimientos de invulnerabilidad. Consumidos por sus éxitos y creyendo que son invencibles, escuchan menos los consejos o palabras de precaución. Con el tiempo, niveles crecientes de megalomanía los conducen a tomar riesgos innecesarios y a ser cada vez más descuidados. A medida que pierden perspectiva de sus limitaciones humanas y, al empezar a identificarse con sus elaboradas ambiciones, comienzan a comportarse como si fueran irreprochables y como si no tuvieran que rendir cuentas de sus errores o malas acciones. Su sentido de superioridad y creencia de que se merecen un tratamiento preferencial, su megalomanía y violación flagrante de normas y leyes, eventualmente los conducen a la catástrofe. Los narcisistas productivos caídos suelen tener éxito en su salvación, ya que los mismos dones que los llevaron a su cúspide creativa y productiva, pueden ser utilizados para traerlos de vuelta a sus fantasías de grandeza.

Narcisismo maligno
En 1984, el Dr. Otto Kernberg, psicoanalista de Cornell University, acuñó el término diagnóstico "narcisismo maligno". Kernberg creía que hay un continuum del narcisismo, con el TNP en el extremo inferior y el narcisismo maligno, de rasgos psicopáticos, en el extremo superior. El narcisismo maligno parece ser un híbrido del TNP, ya que es una combinación de cuatro extremos patológicos: narcisismo, psicopatía, sadismo y paranoia. Aunque tienen otras formas de psicopatología, siguen siendo claramente narcisistas, ya que manifiestan la mayoría de

los rasgos y síntomas del narcisismo. Sin embargo, la diferencia es que los narcisistas malignos son capaces de imponer sus fantasías megalómanas sobre los demás.

Al igual que quienes tienen TNP, se sienten superiores, merecedores de tratamiento preferencial e imponentes. Sin embargo, los narcisistas malignos llevan esto a un nivel extremo porque creen que tienen un destino especial en la vida. Al creer en su estatus o destino especial, la creencia extrema de ser superiores y merecedores de tratamiento preferencial, y su sentido de ostentación, se refuerzan en sus relaciones. Son manifiestamente egoístas y sin remordimientos, sintiéndose obligados a dirigir la vida de quienes los rodean. A menudo sospechan de los demás, especialmente de quienes podrían removerlos de su posición de poder. Son beligerantes e intrigantes, mientras que, de manera manipulativa, se presentan a sí mismos como la parte perjudicada. Con frecuencia logran obtener influencia alegando ser víctimas de opresión. Como resultado directo de su encanto seductor y de su naturaleza calculadora, son capaces de conseguir apoyo para su causa. Con legiones de seguidores dedicados, logran dirigir e inspirar rebeliones, que a su vez aseguran su liderazgo y estructura de poder.

Debido a que los narcisistas malignos son fundamentalmente inseguros y paranoides en sus relaciones, se defienden manteniendo el control completo y total sobre otras personas. Si suben al poder con apoyo popular, creen que existe un mandato para que ellos mantengan el poder y el estricto control sobre sus legiones de seguidores. Una vez que han alcanzado el control, harán cualquier cosa por mantenerlo, incluyendo violación, asesinato e incluso genocidio. Como resultado directo de sus tendencias paranoides y psicópatas, retan, desafían, degradan e incluso asesinan a cualquiera que sea una figura de autoridad o que tenga el poder de herirlos. Como ejemplos de narcisistas malignos están Adolfo Hitler, Iósif Stalin, Muammar Gadafi y Saddam Hussein.

Los narcisistas malignos son conocidos por ser emocional, física y/o sexualmente abusivos y por perjudicar deliberadamente a los demás. Su forma cruel y nociva de tratar a los demás es reforzada por su necesidad de mantener el poder, el control y un sentido de superioridad sobre otros. Aunque aparentemente son similares a los psicópatas o a quienes son diagnosticados con trastorno antisocial de la personalidad, son diferentes porque pueden internalizar el bien y el mal, entablar relaciones significativas a nivel personal y social y justificar sus acciones como un deseo de que la sociedad progrese. Es posible que sean leales en sus relaciones, pero debido a su paranoia, puede que hieran o le hagan daño a quienes les prometen lealtad.

Narcisismo inducido por adicción

Los individuos que son adictos a las drogas o a un comportamiento (proceso adictivo) a menudo se comportan de manera narcisista y egoísta. Aunque no tienen un trastorno específico de la personalidad, la búsqueda y utilización de su droga preferida a menudo se expresan en conductas/rasgos de narcisismo patológico. Sólo después de un período sostenido de recuperación es posible determinar si un adicto también puede ser diagnosticado con TNP. Si el adicto no tiene TNP, sus síntomas de TNP cederán. Si el adicto recuperado mantiene su sintomatología narcisista, probablemente tenga un trastorno narcisista de la personalidad concomitante.

"Los narcisistas no son monstruos"

El propósito de este capítulo y, para tal caso, el de este libro, no es denigrar ni demonizar a los narcisistas mientras que se defiende a los codependientes como víctimas inocentes de su daño. La premisa del Síndrome del Imán Humano es que "para pelear se necesitan dos"[*], o en otras palabras, los codependientes y los narcisistas se necesitan el uno al otro para sentirse enteros o completos.

Vale la pena recordar que la Teoría del Continuum del Yo afirma que hay grados y niveles de narcisismo, y que solamente una persona con VCY de (+5) es considerada un narcisista patológico.

---

[*] En inglés el dicho utilizado por el autor es: "It takes two to tango": se necesitan dos para bailar el tango (nota del traductor).

CAPÍTULO 8: TRASTORNO LÍMITE DE LA PERSONALIDAD (TLP)

El TLP es más común que otras enfermedades mentales reconocidas, como la esquizofrenia y el trastorno bipolar (Nordqvist, 2012). Es común entre adolescentes y adultos jóvenes. Las tasas más altas ocurren entre los 18 y los 35 años de edad (Oliver, 2012). Las conductas auto-lesionadoras, que son sintomáticas de este trastorno, pueden surgir ya en jóvenes de hasta 10 y 12 años (SAMHSA, 2011 —The Substance Abuse and Mental Health Services Administration— Administración de abuso de substancias y servicios de salud mental). Hasta hace poco, se creía que era más frecuente en mujeres. Sin embargo, una investigación reciente realizada por el National Institute of Mental Health (NIMH), (Instituto Nacional de Salud Mental), indica que el TLP se distribuye por igual entre los sexos (Grant et al, 2008). La prevalencia del TLP en el ámbito clínico es considerablemente mayor en la población general, con un estimado del 10 por ciento en consultas externas y del 15 al 12 por ciento o más en pacientes hospitalizados (Swartz et al., 1990).

El trastorno límite de la personalidad es considerado el más autodestructivo e inestable de todos los trastornos y enfermedades mentales. Las personas con TLP exhiben diversos patrones autodestructivos como automutilación, dependencia de substancias químicas, trastornos alimenticios e intentos de suicidio. "Los pacientes con TLP son los más temidos por los psicólogos. Hasta un 75% se lastiman a sí mismos y aproximadamente el 10% se suicida —una tasa de suicidio extraordinariamente alta (en comparación, la tasa de suicidio por trastornos del estado de ánimo es del 6%)" (Cloud, 2009). De acuerdo con el mencionado reporte de la SAMHSA acerca del TLP:

El TLP tiene una tasa de muerte por suicidio del 8 al 10%, la cual es 50 veces mayor que la de la población general. Más del 70% de los individuos con TLP intentará suicidarse al menos una vez. Los intentos de suicidio tienden a aumentar cuando los consumidores pasan de veinte o treinta años, aunque las tendencias suicidas de ninguna manera están restringidas a este grupo de edades. Además, la tasa estimada de autolesión (es decir, de conductas autodestructivas como cortarse u otras autolesiones sin intento de suicidio) alcanza de un 60 a un 80 por ciento en los pacientes con el diagnóstico (SAMHSA, 2010, p.20).

El término diagnóstico: trastorno límite de la personalidad (TLP) fue oficialmente reconocido con la publicación del DSM-III en 1980. En ese momento, se pensaba que el término "límite" describía a una persona que se encontraba en el "límite" entre la psicosis y la neurosis. Como resultado directo de los avances en salud mental y en los campos psiquiátricos, junto con avances culturales y sociales, algunos términos diagnósticos con el tiempo perdieron su valor descriptivo. El TLP es un ejemplo de ello. Para ilustrarlo, el término "neurótico" es un término Freudiano que hoy en día rara vez se utiliza en el campo de la salud mental. Términos como "neurótico" y otros términos psicoanalíticos de finales del siglo XIX y principios del siglo XX, a la larga se volvieron obsoletos. Por otra parte, ya no se considera que las personas con TLP luchen con la psicosis como su síntoma principal.

Actualmente hay rumores en el campo de la salud mental acerca de las implicaciones negativas del término TLP en sí, ya que muchos consideran que puede inducir a error, estigmatizar y estar cargado de asociaciones negativas. Según Valerie Porr (2001), presidente de la *Treatment and Research Advancement Association for Personality Disorders*, (Asociación para el tratamiento y el avance en investigación sobre los trastornos de personalidad), el trastorno límite de la personalidad puede estar entre los trastornos mentales más estigmatizados. A menudo no se diagnostica, se diagnostica mal o es tratado de manera inapropiada. Los profesionales clínicos pueden limitar el número de pacientes con TLP en su práctica o rechazarlos como "resistentes al tratamiento".

En la actualidad hay un llamamiento a des-estigmatizar el término diagnóstico renombrándolo con algo que tenga un valor descriptivo más apropiado, por ejemplo, "trastorno de desregulación emocional" o "trastorno de regulación emocional". El trastorno límite de la personalidad se caracteriza por inestabilidad en el estado de ánimo, la autoimagen, los procesos de pensamiento y las relaciones personales. Cuando son incapaces de regular sus emociones o estado de ánimo, las personas con TLP adoptan conductas salvajes, imprudentes y fuera de control, como relaciones sexuales peligrosas, abuso de drogas, juegos de azar, gastar dinero a lo loco o comer en exceso.

Entre las características prominentes de la desregulación del estado de ánimo están los cambios de ánimo que fluctúan rápidamente con periodos de intensa depresión, irritabilidad y/o ansiedad, que pueden durar unas pocas horas o pocos días. Las personas con TLP se sienten abrumadas e incapacitadas por la intensidad de sus emociones, ya sean éstas de alegría y euforia o de depresión, ansiedad o furia. Son incapaces de regular o controlar estas emociones intensas. Desregulación emocional es un término común utilizado para describir el reto que constituye para las personas con TLP controlar sus poderosas emociones. Cuando están alteradas, experimentan una oleada de emociones intensas, procesos de pensamiento distorsionados y peligrosos, y cambios de ánimo destructivos, que amenazan la seguridad tanto de los demás como de sí mismas.

Los criterios diagnósticos del DSM-IV-TR™ del 2000 para el trastorno límite de la personalidad son:

Patrón general de inestabilidad en las relaciones interpersonales, la autoimagen y la afectividad, y una notable impulsividad que comienza al principio de la edad adulta y se da en diversos contextos, (como se indica en los siguientes cinco o más):

- Esfuerzos frenéticos para evitar un abandono real o imaginario.
- Un patrón de relaciones interpersonales inestables e intensas caracterizado por la alternancia entre los extremos de idealización y devaluación.
- Alteración de la identidad: autoimagen o sentido de sí mismo acusada y persistentemente inestable.
- Impulsividad en al menos dos áreas, que sean potencialmente dañinas para sí mismo (p.ej., gastos, sexo, abuso de sustancias, conducción temeraria, atracones de comida).
- Comportamientos, ademanes o amenazas suicidas recurrentes, o comportamiento de automutilación.
- Inestabilidad afectiva (emocional) debida a una notable reactividad del estado de ánimo (p. ej., intensos episodios de disforia (intensos sentimientos de depresión, descontento, y en algunos casos, de indiferencia).

- Irritabilidad, o ansiedad, que suelen durar unas horas y rara vez unos días.
- Sentimientos crónicos de vacío.
- Ira inapropiada e intensa o dificultades para controlar la ira (p. ej., muestras frecuentes de mal genio, enfado constante, peleas físicas recurrentes).
- Pensamientos transitorios relacionados con el estrés o paranoides y síntomas disociativos graves.

El trastorno límite de la personalidad se expresa en el Continuum del Yo con un VCY de (+5). El enfoque rígidamente dicotómico de amor/odio es un proceso totalmente narcisista, ya que la dirección de la relación siempre está determinada por los sentimientos que en un momento dado tiene la persona con TLP. A diferencia del individuo con trastorno narcisista de la personalidad, los que tienen TLP aparentemente demuestran una capacidad y disposición para ser genuinamente empáticos, sensibles, generosos y sacrificados. Sin embargo, estos atributos positivos no carecen de los conocidos "condicionamientos"; cuando la persona con TLP explota con ira vengadora, todo lo que dijeron o dieron a su ser querido es arrebatado en un solo golpe de agresión con agravantes.

La vida en los extremos: amor/odio
Quienes tienen TLP experimentan el mundo en extremos: negro-y-blanco o todo-o-nada. Cuando están contentos, el mundo es un lugar hermoso y perfecto. La alegría que estas personas experimentan es tan perfecta como puede ser la alegría de cualquier persona. Por otra parte, experimentan de manera irreflexiva ira imprudente, paranoia y sentimientos de desesperanza cuando perciben que han sido rechazados o abandonados. Su cambio a ira fuera-de-control al rojo vivo, los lleva al punto de hacerse daño a sí mismos o a otros. En circunstancias extremas de depresión, nerviosismo o ira, la persona con TLP puede comportarse espontáneamente de forma violenta y letal —consigo misma o con los demás. Como se mencionó anteriormente, el TLP conlleva el riesgo más alto de suicidio entre todos los trastornos mentales. Su indiferencia irresponsable por la seguridad y bienestar de sí mismo y de los demás crea una amplia franja de destrucción que deja marcas permanentes en todos los afectados.

Las personas con TLP normalmente no tienen la intención de causar daño a nadie, incluidas ellas mismas, pero sus arrebatos irreflexivos crean una forma de locura temporal. Durante los momentos de su total crisis emocional, quedan severamente afectados sus procesos de pensamiento, la introspección de su estado emocional y sus habilidades para tomar decisiones acertadas y racionales. Se pondrán a sí mismos y a sus seres queridos en peligro por una ola irracional e incontrolable de odio, ira y paranoia, aunque sea breve. Quienes tienen TLP pueden causarse daño a sí mismos y a otras personas, no por falta de amor sino porque en ese momento se ha detonado algo que los hace experimentar ira y furia conectadas a memorias reprimidas (inconscientes) de su infancia abusada, descuidada y traumática.

A menos que su pareja romántica sea codependiente (con VCY de -5), las personas con TLP rara vez son capaces de mantener relaciones estables a largo plazo. Sus relaciones románticas comienzan de manera rápida e intensa, y con una gran cantidad de entusiasmo, euforia y química sexual. Sus emociones cambiantes se mueven en una de dos direcciones: amor y adoración u odio y destrucción.

Debido a que la persona con TLP ha tenido poca o ninguna experiencia en relaciones saludables y estables, los sentimientos de "amor perfecto" eufórico que surgen al inicio de sus relaciones no son ni realistas, ni duraderos. Su experiencia inicial de "amor" eufórico es transitoria, ya que su fragilidad psicológica la conduce al final a un colapso emocional. Este enfoque hacia sus romances, en donde todo es blanco o negro, crea un subibaja de comportamiento extremo: puede colmar a su pareja de amor y amabilidad o encolerizarse con ella con indignación y violencia. Su forma de procesar las relaciones en términos de todo o nada, o amor/odio coloca una carga imposible sobre su pareja.

El abandono: la raíz del problema

La piedra angular del proceso de pensamiento de los que tienen TLP es una preocupación por el abandono, real o imaginario, que desesperadamente intentan evitar.

La percepción de una inminente separación o rechazo puede suscitar cambios profundos en la manera en la que piensan acerca de sí mismos de los demás, como también, en su estabilidad emocional y comportamiento. Ya sea real o imaginario, el pensamiento o recuerdo de que pueden ser rechazados o abandonados los hace contraatacar a su pareja romántica con furia y hostilidad agresiva. Un comentario equivocado, un desacuerdo benigno o una expresión percibida como desilusión pueden rápidamente transformar sus sentimientos amorosos hacia su "alma gemela" en una represalia encolerizada contra un enemigo.

Los individuos con TLP están crónicamente inseguros de sus vidas, ya sea con su familia, sus relaciones personales, trabajo o aspiraciones futuras. También experimentan persistentes pensamientos y sentimientos de incertidumbre e inseguridad acerca de su autoimagen, objetivos a largo plazo, amistades y valores. A menudo sufren de aburrimiento crónico o sentimientos de vacío.

Según Marsha Linehan, uno de los principales expertos mundiales en TLP, "los individuos con trastorno límite de la personalidad son el equivalente psicológico de los pacientes con quemaduras de tercer grado. Simplemente no tienen, por así decirlo, piel emocional. Incluso el más mínimo roce o movimiento puede crear un sufrimiento inmenso" (Linehan, 1993). De acuerdo con Kreisman y Straus, los autores de *I Hate You, Don't Leave Me: Understanding the Borderline Personality,* (Te odio, no me dejes: entendiendo la personalidad límite), "La persona con TLP sufre una especie de 'hemofilia emocional'; carece del mecanismo de coagulación necesario para moderar sus hemorragias de sentimientos. Si se pincha la 'piel' delicada de alguien con personalidad límite, sangrará emocionalmente hasta morir" (p.12).

El miedo al abandono y al rechazo que tienen las personas con TLP crea una profecía auto cumplida que es definida por businessdictionary.com como "cualquier expectativa positiva o negativa acerca de circunstancias, eventos o personas que pueden afectar el comportamiento de una persona hacia éstos (circunstancias, eventos o personas) de manera que esas expectativas se cumplan." Con el fin de sentirse a salvo y seguros, aliviando así su miedo al abandono, entablan relaciones románticas de manera rápida e intensa. A través de una unión emocional y sexual rápidamente desarrollada, se protegen temporalmente de terribles sentimientos de soledad y falta de valor. Estos lazos afectivos formados rápidamente sólo pueden aliviar o disminuir temporalmente su ansiedad y su miedo al abandono ya que la persona con TLP está profundamente afectada psicológicamente.

En sus relaciones, las personas con TLP son a menudo ansiosas, inseguras y necesitadas ya que buscan pruebas frecuentes de su valor y dignidad. Cuando reaccionan con una respuesta perjudicial o dañina, normalmente, si su pareja no es codependiente, harán que la relación fracase, creando justamente la situación que más temían: el abandono. Si su pareja es codependiente, se repetirá un ciclo de amor, destrucción y reconciliación.

Tal vez la más famosa celebridad de la que se sospecha tenía trastorno límite de la personalidad es Marilyn Monroe. En su más tierna infancia, Marilyn, cuyo nombre de pila era Norma Jean Mortenson, fue traumatizada en repetidas ocasiones. Experimentó privación, abandono, abuso físico y sexual. Según IMDB.com, Marilyn fue sofocada casi hasta morir por su madre a los dos años de edad, fue casi violada a los seis y violada a los once. Su madre, una esquizofrénica paranoide, entraba y salía de hospitales mentales durante la infancia de Marilyn. La niña experimentó poca o ninguna estabilidad en su niñez, creciendo en casas de parientes, casas de acogida y orfanatos. Marilyn dejó el colegio a los 15 años. Para escapar del abuso en un orfanato, contrajo matrimonio con su novio del bachillerato a los 16 años.

Marilyn sufría de soledad crónica. Más tarde en su vida, trató de llenar su profundo vacío y buscó su identidad a través de relaciones con hombres fuertes y cuidadores. Tenía la esperanza de que la protegerían y la harían sentir a salvo y amada. Mientras que necesitaba y dependía de estos hombres, estaba constantemente obsesionada con que la abandonarían. Su relación con hombres jamás satisfizo sus profundas necesidades emocionales, ya que estaba demasiado dañada psicológicamente. A pesar de su belleza y fama, no pudo escapar de experimentar soledad y miedo al abandono, enterrándolos profundamente dentro de ella. Elton John y Bernie Tapin inmortalizaron la precaria batalla emocional de Marilyn con las relaciones interpersonales en la canción *Candle in the Wind* (John, E. Y Taupin, B., 1973).

**Me parece que viviste tu vida
como una vela en el viento
sin saber jamás a quien aferrarte
cuando empezaba a llover**
©1973 Dick James Limited

El trastorno límite de la personalidad fue noticia nacional en Julio del 2011 cuando Brandon Marshall, un receptor abierto de la Liga Nacional de Futbol anunció abiertamente que había sido diagnosticado con TLP y que estaba buscando tratamiento. La revelación de Marshall se produjo justo después de que la Dra. Marsha Linehan diera a conocer en Junio del 2011 que ella, la pionera de la terapia dialéctica conductual para TLP, también padecía de esa condición. Como resultado de estos dos individuos de alto perfil, así como de varios movimientos e iniciativas para enseñar al público acerca del TLP, el estigma contra este trastorno de salud mental está cambiando lentamente.

CAPÍTULO 9: TRASTORNO ANTISOCIAL DE LA PERSONALIDAD (TAP)

De todos los narcisistas patológicos (y trastornos de la personalidad), los individuos con trastorno antisocial de la personalidad son, con mucho, los más insidiosos, manipulativos y perjudiciales. Según el DSM-IV-TR™, el trastorno antisocial de la personalidad se caracteriza por un patrón generalizado de indiferencia ante los derechos de los demás, que comienza en la infancia o al principio de la adolescencia y continua en la edad adulta.

Las personas con TAP poseen un patrón distorsionado y destructivo de pensamiento, percepción y relación con los demás. Carecen de empatía, demuestran poco sentido de culpa o remordimiento, e inescrupulosamente harán todo lo que necesiten hacer con el fin de satisfacer sus deseos egoístas. Normalmente son deshonestos, calculadores y egoístas. Son impulsivos, impredecibles y propensos a romper o a ignorar reglas y leyes. Son indiferentes a las necesidades de los demás, especialmente a las de aquellos con quienes tienen una relación. A menudo carecen de consideración por los demás y son irresponsables en la mayoría de sus relaciones. Con frecuencia tienen problemas crónicos de empleo, ya que son despedidos, renuncian o simplemente dejan sus trabajos cuando están aburridos o molestos. Como mentirosos patológicos y manipuladores astutos, los individuos con TAP son normalmente infieles y explotadores en las relaciones. Suelen tener una historia de problemas legales y tienen capacidad para la beligerancia, la agresión y la violencia.

Otros términos diagnósticos asociados con el TAP incluyen: sociopatía (sociópatas) o psicopatía (psicópatas). En 1994, con el DSM-IV, el diagnóstico de "sociopatía" y "sociópata" fue reemplazado por "trastorno antisocial de la personalidad". La comunidad psicológica y psiquiátrica consideró que el cambio era necesario porque el rasgo/síntoma de diagnóstico principal para la sociopatía era la "violación de normas sociales", la cual era considerada subjetiva y cambiante. El diagnóstico actualizado, el trastorno antisocial de la personalidad, requería criterios de diagnóstico conductual más específicos y concretos.

Psicópatas versus personas con TAP

Antes de 1980, los términos "psicopatía" y "sociopatía" eran utilizados de manera intercambiable. Aunque comparten similitudes conductuales tales como deshonestidad, tendencia a manipular, falta de empatía y remordimiento, son considerados diagnósticos diferentes. Aunque la mayoría de psicópatas cumplen con los criterios del TAP, no todas las personas con TAP son psicópatas.

Generalmente los psicópatas son considerados individuos peligrosos, violentos y controladores, que carecen de compasión y arrepentimiento. Se fían de la manipulación, la violencia y la intimidación para controlar a los demás y satisfacer sus propias necesidades egoístas. Son incapaces de sentir o experimentar sentido de culpa, remordimiento o ansiedad por cualquiera de sus acciones. Además, los individuos con TAP y los psicópatas internalizan y externalizan su comportamiento patológico de manera diferente. Por ejemplo, "quienes tienen TAP son vistos como desorganizados e impetuosos, dando respuestas extremas a situaciones normales. No controlan sus impulsos. Por el contrario, los psicópatas son altamente organizados. A menudo, de manera secreta planean sus actos y fantasean acerca de ellos muy detalladamente antes de realizarlos, manipulando a veces a quienes los rodean" (wiki.answers.com).

Aunque la psicopatía está asociada con problemas de conducta, con criminalidad o violencia, muchos psicópatas no son violentos. A pesar de que "psico" es la palabra raíz del diagnóstico, rara vez los psicópatas son psicóticos. Para los propósitos de este libro, los diagnósticos de psicopatía, sociopatía y trastorno de personalidad antisocial serán tratados como un solo trastorno —el trastorno antisocial de la personalidad, TAP.

La comprensión del trastorno antisocial de la personalidad está inevitablemente conectada con la historia del campo de la salud mental y de las normas y costumbres sociales de la época. Por ejemplo, en 1812 se consideraba que el TAP era una "alienación moral de la mente"; en 1891, una "inferioridad psicopática"; en 1897, "imbecilidad moral"; en 1904, "depravación moral"; en 1915, "personalidades psicopáticas"; en 1941, "psicópatas"; en 1951 (en el DSM), "trastorno sociopático de la personalidad"; en 1968 (DSM-II), "personalidad antisocial, trastorno de personalidad"; y en 1980 (DSM-III), "trastorno antisocial de la personalidad". Aunque el término "trastorno antisocial de la personalidad" permaneció sin cambios en la publicación del DSM-IV de 1994, su comprensión clínica y definición posterior han avanzado.

Según el DSM-IV-TR, el 3% de los hombres y el 1% de las mujeres en Estados Unidos tienen trastorno antisocial de la personalidad. Se estima que del 50 al 75% de la población en las prisiones norteamericanas cumplen con los criterios del trastorno antisocial de la personalidad, pero solo del 15 al 25% supera el punto límite para ser considerados dentro de la psicopatía (Hare, 2003 y 2008).

Los criterios de diagnóstico ofrecidos en el año 2000 por el DSM-IV-TR™ para el trastorno antisocial de la personalidad son:

- Indiferencia cruel hacia los sentimientos de los demás.
- Incapacidad para experimentar culpabilidad o para sacar provecho de la experiencia, particularmente, del castigo. Falta de remordimientos, como lo indica la indiferencia o la justificación del haber dañado, maltratado o robado a otros.
- Irresponsabilidad persistente, indicada por la incapacidad de mantener un trabajo con constancia o de hacerse cargo de obligaciones económicas.
- Desprecio por las normas, reglas y obligaciones sociales.
- Fracaso para adaptarse a las normas sociales en lo que respecta al comportamiento legal, como lo indica el perpetrar repetidamente actos que son motivo de detención.
- Incapacidad para mantener relaciones duraderas, aunque no tienen dificultad en establecerlas.
- Muy baja tolerancia a la frustración y bajo umbral para controlar la agresión, incluyendo la violencia.
- Despreocupación imprudente por su seguridad o la de los demás.
- Impulsividad e incapacidad para planificar el futuro.
- Marcada propensión a culpar a otros o a ofrecer justificaciones convincentes del comportamiento que los ha puesto en conflicto con la sociedad.

- Deshonestidad, indicada por mentir repetidamente, utilizar un alias, estafar a otros para obtener un beneficio personal o por placer.
- Irritabilidad y agresividad, indicados por peleas físicas repetidas y agresiones.

Las personas con TAP son casi siempre engreídas, megalómanas, egotistas, envanecidas, egoístas y egocéntricas. Al igual que aquellos con TNP, tienen un sentido inflado de sí mismos, un profundo sentido de superioridad y son arrogantes. Su sentido de superioridad y de merecer un tratamiento preferencial está por las nubes, ya que creen que no deben rendir cuentas de su conducta y que no tienen que seguir reglas o leyes. ¡Uno podría argumentar que los que tienen TAP son incluso más narcisistas que los que tienen trastorno narcisista de la personalidad! Es importante señalar que aunque todos los que tienen TAP son narcisistas, no todos los que tienen TNP son antisociales.

Viviendo del principio del placer

Las personas con TAP viven su vida bajo el "principio del placer": si se siente bien y son capaces de evitar las consecuencias, ¡lo harán! Viven su vida por el carril rápido —al extremo— buscando estimulación, excitación y placer dondequiera que puedan conseguirlo. Lo obtienen mientras pueden… porque cada día les trae nuevas oportunidades para sentirse bien. Ya sea sexo, drogas, alcohol, o gastar, viven como si el mañana no existiera. Su búsqueda interminable de gratificación puede volverse adicción, lo cual a menudo acrecienta exponencialmente los niveles de caos y disfunción en sus relaciones. Añadir un trastorno de adicción al TAP es como echar gasolina al fuego. Por lo tanto, no debe ser una sorpresa el hecho de que el TAP es más común entre abusadores de alcohol y drogas (Lewis et al., 1983). Aproximadamente del 15 al 20% de hombres alcohólicos y el 10 % de mujeres alcohólicas calificarían para el diagnóstico de TAP, en comparación con el 4% de hombres y aproximadamente el 8% de mujeres en la población norteamericana (Cadoret et al., 1984; Anthenelli et al., 1994).

Más que otros trastornos narcisistas de la personalidad, los que tienen TAP no quieren y no pueden participar en ninguna relación de mutualidad y reciprocidad. Al ser mentirosos patológicos/compulsivos y artistas de la estafa, fácilmente son capaces de ocultar la verdad a los demás. Utilizan el engaño y el fraude para mantener su fachada de simpatía, así como para desarmar a otros para que estén abiertos a su daño manipulativo. Para algunas personas con TAP, estafar a otros es un deporte; no solamente se benefician de sus proezas, también experimentan el placer de la caza. A menudo utilizan alias para encubrir sus secretos, incluyendo múltiples identidades y vidas secretas.

Algunas personas con TAP han afinado su ingenio y encanto superficial en un conjunto de habilidades específicas que, cuando son bien ejecutadas, engañarán casi a cualquiera, incluyendo a quienes los conocen de toda la vida. Sus víctimas o aquellos que han confundido su encanto agradable con lo que son en realidad, a menudo no tienen la más mínima idea de su agenda secreta. Estos expertos "coreógrafos" y "actores" son muy creíbles; sin duda podrían ganar un Oscar. El encanto es la máscara o disfraz metafórico que le permite a los que tienen TAP no desentonar en la sociedad y alcanzar sus metas deshonestas y sociopáticas. Cuando sus planes secretos son descubiertos, a menudo por accidente o por error, sus víctimas se sienten mortificadas e indignadas ante su credulidad.

Ted Bundy (un asesino psicopático) fue descrito como buenmozo, carismático, capaz de expresar sus ideas y muy agradable. Explotaba a sus víctimas sabiendo exactamente qué decir y qué querían escuchar. Su encanto lo acercaba a las personas a las que eventualmente asesinaría de manera brutal. Ted Bundy fue declarado culpable por 30 homicidios en siete estados; la cifra real todavía no se conoce.

Bernie Madoff es otro ejemplo de alguien con TAP, encantador, inteligente y altamente explotador. Madoff, un hombre de cuello blanco con TAP, robó $50 billones de dólares a inversores incautos, incluyendo amigos, familia, organizaciones de caridad, ancianos y otros. Literalmente robó a cientos de ellos los ahorros de toda su vida. Muchas de sus víctimas perdieron todos sus ahorros personales y algunos, todo su fondo de jubilación. Sus amigos y su familia quedaron horrorizados cuando se enteraron de los crímenes de Madoff. Se informó que prácticamente nadie sospechaba que Madoff fuese capaz de cometer delitos tan graves. Madoff era conocido, entre la mayoría de sus amigos, familia y socios comerciales, como alguien amable, sensible, generoso y confiable.

Quienes tienen TAP son capaces de utilizar a una persona (la relación con ella) como una pantalla o una especie de "camuflaje". A través de una falsa relación "normal", se legitiman a sí mismos; es la perfecta coartada para tapar su lado secreto. Representan el papel de una persona amorosa y solícita, especialmente cuando eso les ayuda a obtener lo que más valoran: sexo, seguridad financiera, alguien que los cuide —o simplemente el estatus de estar en una relación. Su doble vida les permite involucrarse libremente en actividades furtivas y despreciables sin ser detectados. Ésta es la razón por la cual muchas personas se sorprenden cuando se enteran que tienen un sociópata al lado.

Maestros de la manipulación

Los individuos con TAP, fácilmente y sin sentimiento de culpa o vergüenza, pueden explotar a su pareja para obtener una ganancia financiera y/o personal. Justifican sus acciones deshonestas, manipulativas y perjudiciales a través de una serie de creencias distorsionadas y estrambóticas, tales como: "Si no agarras lo que quieres, alguien se te adelantará y lo tomará", "es un mundo despiadado... toma lo que puedas cuando puedas", "unas veces tú eres el mosco, y otras, eres el parabrisas".

Cuando son confrontados por sus víctimas o incluso por el sistema policial o judicial, normalmente niegan, de manera vehemente y creíble, cualquier acusación. Consiguen no ser más el centro de atención y generalmente culpan a la víctima de su comportamiento antisocial, debido a su "estupidez" o "credulidad".

Los individuos con TAP son intolerantes con cualquiera que intente evitar que consigan lo que quieren o creen necesitar. Pueden ser peligrosamente amenazantes, agresivos y abusivos con todo el que intente interponerse en su camino o prevenir que obtengan lo que quieren. Cuando son confrontados o provocados, fácilmente se enfurecen hasta el punto de volverse violentos. Quienes tienen TAP son física, verbal, psicológica o sexualmente abusivos y se comportan así porque se sienten con derecho a hacerlo y porque son incapaces de regular sus impulsos agresivos o violentos.

Naturalmente, los codependientes, o individuos con un VCY de (-5), son vulnerables al encanto seductor y manipulador de los que tienen TAP. Además de que están completamente orientados hacia los demás (auto-orientación) también carecen de las habilidades psicológicas para discernir cuando alguien los está manipulando de manera egoísta o narcisista. Debido a la naturaleza de su psicopatología orientada hacia otros, los codependientes son vulnerables a la estrategia domésticamente violenta de los antisociales, la cual busca sistemáticamente debilitarlos, abatirlos y, en consecuencia, despojarlos de sus sentimientos reales y conscientes de eficacia personal y poder.

CAPÍTULO 10: LOS ORÍGENES DE LA CODEPENDENCIA

Durante casi toda nuestra historia, los niños eran vistos simplemente como pequeñas versiones de adultos. Hasta finales del siglo XIX, las ideas predominantes acerca del desarrollo infantil estaban basadas en la explicación de la "tabula rasa" del filósofo inglés John Locke (1632-1704). Él y sus contemporáneos creían que la mente de un bebé recién nacido era una "tabula rasa", un tablero en blanco, en el que la experiencia escribía. No fue sino hasta finales del siglo XIX y principios del siglo XX que las ciencias psicológicas y médicas comenzaron a entender las etapas progresivas y secuenciales del desarrollo psicológico por las cuales todos los niños pasan. Ya en 1915, Sigmund Freud proporcionó la primera teoría integral, aunque controversial, que conectaba las experiencias de la primera infancia de la persona, especialmente las que se tienen con su cuidador principal, con su salud psicológica como adulto. Freud teorizó que los niños estaban motivados por pulsiones que buscan satisfacer sus necesidades biológicas (incluyendo las sexuales). Su teoría contiene cinco diferentes etapas psicosexuales por las que el niño pasa.

Erik Erikson, renombrado psicólogo del desarrollo y teórico de la personalidad, se basó en la teoría del desarrollo de Freud haciendo hincapié en el rol de la cultura y de la sociedad y en los conflictos que pueden tener lugar dentro de la persona. Erikson creó un teoría psicológica y social (psicosocial) del desarrollo basada en ocho etapas distintas del desarrollo, cada una con dos posibles resultados —éxito o fracaso. En cada etapa, la persona experimenta desafíos relativos a su desarrollo, en lo biológico, social y psicológico, que son únicos y acordes con la edad. Al completar exitosamente una etapa en particular, el individuo adquiere las habilidades/destrezas psicosociales necesarias para pasar a la siguiente etapa. El progreso en una etapa está, en parte, determinado por el éxito o falta de éxito de la persona en las etapas anteriores. Cuando no es capaz de pasar de una etapa psicosocial específica, por ejemplo, debido a un trauma psicológico en la primera infancia, la salud mental futura de la persona se ve afectada, cuando no atrofiada. George Boeree, un profesor retirado de Shippensburg University en Pensilvania, utiliza la metáfora de la rosa para capturar la esencia de la teoría del desarrollo psicosocial de Erikson:

Un poco como la apertura de un capullo de rosa, cada pétalo se abre en un momento determinado, en un cierto orden, que la naturaleza, a través de su genética, ha determinado. Si interferimos en el orden natural del desarrollo halando un pétalo de manera prematura o fuera de orden, arruinamos el desarrollo de toda la flor.

(G. Boeree, 2006)

Freud, Erikson y la psicología del desarrollo

Según Freud, Erikson y casi todos los teóricos del desarrollo, las experiencias en la primera infancia están inexorablemente ligadas al desarrollo de la personalidad adulta. Si todo va bien, un niño que ha experimentado seguridad, cuidado emocional y amor estará adecuadamente preparado para la vida adulta. El niño valorado y amado probablemente entrará en la edad adulta con salud mental positiva. Sin embargo, si un niño sufre privación, abandono o abuso, muy probablemente llegará a la edad adulta con claras limitaciones psicológicas y sociales. Recibir amor *condicionado* y al mismo tiempo experimentar abandono, privación y/o abuso, probablemente culminará en un adulto con problemas psicológicos y de salud mental. Lamentablemente, para estos niños desafortunados, el escenario ha sido establecido para futuras relaciones adultas disfuncionales.

Marsh y Wolfe (2008) explican la naturaleza predecible del desarrollo del niño:

El desarrollo del niño sigue un curso predecible y organizado, comenzando con el dominio del niño de las reglas fisiológicas (comer, dormir) y continuando con el desarrollo de habilidades superiores, como la resolución de problemas y relaciones entre pares. Sin embargo, en circunstancias anormales e inusuales, especialmente de abuso y negligencia, la previsibilidad y la organización se ven perturbadas y descarriladas, lo cual da lugar a un fracaso del desarrollo y a una adaptación limitada. (p.35).

Por mucho que Freud, Erikson y otros psicólogos del desarrollo atribuyeran a las influencias tempranas del ambiente el desarrollo de problemas psicológicos adultos, el desarrollo del cerebro debe tomarse en cuenta. Por ejemplo, el cerebro humano crece hasta tener el 80% de su peso adulto hacia la edad de cuatro años (Prabhakar, 2006). Durante este período de cuatro años, los años de formación de un niño, se da el más rápido crecimiento físico, cognitivo y emocional. El ambiente físico y emocional del niño tiene un impacto dramático en el desarrollo saludable de su sistema nervioso, principalmente de su cerebro. Lo que vaya bien o mal durante esta etapa crítica del desarrollo puede afectar la vida del niño de ahí en adelante.

Los bebés están programados para ser sensibles a sus primeros entornos y para ser afectados por ellos. Si son criados por padres afectuosos en ambientes en los que se sienten protegidos y seguros, probablemente estarán preparados psicológicamente para su vida adulta futura. Por el contrario, niños criados por padres que no son capaces o que no tienen la motivación para satisfacer sus singulares necesidades psicológicas y físicas serán claramente menos exitosos en la edad adulta. El niño que es maltratado, descuidado o si uno o ambos padres le niegan su apoyo, tendrá daño emocional y posiblemente daño psicológico. Estos niños se ven forzados a adaptarse a ambientes que están cargados de riesgo y peligro. Como ejemplos de entornos así están la violencia conyugal, el descuido, el alcoholismo de algún padre y el abuso sexual o físico. Criados en ambientes perjudiciales y dañinos, las futuras destrezas y habilidades psicológicas, como su autoestima, identidad y auto-concepto, se verán probablemente perjudicadas.

Hace parte de la naturaleza humana que los adultos imiten o repitan elementos significativos del estilo de crianza de sus propios padres. El dicho "se cosecha lo que se siembra" pone de relieve el impacto que los padres tienen en la siguiente generación de madres y padres.

Según el reconocido psicólogo norteamericano Harry Harlow, los seres humanos (y la mayoría de los primates) transfieren las experiencias de su propia crianza y de sus vínculos emocionales con sus padres a los hijos que engendran (Harlow, 1963). John Bowlby, psicólogo inglés que es mejor conocido por su teoría del apego, planteó la hipótesis de que el estilo parental y las peculiaridades personales específicas de los seres humanos, a diferencia de los de otras especies de mamíferos, se basan principalmente en el comportamiento aprendido y no en el instinto (Bowlby, 1983). Ambos, Bowlby y Harlow, comprendieron que la disfuncionalidad de nuestros padres viaja por una carretera generacional para, finalmente, fusionar carriles con la siguiente generación de niños.

Bowlby revolucionó nuestro pensamiento acerca de las implicaciones de la ruptura del vínculo o apego del niño con un cuidador, la cual podría ser una respuesta al dolor, a la separación de un padre, a privación, descuido o abuso. Bowlby planteó la hipótesis de que el vínculo o apego de un bebé con su cuidador se correlaciona fuertemente, si no es que predice, sus apegos o relaciones adultas. Hazan y Shaver (1987) ampliaron las hipótesis de Bowlby demostrando que la experiencia de apego de un niño con su cuidador adulto se replica más adelante en sus relaciones románticas adultas.

A través de su investigación, Hazan y Shaver ilustraron que las relaciones románticas adultas, como las del bebé y su cuidador, son relaciones profundas, unidas emocionalmente; y que están conectadas de forma indeleble con la experiencia de apego en la primera infancia. En otras palabras, Hazan y Shaver plantearon la hipótesis de que las relaciones saludables (no perturbadas) entre bebé y cuidador comparten elementos similares con las relaciones saludables románticas entre adultos. La lista de Hazan y Shaver ejemplifica esta conexión:

- Ambos se sienten a salvo cuando el otro está cerca y responde apropiadamente
- Ambos se involucran en un contacto cercano, íntimo, corporal
- Ambos se sienten inseguros cuando el otro es inaccesible
- Ambos comparten descubrimientos entre sí
- Ambos exhiben mutua fascinación y se preocupan el uno por el otro
- Ambos utilizan "lenguaje de bebé"

Deficiencia en "vitamina L*"

Una "vitamina emocional" es una metáfora para el "sustento" interpersonal y emocional que los padres dan a los niños con el fin de promover su sano desarrollo psicológico y social. La más importante de todas las vitaminas emocionales metafóricas es la *"vitamina L"* o *"vitamina love"* (*vitamina amor*). Al igual que las vitaminas reales, como la C o D, la vitamina *love-amor* es de importancia crítica para las necesidades del desarrollo del niño.

A escala global, la deficiencia en vitamina L es tan real y está tan generalizada como otras serias y reales deficiencias en vitaminas. Al igual que con las complicaciones que se dan por la deficiencia de hierro o de vitamina D, la deficiencia de vitamina L se manifiesta en la vida adulta cuando es demasiado tarde para corregir el problema. El raquitismo, por ejemplo, si no se trata en la infancia, resultará en una malformación permanente de los huesos o del esqueleto. Cuando el amor incondicional/afecto está ausente en la primera infancia y en la niñez, probablemente aparecerán trastornos de salud mental adulta y trastornos interpersonales, es decir, codependencia y narcisismo patológico.

Un ejemplo claro de deficiencia en vitamina L fue observado en los niños rumanos criados en orfanatos inhóspitos, con severas carencias emocionales. Según numerosos estudios (Tottenham, 2013), muchos huérfanos rumanos sufrieron en la edad adulta disfuncionalidad cerebral y trastornos de salud mental debido a la falta de nutrición afectiva, atención y estimulación siendo bebés y niños pequeños. Las consecuencias nefastas de esta privación incluyen disfunción neurológica o cerebral, una reducción dramática en el tamaño del cerebro y deterioro intelectual, cognitivo y en el lenguaje. Además, también se demostró un alto índice de incidentes de trastorno de conducta y de trastorno antisocial de la personalidad (Tottenham, 2013).

---

* Para esta metáfora, se utilizará el nombre de "Vitamina L" que hace referencia a "Vitamina Love" en inglés, porque al traducir *Love* como *Amor*, sería *Vitamina A*, la cual es una vitamina que está presente en los alimentos y que no sería el nombre adecuado para la metáfora introducida por el autor (nota del traductor).

Como se mencionó anteriormente, Erik Erikson teorizó que si un niño había de madurar para convertirse en un adulto saludable psicológicamente, tendría que haber sido cuidado y nutrido emocionalmente de una manera que facilitara el desarrollo completo, activo y pasivo, de cada etapa. El apego saludable entre padre e hijo es absolutamente esencial para el desarrollo exitoso de las primeras cinco etapas de Erikson. La vitamina L es, por lo tanto, un elemento clave del desarrollo que facilita el desarrollo psicosocial saludable en la infancia.

Deficiencia en vitamina L y trauma de apego

El trastorno de deficiencia de vitamina L es un trastorno metafórico causado por una carencia de nutrición emocional, física y ambiental durante las etapas críticas del desarrollo en la infancia, especialmente durante los primeros cuatro años de vida.

El trauma de apego y la deficiencia de vitamina L son difíciles de identificar en la edad adulta ya que son la base de problemas adultos en lo personal y relacional, pero *no son el problema como tal*. Debido a que algunas formas de maltrato o descuido no siempre resultan en una deficiencia de amor o en un trauma de apego, es necesario considerar la naturaleza amorfa del problema. Aunque el descuido, la privación y/o el abuso preparan el escenario para el trauma de apego, ese maltrato no siempre es la causa. El tipo único de personalidad del niño, sus fortalezas y debilidades psicológicas, su nivel de resiliencia y otros atributos biológicos y de personalidad, profundizarán o mitigarán (contrarrestarán) los efectos del trauma de apego.

Transmisión intergeneracional de la disfuncionalidad familiar

Según la mayoría de las teorías sistémicas de la familia, existe una transmisión intergeneracional de patrones familiares disfuncionales —un desplazamiento transgeneracional de la disfunción familiar. Murray Bowen, uno de los fundadores de la teoría sistémica familiar, creía que está en la naturaleza de la familia que sus miembros estén intensamente conectados de manera emocional. Postuló que la unidad familiar, o sistema, tiene una poderosa influencia sobre la salud mental de cada uno de sus miembros.

"Los miembros de una familia afectan tan profundamente los pensamientos, sentimientos y acciones de cada uno, que parece a menudo como si las personas estuvieran viviendo bajo una misma 'piel emocional'" (www.BowenCenter.org, 2012).

De acuerdo con Bowen, la mayoría de las familias, especialmente las disfuncionales, tienden a oponer resistencia al cambio, ya que el cambio se experimenta como estresante e incómodo. Bowen explicó que cuando un joven adulto intenta volverse independiente de la familia en la que nació, o diferenciarse de ella, se ve profundamente influenciado, cuando no controlado, por fuerzas familiares contrapuestas. El cambio, incluso si es bueno para el hijo que está buscando diferenciarse, puede ser percibido como una amenaza. Por lo tanto, algunas familias intentan preservar su herencia disfuncional a través de estrategias manipulativas directas y tácitas. Los individuos que no se diferenciaron de su familia o que no fueron capaces de hacerlo, son más propensos a fusionarse con los elementos predominantes de la personalidad familiar disfuncional. Estos individuos se ajustan a los demás con el fin de complacerlos, o intentan forzar a los demás a que se ajusten a ellos (Bowen, 1993). Por lo tanto, todas las familias, en especial las disfuncionales, no solamente oponen resistencia al cambio, sino que transmiten a la siguiente generación el funcionamiento emocional que comparten.

El traspaso transgeneracional de patrones familiares disfuncionales es responsable, en última instancia, de crear generaciones sucesivas de niños psicológicamente dañados. Al comprender las contribuciones de Freud, Erikson, Harlow, Bowlby y Bowen al campo del desarrollo humano, tiene sentido que la codependencia y los trastornos del narcisismo patológico estén ligados a la relación patológica entre padres e hijos. También explica por qué los patrones disfuncionales individuales y familiares se transmiten de una generación a la siguiente. En pocas palabras, los niños siguen los pasos emocionales y psicológicos de sus padres.

La eventual manifestación de la codependencia y de los trastornos del narcisismo patológico está directamente conectada con el daño psicológico en la primera infancia *perpetrado por el padre patológicamente narcisista del niño*. Los narcisistas patológicos suelen descuidar las necesidades emocionales básicas de sus hijos, ya que su narcisismo les impide comprender y saber verdaderamente cómo amar y nutrir de manera incondicional a sus hijos. Su narcisismo dificulta su habilidad para hacer sentir a su hijo importante, digno y valioso de una manera creíble y constante, ya que su estilo parental está egoístamente dirigido hacia sus propias necesidades personales y emocionales. Si el niño se rebelara, o se negara a cumplir las expectativas parentales egocentristas, egoístas y rígidas de sus padres, se expondría al riesgo de ser abusado y/o descuidado, ya que los narcisistas son fuertemente sensibles y reactivos a la decepción.

En el caso de que los padres sean un narcisista patológico y un codependiente, el codependiente por lo general es incapaz de proteger a su hijo del daño causado por el narcisista patológico. Aunque substancialmente es más cuidadoso y sensible a las necesidades emocionales del niño, el progenitor codependiente tiene una habilidad limitada para compensar el daño perpetrado por el narcisista patológico, ya que normalmente es incapaz de proteger al niño y, en realidad, a cualquier otra persona en la familia.

Los narcisistas patológicos crean futuros codependientes
El progenitor patológicamente narcisista se aferra a la fantasía de que, al tener un hijo, su vida se transformará completamente. Debido a su narcisismo inherente, consideran que la manera en la cual ellos crían a su hijo, de quien creen que será el bebé querubín perfecto, probará a sus

amigos y familia que los juicios críticos e injustos en contra de ellos estaban equivocados. Si ellos crean el niño "perfecto" y si ellos son el padre "perfecto", creen que por fin le probarán al mundo su valor y dignidad. Debido a que los narcisistas patológicos tienen una base de vergüenza y auto-aversión y están ansiosos por ser amados y apreciados, cuentan con que el niño los hará sentir capaces y valiosos. Por lo tanto, el niño es agobiado con la responsabilidad de validar y ~~afirmar~~ reafirmar a su progenitor narcisista. Como consecuencia, este niño es privado de desarrollar una identidad saludable, ya que es forzado a convertirse en la extensión del ego dañado de su padre. El niño se convierte en el bálsamo para las heridas emocionales enconadas del narcisista patológico.

El progenitor patológicamente narcisista cree erróneamente que, al traer una nueva vida al mundo, será capaz de sanar sus propias heridas de la infancia y corregir los errores de su propio pasado traumático. Por lo tanto, de manera irrealista, el niño es cargado con la responsabilidad de deshacer o de curar la infancia psicológicamente afectada de su padre o madre. Aunque el narcisista patológico imagina que le dará a su hijo el apoyo y protección que él nunca recibió, se encuentra incapacitado para ello en virtud de su narcisismo. Aunque este padre o madre cree en la fantasía unidimensional de que el amor, por sí mismo, será suficiente para criar un niño saludable, están coartados por su propia carencia de introspección y habilidades psicológicas. Su sueño de convertirse en un progenitor capaz de ~~afirmar~~ reafirmar, nutrir y amar tristemente nunca llega a buen término. Paradójicamente, este padre o madre transfiere, sin darse cuenta, su propio pasado oscuro, inseguro e inestable a su hijo inocente y desprotegido.

En consecuencia, se coloca sobre el hijo del narcisista patológico la carga artificial de comportarse de una manera que haga que el progenitor se sienta bien consigo mismo. Como es imposible que cualquier niño satisfaga las necesidades y fantasías de parentalidad que tiene el narcisista patológico, el niño estará naturalmente sometido a estrés y ansiedad al inicio de su vida. Para hacer frente emocionalmente a su padre o madre narcisista, el niño intentará adaptarse al estilo de interacción que tenga y a sus necesidades emocionales, las cuales no son ni naturales ni apropiadas para su etapa de desarrollo. Si el niño ha de adaptarse con éxito al narcisismo de su progenitor, necesitará ser percibido por el padre como un niño *complaciente y servicial*, el que le ayuda a realizar su fantasía de ser buen padre.

En última instancia, la codependencia se forja a partir de los esfuerzos del niño por asegurar, de manera independiente, amor condicional y atención, a través de complacer a su padre o madre narcisista mientras desempeña el rol irreal que le fue injustamente encomendado al nacer. El niño que puede hacer que los padres se sientan bien acerca de sí mismos y que se conforma a sus fantasías, probablemente será destinatario de elogio y amor condicional. El niño que no puede o no quiere conformarse a las necesidades narcisistas del narcisista patológico será sometido a un tratamiento mucho más duro y posiblemente abusivo. Lo que hace que se desarrolle codependencia en vez del trastorno del narcisismo patológico es simplemente la habilidad del niño para hacer que su progenitor narcisista se sienta bien consigo mismo.

Alice Miller, en su libro *El drama del niño dotado* (1979), describió el singular lazo emocional del niño con su progenitor narcisista (patológicamente narcisista). La Dra. Miller utiliza el término "niño dotado" para describir a niños que son capaces de hacer frente a la crianza egoísta, egocéntrica y reactiva del padre o madre narcisista, desarrollando intrincadas pero efectivas estrategias para afrontarla. Según la Dra. Miller, el progenitor narcisista es un individuo emocionalmente inmaduro y psicológicamente dañado que utiliza prácticas parentales con condiciones y manipulativas para satisfacer sus necesidades egocentristas y egoístas de atención, validación y aceptación.

Algunos hijos de padres narcisistas sobrevivieron las realidades duras de sus años de formación satisfaciendo la fantasía unidimensional que tienen ellos de la relación padre-hijo. El niño "dotado", que pudiera convencer a su progenitor narcisista de querer cuidarlo, sería cuidado de manera adecuada. Para animar a sus padres a darle afecto, se requeriría que el niño evite provocarlos, que no los decepcione ni se convierta en una responsabilidad personal o emocional para ellos. Los niños intuitivos, o los niños "dotados" como los denominó Alice Miller, se adaptan exitosamente a la crianza dañinamente condicionada de sus padres narcisistas, desarrollando respuestas precisas y automáticas de protección.

Dado que los padres, especialmente la madre, es la única fuente de supervivencia para el niño, este se esfuerza por complacer, por temor a la desaprobación o al abandono. De este modo, el niño elude sus necesidades a favor de las de sus padres. Los roles se invierten y el niño, con frecuencia, toma la responsabilidad del progenitor de ser el cuidador emocional. Esto impide el crecimiento de la verdadera identidad del niño y a menudo tiene lugar una "pérdida del yo". El niño se adapta no "sintiendo" sus propias necesidades y desarrolla antenas afinadas con precisión, enfocándose intensamente en las necesidades del otro, que se vuelve el único importante (Jana L. Perskie).

La Dra. Miller describió que, ya en la infancia, el hijo de un progenitor narcisista entiende intuitivamente y se adapta a las necesidades y expectativas narcisistas. El niño aprende a relegar sus propias necesidades a un segundo plano, a su mente inconsciente, con el fin de mantener un sentido artificial de ecuanimidad psicológica. Aprende a tener una sensibilidad y adaptación a las altas y bajas idiosincráticas e impredecibles de su madre o padre narcisista y emocionalmente inestable. Por esta razón, es capaz de crear un sentido de previsibilidad, seguridad y, en última instancia, de autosuficiencia emocional. Aunque a este niño esencialmente se le están negando sus sentimientos básicos de seguridad y protección —ya que las necesidades del padre o madre narcisista son siempre más importantes que las propias— de todas maneras se beneficia de formas condicionadas de amor y aprecio que le son otorgadas.

El hijo complaciente del narcisista

Aprendiendo a ser un niño "complaciente" o "dotado", el niño asegura al menos las migajas de la atención positiva de su progenitor. Debido a que este niño suscita atención positiva en otras personas, servirá para hacer que su padre o madre sienta alegría y orgullo. A la larga, este niño es incorporado dentro del ego de su progenitor, ya que todo lo que hace recae en este último. En vez de ser un niño que es maravilloso y digno de amor simplemente porque existe, se convierte en una adquisición valiosa o una especie de trofeo que demuestra a los demás el valor e importancia de su progenitor.

Dado que el niño es considerado como una extensión de su progenitor narcisista, hay muy poca diferencia entre los cumplidos que recibe el narcisista por su apariencia, una pieza de joyería, su carro o su hijo adorable y dotado. Todos son tratados como objetos del narcisista patológico. Por lo tanto, la individualidad del niño complaciente es absorbida dentro de la insaciable necesidad del narcisista patológico de llamar la atención hacia sí mismo.

El niño que está destinado a convertirse en codependiente probablemente será un niño fácil de llevar, que, de manera automática y consistente, se comporta de una manera que hace que su progenitor patológicamente narcisista se sienta pleno y capaz. Ese niño, destinado a convertirse en codependiente, aprende muy pronto que el amor condicional es mejor que nada de amor. También aprende que hay un riesgo inherente a decepcionar y enfurecer a su madre o padre y, por lo tanto, a convertirse en receptor de la ira narcisista de su progenitor. La decisión entre el amor y la adulación de su progenitor versus su ira y maltrato está clara para este niño. Ha invertido mucho en el perfeccionamiento de sus cualidades "agradables".

Los futuros codependientes desarrollan un instinto de cómo comportarse para ser percibidos como niños ejemplares. Rápidamente aprenden las ventajas de mantenerse fieles al personaje proyectado como agradable y talentoso. Se convierten en el niño que siempre está satisfaciendo o complaciendo en el momento justo. Mantener la identidad del disfraz de niño perfecto les exige traicionarse a sí mismos. Por ejemplo, sonríen cuando lo que quisieran es llorar, permanecen calmados cuando están asustados, obedecen cuando se quieren rebelar, y se comportan de manera afectuosa cuando están furiosos y resentidos.

Heridas narcisistas

Para el niño complaciente/dotado mucho depende de su habilidad para responder rápida y adecuadamente a la rápida fluctuación de los estados emocionales del narcisista patológico. Si este niño calculara mal y defraudara o, aún peor, avergonzara a su progenitor, muy probablemente le provocaría una herida narcisista y, en consecuencia, sería testigo o se convertiría en víctima de su furia.

"Luego del desastre del ataque de ira de una persona con trastorno narcisista de la personalidad, a menudo ésta sentirá un resentimiento extremo hacia usted por haberle hecho perder el control. Es posible que incluso lo excluya a usted por un período de tiempo, negándose a volver a hablar del incidente" (Payson, 2002, p.24).

"La ira narcisista ocurre en un continuum desde el alejamiento, expresiones de ligera irritación o molestia hasta serios estallidos, incluyendo ataques violentos" (Malmquist, 2006).

Para evitar el desencadenamiento de una herida narcisista y convertirse posteriormente en el blanco de la ira narcisista del progenitor patológicamente narcisista, el niño complaciente/dotado desarrolla un "radar" bien afinado que de manera rápida y precisa capta las situaciones emocionales potencialmente peligrosas. Este es un sistema de seguimiento extraordinario ya que está afinado con tal precisión que detecta los más sutiles cambios en las emociones o el estado de ánimo de un narcisista patológico —desde los que son apenas detectables o encubiertos, hasta la indignación o la ira. La predicción de los estados emocionales de los padres, la identificación de sus detonantes, y el pasar inadvertido, previene la humillación, la privación afectiva y el daño potencial. Aprenderá que sus necesidades nunca serán tan importantes como las del padre o madre patológicamente narcisista y como las de otros narcisistas en su vida.

Para aprender a pasar inadvertido y sobrevivir emocionalmente a sus padres narcisistas, el niño debe aprender a separarse de sus sentimientos. Sin esta separación, el niño llegaría a la certeza emocional de que él no es digno de amor incondicional y de que carece de importancia y valor inherentes. Experimentar toda la amplitud de sus sentimientos, tales como humillación, miedo a un daño agravado, ira o desesperanza, sería un golpe demasiado duro para su joven y frágil mente. Por lo tanto, al empujar esos sentimientos, pensamientos y recuerdos hacia la mente inconsciente, o al reprimir eventos emocionalmente evocativos, la mente del niño se defiende a sí misma de lo que es incapaz de manejar o procesar. La represión es una estrategia inconsciente o mecanismo de defensa que protege la mente o el cerebro humano de los efectos dañinos del trauma.

Mecanismos de defensa

El término mecanismo de defensa fue acuñado por Sigmund Freud en 1894. Los mecanismos de defensa salvaguardan la mente de sentimientos, pensamientos y memorias o incluso incidentes que pueden ser percibidos como peligrosamente estresantes o provocadores de ansiedad. Los mecanismos de defensa son el sistema que la mente humana tiene para defenderse del trauma. Liberan a la persona de experimentar plenamente un trauma reduciéndolo, disfrazándolo, reorientándolo, o eliminándolo artificialmente de la experiencia consciente. Estos mecanismos de defensa o estrategias de protección funcionan porque preservan a la persona del trauma mismo o de la experiencia de humillación, miedo, ira, vergüenza o, incluso, de pensamientos suicidas.

Todos los mecanismos de defensa tienen dos características en común: a menudo aparecen inconscientemente y tienden a distorsionar, transformar, o si no, a falsear la realidad. Al distorsionar la realidad, hay un cambio en la percepción, lo cual permite reducir la ansiedad, con la correspondiente reducción de la tensión sentida (Straker, 2004).

Los mecanismos de defensa son análogos a los disyuntores. Cuando un sistema eléctrico se ve amenazado por una subida de corriente o está sobrecargado, el disyuntor se activa y, en consecuencia, desvía o detiene esta subida de corriente para que no alcance su destino —el dispositivo eléctrico específico. Sin este proceso automático de protección, los dispositivos eléctricos pueden dañarse o ser destruidos o, incluso peor, pueden iniciar incendios eléctricos peligrosos. Ese peligroso aumento de la electricidad sería análogo a un evento traumático o a memorias de un trauma del pasado.

Los mecanismos de defensa responden de manera automática e irreflexiva a niveles peligrosos de energía psicológica, por ejemplo, a un evento traumático que aparentemente pone en peligro la supervivencia emocional de una persona. Tanto para los interruptores de fusibles eléctricos como para los psicológicos, el circuito volverá a funcionar cuando la fuente de energía se haya reducido a niveles soportables, cuando la energía haya sido transferida a un lugar más seguro o cuando el sistema pueda tolerar la subida a su máximo de la carga de energía. En otras palabras, los individuos que dependen de uno o más mecanismos de defensa para protegerse del trauma, pasado o presente, experimentarán el trauma de manera consciente sólo cuando para ellos sea seguro hacerlo.

El frasco de canicas agrietado

Apoyarse en mecanismos de defensa es útil para todos nosotros. Pero hay un precio a pagar. Aunque a la persona le ayudan a amortiguar el trauma y a protegerse de él, la acumulación de material reprimido (memorias) a menudo causa un problema posterior de salud mental o un trastorno psicológico. Como canicas apiñadas en un envase de vidrio, llegará el momento en que el frasco se rompa. El trastorno por estrés postraumático es el más común de estos posibles trastornos. El desarrollo de la codependencia o de uno de los trastornos del narcisismo patológico también están conectados a una necesidad crónica de mecanismos de defensa y a su uso excesivo.

Lista de mecanismos de defensa

A continuación se presenta una lista de mecanismos de defensa (Straker, 2010 y Carter, 2012):

- **Represión**: empujar pensamientos incómodos hacia el subconsciente.
- **Sublimación**: transformar pulsiones "incorrectas" en acciones socialmente aceptadas.
- **Negación**: afirmar/creer que lo que es verdadero es en realidad falso. Hechos, emociones o eventos desagradables son tratados como si no fueran reales o como si no existieran.
- **Desplazamiento**: redirigir emociones hacia un objetivo sustituto.
- **Intelectualización**: adoptar un punto de vista objetivo.
- **Proyección**: atribuir sentimientos incómodos a los demás.
- **Racionalización**: crear justificaciones falsas pero creíbles.
- **Formación reactiva**: convertir deseos o impulsos, que son percibidos como peligrosos, en sus opuestos.

- **Supresión**: eliminar conscientemente de la consciencia emociones, memorias, impulsos o pulsiones dolorosos, aterradores o amenazantes.
- **Conversión**: convertir conflictos mentales en síntomas físicos, por ejemplo, un soldado aterrorizado por una batalla desarrolla parálisis, ceguera o sordera sin causas médicas.
- **Regresión**: abandonar un nivel actual de desarrollo y retornar a un nivel anterior.
- **Fantasía**: refugiarse en un mundo de sueños de tiempos pasados o cambiar el enfoque de un proceso actual estresante o que provoca ansiedad por pensamientos irreales o fantasiosos.

El niño destinado a convertirse en codependiente hará grandes esfuerzos para perfeccionar su personaje "complaciente" y "dotado". Por necesidad, estos niños se vuelven excelentes actores en su propia vida. Al convertirse en farsantes emocionales creíbles, fueron capaces de manejar y, hasta cierto punto, controlar las fluctuaciones emocionales de su progenitor narcisista y, al mismo tiempo, obtener lo que necesitaban de él. Fingiendo o reinventando con éxito sus verdaderos sentimientos, este niño sobrevivió a su infancia disfuncional. Este niño "dotado" padeció un trauma emocional substancialmente menor que el niño que no pudo o no quiso fingir con éxito para mantenerse fuera de peligro. El niño "dotado", por lo tanto, probablemente se convertirá en un adulto que, de manera efectiva y a veces sin esfuerzo, aparenta estar feliz cuando está deprimido, perdona cuando tiene resentimiento o brinda apoyo cuando siente envidia. Este niño se convertirá en un codependiente que, en última instancia, se volverá un "gran simulador".

Es un fenómeno curioso cuando uno escucha una canción cientos de veces, pero en realidad nunca entendió lo que quería comunicar el compositor. Esto es evidente en la letra de la canción, *The Great Pretender,* (El gran simulador) que escribo a continuación. Esta canción, que era una de las favoritas de mi madre, es en realidad una canción muy triste sobre un adulto que aprendió a actuar para mantenerse fuera de peligro. Aunque trata ostensiblemente de una historia de amor, igualmente podría estar describiendo a un codependiente criado por un narcisista patológico.

El gran simulador
> Originalmente grabada por los Platters (1955). Por Buck Ram
> **Oh-oh, sí, soy el gran simulador**
> **Simulando que me va bien**
> **Mi necesidad es tal, simulo demasiado**
> **Estoy solo, pero nadie se da cuenta**
> **Oh-oh, sí, soy el gran simulador**
> **A la deriva en un mundo hecho por mí**
> **He jugado el juego, pero para mi verdadera vergüenza**
> **Me has dejado hacer el duelo completamente solo**
> **Demasiado real el sentimiento fingido**
> **Demasiado real cuando siento lo que mi corazón no puede**
ocultar
> **Sí, soy el gran farsante**
> **Sólo riéndome y alegre como un payaso**
> **Aparento ser lo que no soy, sabes**
> **Llevo puesto mi corazón como una corona**
> **Simulando que todavía estás aquí**

Por necesidad, el niño "complaciente" y "dotado" se vuelve un experto en retrasar su necesidad de gratificación. El niño que no puede retrasar su gratificación, adaptando su realidad, probablemente experimentará ira, resentimiento, decepción y vergüenza —todo lo cual será un desafío directo a su supervivencia psicológica. Este es el destino del niño que ha de convertirse en narcisista patológico.

Sobrevivir a un narcisista crea codependencia

Los niños que se vuelven codependientes caminan por la vida con una habilidad extraordinaria para satisfacer expectativas antinaturales. Son capaces de mantenerse calmados cuando están asustados, felices cuando están enojados y adorables cuando se sienten avergonzados. De manera similar a tomar un limón y hacer una limonada, un futuro codependiente será capaz de "tomar" un padre egoísta, egocéntrico, crítico y maltratador —un narcisista patológico— y "convertirlo" en un padre que ama de manera condicional. La naturaleza recursiva y manipuladora de este niño se extenderá a la edad adulta. Por lo tanto, este niño se convertirá en la pareja "perfecta" para un compañero sentimental patológicamente narcisista, intolerante y pernicioso.

Los hijos de narcisistas patológicos no son diferentes a los hijos que son criados por padres saludables, ya que todos los niños quieren sentirse bien consigo mismos. El niño dotado/complaciente se enorgullece de su personalidad abnegada, sacrificada y modesta. La atención positiva, el elogio y los cumplidos que estos niños reciben por su fachada sumisa, sacrificada y cuidadora crea una pseudo autoestima y un sentido distorsionado de confianza en sí mismos. Ellos se ven forzados sutilmente a creer que sus sacrificios son nobles y por un bien mayor. Para garantizarse la aceptación de su padre narcisista y evitar su rechazo o ira, aprenden a sobresalir en sus responsabilidades, que no son de niño sino de adulto. Al convertirse en el que cuida a sus hermanos, en el cocinero de la familia, en la empleada doméstica, o al mantener un trabajo de medio tiempo para ayudar con las finanzas de la familia, este niño complaciente convierte sus sacrificios en algo por lo cual estar orgulloso y de lo cual puede presumir.

Esta pseudo autoestima le permite sentirse bien acerca de una vida que es, y que siempre estará a la sombra del narcisista. Estos niños dotados o complacientes probablemente nunca sabrán lo que han perdido, ya que sacrificaron su infancia para hacer feliz a su madre o padre patológicamente narcisista.

En la medida en la que el futuro niño codependiente madura, se convierte en la opción natural del padre patológicamente narcisista para atender a la familia. Debido a su naturaleza confiable, responsable y, lo más importante, dócil, estos niños aceptan de mala gana asumir las responsabilidades de adulto que les son entregadas. Ellos, naturalmente, no se atreven a decir no a las peticiones de su padre o madre. También "son llevados a ofrecerse voluntariamente" para el rol de manejar las emociones de su padre narcisista.

Incesto emocional / incesto encubierto

Estas inversiones de roles son psicológicamente dañinas ya que se convierten en una especie de relación adulta para la que los niños no están preparados y que no son capaces de llevar. Esta inapropiada relación niño-adulto se ha denominado incesto emocional. El incesto emocional ocurre cuando un padre sabotea el desarrollo intelectual o emocional de un niño exigiéndole que participe en interacciones profundamente personales, íntimas y privadas que, normalmente, están reservadas para un cónyuge o una pareja adulta. Esto incluye hacerle confidencias al niño sobre los problemas personales, laborales, financieros o sexuales del adulto, poniendo así una carga dañina sobre el niño, quien no está emocionalmente equipado para manejarla (Kelley y Kelley, 2012).

De acuerdo con Kenneth Adams, un experto en el incesto encubierto, que es un término sinónimo del incesto emocional:

> **"El incesto encubierto ocurre cuando un niño asume el papel de cónyuge substituto para un padre o madre solitario y necesitado. La necesidad que el padre tiene de compañía se satisface a través del niño. El niño se une al padre a través de sentimientos excesivos de responsabilidad por el bienestar de este último. La exigencia de lealtad hacia el padre solitario y necesitado abruma al niño y se convierte en la principal experiencia que organiza el desarrollo del niño. Si bien, en esta forma de incesto no se da contacto físico ni sexual, existe un arquetipo de sentimientos y dinámicas inherentes a esta relación más comparables a un amor joven que a una alianza afectiva entre padre e hijo. Se convierten en amantes psicológicos y emocionales. Como adultos, estos niños tienen dificultades con el compromiso, la intimidad y con expresiones de sexualidad saludable"** (Adams, 1991).

En la medida en la que el futuro codependiente madura, su personalidad "dotada" y "complaciente" es apreciada por más y más personas. Otros miembros de la familia, parientes y pares dentro de sus círculos sociales no solamente valoran sus bien desarrolladas habilidades para la empatía, la escucha y la resolución de problemas, sino que también pueden aprovecharse de ellos sin darse cuenta. El problema con estos ayudantes, escuchas y solucionadores de problemas "precoces" es que nunca aprendieron el valor de cuidar de sí mismos. De manera natural y por reflejo, estos futuros codependientes se sentirán cómodos en relaciones en las que sus necesidades son secundarias o son ignoradas, mientras que se sienten obligados a cuidar de alguien más.

La codependencia es sólo un síntoma

Los orígenes de la codependencia se pueden simplificar en la siguiente Pirámide de la Codependencia, la cual describe la progresión lineal del trauma de apego hacia un núcleo de vergüenza, hacia soledad patológica, hacia necesidad de auto medicarse ("adicción de la codependencia") hacia el síntoma de codependencia. En última instancia, la codependencia, un problema muy serio, es simplemente el síntoma de un trauma que, si se soluciona, puede permitirle al codependiente en recuperación descubrir las riquezas y alegrías del amor propio y de relaciones con otras personas que se aman a sí mismas.

CAPÍTULO 11: LOS ORÍGENES DE LOS TRASTORNOS DEL NARCISISMO PATOLÓGICO

El factor decisivo respecto al lugar en el Continuum del Yo en el que el niño se encontrará está directamente influenciado por la manera como sobrellevó y se adaptó al progenitor patológicamente narcisista. Si el niño fue capaz de adaptarse, convirtiéndose en un niño dotado y complaciente, probablemente se volverá codependiente. Y si no pudo o no fue capaz de complacer al padre, está destinado a un futuro más duro y más perturbado —convirtiéndose en un narcisista patológico. Como se suele decir: "de tal palo tal astilla". Sin embargo, en el caso de los hijos de padres patológicamente narcisistas, debemos preguntar ¿de qué lado del palo sale la astilla?

El niño "complaciente" probablemente se convertirá en un adulto codependiente. Sin embargo, para el niño que no pudo o no quiso satisfacer las fantasías narcisistas de su padre emocionalmente manipulador, su destino es mucho más sombrío. Debido a que el niño impidió que su padre patológicamente narcisista hiciera realidad sus fantasías narcisistas superficiales y mal concebidas de paternidad, será sometido a un tratamiento más duro, por ejemplo, a negación de afecto, desatención y/o abuso. El niño que arruinó la delgada capa de fantasías, esperanzas y sueños de su progenitor, con seguridad tendrá un futuro psicológico incierto. Este niño probablemente se convertirá en un narcisista patológico.

El temperamento y la herencia importan

Debido a que el temperamento de un niño es producto de su herencia, un padre nunca puede saber cuál será la personalidad de su hijo. Para ilustrar esto, las investigaciones han revelado que los rasgos de personalidad relacionados con la ansiedad son determinados entre un 40% y un 60% por los genes del niño (Emilien et al., 2002). Por lo tanto, hay una probabilidad significativa de que un niño normal y saludable pueda nacer con un temperamento o tipo de personalidad que constituyan un desafío. Debido a la ruleta genética de las posibilidades de la personalidad, un niño que tiene cólicos, que es terco, ansioso, con déficit de atención, o tremendamente tímido será, desafortunadamente, una seria decepción para su padre o madre narcisista. Aunque es posible que estos niños requieran más energía y paciencia, siguen siendo perfectamente normales y saludables —al menos para padres psicológicamente estables. Sin embargo, es posible que no sean tratados como tales si uno de los padres es un narcisista patológico.

En vez de ser el hermoso y adorable paquete de alegría que el padre patológicamente narcisista esperaba y soñaba tener, dieron a luz a un niño que no es naturalmente feliz, que no puede ser calmado y/o que no puede o no es capaz de satisfacer sus expectativas narcisistas restrictivas y unidimensionales. La fantasía narcisista de la relación padre-hijo puede arruinarse simplemente porque el niño tiene el sexo "equivocado", el tono o color de piel "equivocado", no se parece al padre o no se ve ni se comporta como los bebés hermosamente perfectos de sus comerciales favoritos de televisión. Si el niño nació con una desfiguración, con un problema médico o una minusvalía en el desarrollo, sería una decepción aún mayor, cuando no una absoluta vergüenza, para el padre patológicamente narcisista.

El padre narcisista patológico reacciona ante su hijo aparentemente imperfecto como si le hubieran jugado una mala pasada o hecho una especie de trampa. En vez de haber dado a luz al bebé de sus sueños, al que estaba seguro que traería al mundo, dio a luz a un niño aparentemente dañado, desagradecido, difícil y obstinado que parece empecinado en no permitirle hacer realidad sus fantasías de larga data sobre la paternidad o maternidad. Su esperanza de que un hermoso paquete de alegría lo liberaría de su propia miseria personal y de su pasado traumático sin duda se estropeará.

Como se describió en el capítulo anterior, el narcisista patológico cree inconscientemente que sus hijos son una extensión de sí mismo. En un sentido, el narcisista (narcisista patológico) ve a los demás y al mundo a su alrededor como una extensión de sí mismo, tal vez como uno puede ver su propio brazo o pierna... Inconscientemente espera que usted se conforme a su voluntad, de igual manera que un brazo o una pierna lo harían. Cuando el comportamiento suyo se desvía de sus expectativas, a menudo se molesta con usted como sucedería si su brazo o pierna ya no estuvieran bajo su control (Payson 2002, p. 22).

Un niño "malo" para siempre

El padre patológicamente narcisista guardará resentimiento contra el niño aparentemente frágil e imperfecto, a quien siempre experimentará como vergonzoso y decepcionante. Debido a las "imperfecciones" de este niño, las necesidades interesadas y egoístas de reafirmación, reconocimiento y elogio que tiene el padre narcisista, no serán satisfechas. Lamentablemente, la ruta de desarrollo del futuro narcisista patológico adulto es más traumática y psicológicamente dañina que la de su contraparte, el niño dotado.

Dado que el niño es incapaz de cumplir las fantasías parentales, es injustamente etiquetado como decepcionante y difícil —etiquetas que son pronunciamientos incorrectos de su valor ante su padre y, finalmente, ante sí mismo. Este veredicto notoriamente perjudicial eventualmente se convertirá en la base para el auto-desprecio y la autoestima profundamente dañada del niño mismo. Con el tiempo, el niño internalizará el maltrato de su padre hacia él y comenzará a estar de acuerdo con él en que efectivamente es un niño decepcionante, ingrato y dañado. Esta es la etiqueta que probablemente llevará durante toda su vida.

Los narcisistas patológicos por una reacción refleja son críticos y reactivos hacia lo que perciben en su hijo como rasgos negativos o deficiencias. No es que odien a este hijo, más bien, las "imperfecciones" del niño les recuerdan dolorosamente lo que está mal con ellos mismos —lo que ellos odian de sí mismos, lo cual han enterrado o reprimido de su conocimiento consciente. Estos padres, sin saberlo, proyectan su propia vergüenza y decepción personales sobre el niño. Como individuos deteriorados, es más fácil reconocer estos rasgos en otros, especialmente en su hijo decepcionante, que verlos en ellos mismos.

El padre patológicamente narcisista coloca al niño "malo" y "decepcionante" en una situación peligrosa y dañina por partida doble, esperando que no se moleste por el daño que experimenta. Este niño es maltratado doblemente, ya sea porque se comporta con su yo natural insatisfactorio o porque debe expresar su enojo, dolor o frustración por ser privado de afecto, desatendido y/o abusado por su padre narcisista. Este padre narcisista jamás asumirá su responsabilidad por el daño que causa, ya que hacerlo encendería el polvorín de su ira, reprimida y profundamente enterrada, y su auto-desprecio causado por haber sido criado de la misma manera. Por lo tanto, externalizar y exculparse de la aparente "maldad" del niño le sirve para protegerse de tomar consciencia de su peor pesadilla: se ha convertido en la generación de turno de padres abusivos y negligentes que han creado la siguiente generación de hijos traumatizados y heridos (que serán adultos narcisistas patológicos).

Cuando los narcisistas patológicos son incapaces de tolerar el mal comportamiento de su hijo, pueden recurrir a castigar o maltratar al niño. Como este padre se toma de manera personal su mal comportamiento y, por lo tanto, experimenta una herida narcisista, se siente justificado para vengarse. El padre o madre narcisista puede hacer algo peor que descuidar o privar de afecto a su hijo, puede abusarlo verbal, emocional o físicamente.

La terrible realidad para este niño es que está siendo castigado por comportarse como cualquier niño se comportaría si fuera criado por un padre similarmente hostil, peligroso y falto de amor. El niño será criado en un ambiente peligroso donde vivirá en constante miedo de provocar a su padre narcisista patológico, psicológicamente impredecible, inestable y potencialmente peligroso. En vez de ser el receptor natural de amor incondicional y amabilidad, será el blanco en movimiento de inexcusable abuso y desatención.

Este niño se convierte en el blanco metafórico hacia el cual el padre narcisista patológico lanza dardos de decepción, resentimiento e incluso repulsión. Un dardo a la vez, el niño absorbe la ira de su padre narcisista. Con el tiempo, el niño internaliza, o incorpora lo que el padre le proyecta: su auto-aversión, inseguridades, sueños perdidos, promesas rotas y sentimientos de abandono. Lamentablemente, los dardos nunca se detienen, ya que el niño decepcionante es incapaz de apaciguar las creencias y suposiciones que el padre tiene de que su hijo posee deficiencias innatas.

Este niño "desagradable" y "decepcionante" no solamente es incapaz de cumplir las fantasías de su padre, sino que su amargura acumulada se manifiesta en comportamientos cada vez más irritados y hostiles, los cuales a su vez refuerzan la visión iracunda, resentida y distorsionada que su padre tiene de él. Este niño no se defiende per se, más bien está tratando de sobrevivir a un mundo confuso de mensajes contradictorios, promesas rotas y horrible decepción.

Debido a que se encuentra en una situación sin salida, su mal comportamiento justificará a su padre para que siga privándolo de su afecto y tratándolo con desatención y abuso. Este desafortunado niño está perpetuamente atrapado en una situación de doble filo, de la que no hay salida.

Con el tiempo, el niño desagradable y decepcionante internaliza y se identifica con su etiqueta de "malo y decepcionante". Eventualmente, este niño probablemente se rinda y se someta a lo inevitable: jamás será capaz de transformar la ira, decepción y resentimiento de su padre en aprecio, reafirmación y, lo más importante, en amor. Incluso si este niño pudiera sorprender a su padre narcisista y comportarse como el hijo de sus sueños (como el niño complaciente) debería hacerlo, nunca será suficiente para cambiar la opinión que el padre tiene de él.

Paradójicamente, si este niño sorprendiera a su padre y se comportara de manera consistente como "bueno" y "complaciente", sin querer estaría desafiando las justificaciones y excusas que tiene su padre para tratarlo de manera castigadora. Si la privación afectiva, la desatención y/o el abuso del padre narcisista patológico fuesen descubiertos y confrontados, podría darse una respuesta defensiva, airada y vengativa. El padre justificaría enfadado sus acciones, culparía a otros por los problemas de su hijo (incluyendo al niño), y continuaría castigándolo.

Debido al prolongado abuso o abandono, los comportamientos negativos del niño probablemente tendrán un incremento en frecuencia y severidad. Este ciclo de mal comportamiento y castigo resulta en una perpetua situación de doble filo en la que el niño jamás se comporta de una manera que pudiera detener el maltrato o desatención por parte de su padre narcisista patológico. Como las reacciones del niño al daño que le hace su padre son obviamente incómodas, el narcisista patológico se siente justificado en sus acciones. Al estar atrapado y no ser capaz de comportarse de una manera que detenga el abuso parental, el niño no tiene otra opción que comportarse como el padre espera: enojado, resentido y, a menudo, vengativo. Este desafortunado niño pasará su juventud en constante temor y espanto mientras que, de manera inconsciente, le proporciona a su padre narcisista patológico la justificación y la racionalización distorsionadas para el daño que le causa.

Drew Keys, autor de *Narcissists Exposed* (2012), (Narcisistas expuestos), escribe en su sitio web, *lightshouse.org*, acerca del niño desagradable y decepcionante que se identifica con su maltrato. Keys denomina a este niño como el "chivo expiatorio".

> **Debido a que los padres narcisistas no pueden aceptar sus propias faltas, pasan sus días tratando de convencerse a sí mismos de que todo lo que hacen es perfecto. Cuando su personalidad provoca malestar dentro de la familia, y los problemas de sus hijos empiezan a reflejarlo, estos padres se ven forzados a tomar una decisión. Deben, o bien reconocer que ellos están cometiendo equivocaciones que están afectando negativamente a sus hijos, o deben tratar de convencerse a sí mismos y a los demás de que los problemas no vienen de ellos sino de otra fuente… En sus mentes, al culpar a otros, se eximen a sí mismos de cualquier mala acción, y pueden continuar creyendo —e intentando convencer a otros— de que ellos, en realidad, son perfectos. Pero primero tienen que tener a alguien a quien culpar...**

> **…Para los niños indefensos que tienen que jugar a ser chivos expiatorios, son pesadas las cargas de ser etiquetados como "malos" sin importar lo que hagan. El chivo expiatorio pronto se entera de que no puede ganar; no tiene sentido luchar por mejorar la opinión que la familia tiene de ellos, debido a que simplemente esto no se permite… En un intento desesperado por reducir la activa opresión y burla de sus padres, el chivo expiatorio sucumbe a los roles de ser alguien de bajo rendimiento, con problemas, que es un perdedor, la oveja negra o el alborotador. Esto les presenta a los padres exactamente lo que su trastorno mental les está haciendo sentir que deben tener —un objeto externo sobre el cual colocar la culpa— para**

que ellos puedan continuar reforzando la fantasía de que no hay nada malo con ellos o con su familia en conjunto.

En un esfuerzo por aliviar en cierto grado la angustia de la ira de la madre narcisista, el chivo expiatorio eventualmente se rinde y acepta la valoración familiar de él como inferior y digno de ser culpado. El niño internaliza la creencia de que es malo por naturaleza, sin valor y defectuoso, y cree que todas las personas con las que tiene contacto pueden ver esto claramente y que lo rechazarán completamente, tal como lo hace su familia" (Keys, 2012).

Sin calidez, aceptación, seguridad ni amor incondicional, este niño eventualmente aprenderá que en esencia, no es digno de amor, que no tiene valor y que el mundo es un lugar peligroso. La humillación, la vergüenza y la indignación se acumulan en la medida en que el niño se da cuenta de que el abuso y la desatención probablemente nunca se detengan y de que el amor incondicional jamás llegará. Para mitigar su pérdida de esperanza y su desesperación, y para sobrevivir a su pesadilla viviente, el niño necesitará una estrategia psicológica para protegerse de la dura realidad de su vida. Esta protección puede ser alcanzada mediante el uso de una amplia gama de mecanismos de defensa. Este niño se defiende con los mismos mecanismos de defensa que utilizaría una persona que ha sido violentamente traumatizada, p. ej., mediante una violación, un trauma de guerra o siendo testigo de un asesinato.

Represión y disociación: el disyuntor cerebral
La mente humana tiene claros límites para la cantidad de trauma que puede manejar. De manera análoga a la metáfora del disyuntor, mencionada anteriormente, la mente humana tiene propiedades para protegerse de experiencias que son demasiado dolorosas y amenazantes. Su interruptor virtual de encendido y apagado, o sea, su disyuntor, protege a la persona de lo que ella es incapaz de procesar y, por lo tanto, de almacenar en la memoria a corto plazo. La represión y la disociación son los principales mecanismos de defensa que le ayudan a la persona a manejar el trauma insoportable. La represión se define como la exclusión inconsciente de impulsos, deseos o miedos dolorosos fuera de la mente consciente. Cuando un episodio traumático es reprimido, la persona

simplemente olvida que alguna vez sucedió. La disociación es definida como una experiencia psicológica en la cual las personas se sienten desconectadas de su experiencia sensorial, de su sentido del yo o de la historia personal. Una de varias formas de disociación es sentir que uno se está mirando con desdén mientras está sucediendo el abuso.

La represión y la disociación son esenciales para la supervivencia psicológica de la mayoría de víctimas de trauma, especialmente para el niño que es desatendido y abusado por un progenitor narcisista patológico. Sin estas defensas, el niño, y el adulto en el que se convertirá, no solamente recordaría el trauma, sino que también volvería a experimentar la debilitante vergüenza, la ira, la pérdida de esperanza y la desesperación que experimentó durante el trauma. Debido a que la turbación, la vergüenza, la auto-aversión, el estado de necesidad patológica y los amplios depósitos de ira resultantes son tan insoportables que no pueden ser aceptados (experimentados conscientemente), entonces son enterrados en regiones oscuras de la mente inconsciente, encerrados detrás de muros de negación, construidos de concreto y reforzados con hierro, —que resisten todo intento de expresión o recuperación. Estos sentimientos (y recuerdos) reprimidos sólo verán la luz del día a través de episodios de profunda depresión, ira narcisista o con psicoterapeutas experimentados.

Como consecuencia de su historia traumática y del daño psicológico resultante, estos niños psicológicamente afectados crecerán para convertirse en adultos que son incapaces de crear y mantener relaciones románticas saludables. Más específicamente, sus infancias abusivas y desatendidas se manifestarán en un trastorno de salud mental, en particular, en uno de los tres trastornos narcisistas de la personalidad. Como narcisistas patológicos, estarán naturalmente sobre-enfocados en lograr que sus necesidades se satisfagan primero o en volverse expertos en hacer que los demás satisfagan sus necesidades sin sentirse obligados a corresponderles. Como narcisistas, no se darán cuenta del daño que le causan a otras personas.

Las infancias de estos narcisistas patológicos han demostrado que sólo a través de un enfoque egoísta y egotista hacia los demás (relaciones) se sienten bien consigo mismos. Su habilidad para manipular y explotar a los demás, combinada con un sentido exagerado de su propia importancia, les ayudó a sobrevivir su infancia traumática. Formar apegos saludables, recíprocos y mutuamente ~~afirmadores~~ reafirmadores probablemente jamás ocurra, ya que este futuro narcisista patológico seguirá, sin saberlo, el camino disfuncional y dañino de los padres que lo crearon.

La naturaleza subjetiva del trauma

Para explicar por qué algunos individuos con trastorno narcisista de la personalidad vienen de familias (padres) que no los trataron de manera dura o abusiva, es necesario explicar la naturaleza subjetiva del trauma. Con frecuencia he explicado a mis clientes y a las personas que he supervisado clínicamente, que el trauma no es definido por lo que le ocurrió a una persona sino por su experiencia personal del mismo. Por ejemplo, si un niño se perdió en medio de la ausencia personal o psicológica de un padre narcisista patológico, ausencia generada por depresión, falta de motivación para vincularse o ausencia física, es más probable que sufra el destino de un niño abusado. Este niño carente o desatendido experimenta de manera similar una infancia oscura, no amorosa y emocionalmente estéril en la que internaliza sentimientos y creencias de insuficiencia, falta de importancia y de dignidad.

Del mismo modo, un trastorno de narcisismo patológico (y una codependencia) pueden ser causados por un entorno en la infancia que sea estéril, negligente o inseguro, resultante de padres ausentes por una enfermedad médica debilitante o mental, por pobreza o por vivir en una comunidad insegura infestada de crimen. El vivir en un orfanato, casa de paso, escuela militar, internado u otros entornos que dejan cicatrices emocionales, y donde hay negligencia o abuso, también puede causar psicopatología adulta, como el trastorno de narcisismo patológico.

Aunque he presentado una explicación viable y sensible de los orígenes, tanto de la codependencia, como de los trastornos del narcisismo patológico, es importante informar al lector que, en mi opinión, no es posible dar cuenta de todas y cada una de las circunstancias, condiciones y factores que son responsables por estos trastornos. Además, no está escrito en piedra que los narcisistas patológicos siempre criarán niños codependientes o narcisistas patológicos. Puede haber circunstancias mitigantes que compensen las primeras experiencias traumáticas de un niño con un padre narcisista patológico. Por ejemplo, si el padre o madre patológicamente narcisista confió el cuidado de su hijo a un cuidador adulto que fue consistentemente amoroso y cariñoso para el niño, entonces las experiencias traumáticas de la primera infancia del niño pueden haber sido suficientemente mitigadas. Un padre sustituto de esta índole puede ser un pariente cuidador, una niñera de corto o largo plazo. Incluso un entrenador o un maestro considerado y solícito podría haber mitigado suficientemente el daño causado por un padre o una madre patológicamente narcisista. Un hermano o hermana mayor que haya asumido el rol de padre substituto protector, afectuoso y que ~~afirme~~ reafirme la existencia del niño, puede, de manera similar, haber contrarrestado la posibilidad de desarrollo de una psicopatología adulta, como la codependencia o un trastorno de narcisismo patológico.

CAPÍTULO 12: POR QUÉ PODEMOS LLEGAR A LOS CODEPENDIENTES Y NO A LOS NARCISISTAS PATOLÓGICOS

El nivel del daño perpetrado contra un niño por su padre o madre patológicamente narcisista, el trauma de apego, ciertamente se correlaciona con el nivel de psicopatología adulta. La diferencia entre resultados más saludables después de un trauma de apego, el diferencial de salud mental, también está correlacionado con la resiliencia innata del niño o su habilidad intrínseca para hacer frente al trauma, o con cualquier factor ambiental, personal o social que haya servido para mitigar o amortiguar el trauma de apego. Lo primordial es que la habilidad accidental de un niño para idear una estrategia para hacer frente y defenderse determina los niveles resultantes de daño psicológico.

La auto-orientación de una persona está altamente correlacionada con los efectos que tendrá la psicoterapia. Es un hecho aceptado que los clientes que tienen trastornos de personalidad, especialmente los que son patológicamente narcisistas, a menudo oponen resistencia a buscar terapia, ya que tienen una habilidad limitada para asumir responsabilidad por sus problemas psicológicos y relacionales y para beneficiarse de formas estándar de consultas o psicoterapias ambulatorias. Por el contrario, la clientela codependiente es más abierta a buscar psicoterapia que su contraparte narcisista; son capaces, dispuestos y motivados para aceptar algún nivel de responsabilidad en sus problemas individuales o relacionales y se pueden beneficiar de la psicoterapia ambulatoria. A tal fin, lo siguiente ilustra por qué los codependientes son más capaces de beneficiarse de la psicoterapia.

El cliente narcisista

Desafortunadamente, son minoría los psicoterapeutas que están entrenados y tienen experiencia en clientes con trastornos de personalidad. Se sabe que la mayoría de psicoterapeutas se sienten incómodos trabajando con narcisistas patológicos, ya que los perciben como clientes extraordinariamente difíciles y resistentes. En consecuencia, los resultados positivos de psicoterapia para narcisistas patológicos son notoriamente menores que para los codependientes.

Como individuos con una base de vergüenza e inseguros, los narcisistas patológicos reaccionan negativamente a las sugerencias de que podrían beneficiarse de servicios de salud mental. Su rechazo y desdén por tales servicios están claramente conectados con su fragilidad emocional, sus personalidades enraizadas en la vergüenza y sus bajos niveles de autoestima, de todo lo cual son esencialmente inconscientes. Si estos individuos participan en psicoterapia o cuando lo hacen, reaccionan automáticamente a la retroalimentación negativa como si se tratara de juicios hostiles e injustos contra ellos. Cuando son confrontados por sus delitos, por su mal comportamiento o por un problema del que son responsables, rápidamente eluden las responsabilidades. Normalmente se defienden negando las acusaciones, culpando a otros, presentándose como las víctimas e intimidando a otros para que acepten la responsabilidad. Reconocer sus problemas equivaldría a admitir que hay algo fundamentalmente mal con ellos, de lo cual son psicológicamente incapaces.

Si se le da la opción, el narcisista elegirá un psicoterapeuta que no ponga a prueba su tendencia a culpar a otros y que no sea crítico sino solidario, reflexivo y pasivo en su enfoque psicoterapéutico. La psicoterapia humanística o centrada en el cliente es un enfoque del tipo que cuadra con las capacidades psicológicas y las expectativas personales del narcisista patológico. Los terapeutas centrados en el cliente rara vez hacen preguntas exploratorias, no hacen diagnósticos ni atribuyen responsabilidad o culpa a sus clientes.

Según un artículo sobre terapia centrada en el cliente publicado en el Harvard Mental Health Letter (2006), "El terapeuta [centrado en el cliente]... crea(n) una atmósfera en la que los clientes pueden comunicar sus sentimientos con la certeza de que serán comprendidos en vez de juzgados". Todos los clientes, especialmente los narcisistas patológicos, perciben a un psicoterapeuta centrado en el cliente como seguro, no amenazante, empático, ~~afirmador~~ reafirmador y que brinda apoyo. Aunque la psicoterapia centrada en el cliente puede ciertamente hacer que los narcisistas patológicos se sientan bien consigo mismos, no es efectiva para tratar su psicopatología. Es más, el psicoterapeuta centrado en el cliente que no conoce los trastornos del narcisismo patológico puede inconscientemente activar la visión narcisista del mundo de su cliente narcisista. Al hacerlo, de manera inadvertida pueden poner a la pareja codependiente en riesgo de daño emocional o físico.

El cliente narcisista encubierto
Debido a que los narcisistas patológicos encubiertos pueden ser simuladores consumados, mentirosos y manipuladores encantadores, poseen la habilidad inherente para convencer a psicoterapeutas inexpertos, sin entrenamiento, incapaces y/o psicológicamente enfermos, para que crean que ellos no son responsables de ninguno de los problemas que se les achacan. Son igualmente capaces de convencer a ese mismo terapeuta poco cuidadoso para que crea que en vez de ser los autores de cualquier problema personal o relacional, ellos son en realidad la víctima.

El narcisista patológico encubierto es especialmente hábil para evadir la psicoterapia o cualquier otro servicio profesional que tenga el potencial para desenmascarar su personalidad encubierta o secreta y el daño que causa a los demás. Son contadores de historias y exageradores convincentes acerca de por qué no necesitan terapia, no pueden encontrar un terapeuta, no está a su alcance o no tienen el tiempo para eso. Si se encuentran en terapia, ya sea de manera voluntaria o como resultado de una amenaza, arguyen exitosamente una narrativa en la que ellos son la persona altruista, paciente y generosa que es la parte perjudicada.

Estos son el tipo de narcisista que son capaces de hacerle Gaslighting a su pareja de manera que no solamente crea que tiene problemas que previamente no existían, sino que también son capaces de hacerles adoptar esa disfunción. Es posible que también intenten descarrilar el proceso terapéutico sobre enfocándose en preocupaciones sobre la privacidad y el anonimato mientras desacreditan las credenciales profesionales, educación, experiencia y/o personalidad de cualquier terapeuta. Si son descubiertos en su juego, previsiblemente se vuelven incrédulos con respecto a la acusación. Si los siguen presionando responderán con una sarta de acusaciones airadas e intimidantes diseñadas para manipular al terapeuta y al cliente de nuevo hacia la sumisión.

Triangulación terapeuta/narcisista

El daño más notorio ocurre cuando este terapeuta inepto se alía, acepta y es empático con la narrativa personal y relacional del cliente, que es rebuscada, interesada y, en gran medida, inexacta. Sin saberlo, el terapeuta conspira con el cliente narcisista y le da apoyo tanto explícito como implícito para su versión ostentosa de la realidad, que es vista desde su sentimiento de superioridad y es utilizada de manera consciente y voluntaria contra la pareja codependiente agraviada. Esta coalición o triangulación con el narcisista y en contra del codependiente se mantiene si el terapeuta decide no encontrarse personalmente con la pareja víctima de su cliente o si es convencido para que actúe así.

La triangulación es un concepto relacional que describe cómo el conflicto se desarrolla en una relación de tres personas (tríada). Cuando el conflicto entre dos individuos en una relación se intensifica, es posible que uno o ambos busquen una alianza con una tercera persona con el fin de probar su punto, ganar poder o herir al otro. La tercera persona, o el individuo triangulado, a menudo no es consciente de que está siendo manipulado. El individuo triangulado, si es consciente de su papel, puede ejercer una fuerza manipuladora considerable sobre la relación. No pocas veces, el individuo triangulado, como en el caso de un terapeuta de trastornos de personalidad y su efecto en la pareja no es consciente de su complicidad con sus clientes.

Otra estrategia manipulativa común del narcisista patológico, que ha sucumbido a la presión para recibir psicoterapia, es comenzar con un entusiasmo artificial participando diligentemente con la frecuencia acordada o con la que fue presionado a asistir. Un narcisista así con frecuencia espera hasta que el "calor" disminuya o hasta que a su pareja codependiente airada se le olvide por qué se había molestado o caiga presa de las astutas falsas promesas, emocionalmente manipulativas, de su pareja narcisista. En este escenario, tanto el codependiente como el narcisista son compañeros en condiciones iguales.

Los narcisistas patológicos son expertos manipulando a sus compañeros codependientes, e incluso al psicoterapeuta, para que crean en sus promesas de cambio o de no seguir con su comportamiento perturbador, dañino y disfuncional. Es posible que también inteligentemente dejen para después o pospongan su promesa de participar en terapia durante el tiempo suficiente para que su pareja reanude su patrón codependiente de perdonar y olvidar, liberándolos así de culpa y responsabilidad. De manera similar, los narcisistas patológicos pueden también, de manera manipulativa, acatar la absoluta insistencia de su pareja acerca de tener terapia, con el fin de evitar consecuencias negativas, p. ej., el divorcio o la ruptura.

La usurpación del poder en la terapia de pareja

En el caso de la terapia de pareja o matrimonial, los narcisistas patológicos prosperan igualmente cuando encuentran psicoterapeutas no entrenados, inexperimentados y enfermos, que, en realidad, toman partido o son demasiado solidarios con el cliente narcisista, que de manera eficaz presenta los problemas de la relación básicamente como si fueran culpa del codependiente. Esto ocurre ya sea debido a la total incompetencia del terapeuta o cuando el terapeuta tiene un marco de referencia igualmente narcisista. El suceso de un terapia matrimonial disfuncional y dañina también se le atribuye a un terapeuta incapaz, temeroso o ansioso a la hora de establecer límites al narcisista controlador, quien, fundamentalmente, asume el mando en el proceso psicoterapéutico.

A menudo los narcisistas tienen aversión, menosprecian y/o desacreditan a profesionales experimentados, expertos y mentalmente saludables, que diagnostican con precisión el narcisismo del cliente, no caen víctimas de sus manipulaciones emocionales y que no le permiten al cliente secuestrar el proceso terapéutico. Si el narcisista patológico es incapaz de manipular al terapeuta o el proceso terapéutico, pueden recurrir a agresión pasiva o a agresión manifiesta y combativa (ira narcisista) para retomar el control del proceso terapéutico. Estos narcisistas gastan una gran cantidad de energía intentado desacreditar a este terapeuta haciendo que otros lo vean como un inepto, sesgado de manera personal o profesional y/o como alguien con un plan secreto personal en su contra. Si el terapeuta establece clínicamente límites apropiados para ese comportamiento/manipulaciones, probablemente el narcisista patológico responda con arrogancia despectiva y amenace con abandonar la terapia (con esperanzas de provocar que el codependiente lo rescate).

Los terapeutas que permanecen neutrales, mientras son consistentes estableciendo límites al comportamiento inaceptable, a menudo son percibidos por el cliente narcisista como una amenaza agresiva. Cuando esto sucede, con frecuencia la terapia termina, ya que la ráfaga de heridas narcisistas y acciones agresivas contra el terapeuta es detenida por una barrera insobornable. El narcisista que prometió que participaría en terapia, probablemente sufrirá alguna consecuencia por fallar en continuarla, o rápidamente se recuperará encontrando el tipo de terapeuta que seguirá sus "órdenes" manipulativas.

El cliente codependiente

Debido a que los codependientes experimentaron menos trauma en su infancia y no tuvieron que reprimirlo, su salud mental es superior a la de su pareja patológicamente narcisista. Comparativamente, son mucho más conscientes de sí mismos, introspectivos, auto-analíticos e inherentemente capaces de aceptar sus problemas y deficiencias. Tienen habilidad para ser conscientes de sus limitaciones sin experimentar auto-aversión o vergüenza humillante. En vez de proyectar culpa sobre otros por sus problemas, los codependientes se enfocan en su interior, lo cual puede incluir culparse a sí mismos y sufrir en silencio. Por lo tanto, son capaces de entender, reflexionar y ser honestos acerca de las experiencias emocionales negativas.

Aunque el cliente de psicoterapia codependiente tal vez no comparta abiertamente sus insuficiencias, son capaces de aceptarlas, de considerar su naturaleza negativa y dañina y, si es necesario, de hablar de ellas. A diferencia de los narcisistas patológicos, por lo general no son irreflexivamente airados ni defensivos cuando se les da retroalimentación constructiva acerca de sus problemas, errores y/o deficiencias. Los codependientes son, por lo tanto, más propensos a buscar ayuda personal o profesional ya que se sienten menos amenazados por ella. Están significativamente más abiertos y dispuestos al proceso psicoterapéutico.

Los codependientes tienen una mayor gama de recursos emocionales y habilidades psicológicas que los narcisistas patológicos. Es una triste ironía que, incluso con una salud mental mejor, los codependientes, a la larga, se sienten inferiores a su pareja patológicamente narcisista.

Aunque psicológicamente son más saludables, son impotentes para detener la grave degradación, el ridículo y el control que su pareja narcisista ejerce sobre ellos. Debido a su tendencia a no querer "molestar a nadie o trastornar el statu quo" o "agitar las aguas", los codependientes a fin de cuentas elegirán no buscar psicoterapia con el fin de que su pareja no se sienta amenazada o enojada con ellos. También evitarán cualquier discusión sobre la necesidad de asistencia profesional a la salud mental. Incluso cuando su relación se deteriora severamente o se vuelve disfuncionalmente inmanejable, cuestionarán la necesidad de una terapia.

Los codependientes son clientes ideales para psicoterapia
Los codependientes son clientes ideales para psicoterapia ya que no son inherentemente paranoicos o desconfiados de los demás. Son más capaces psicológicamente de entablar relaciones de confianza y emocionalmente conectadas con los demás, especialmente con un psicoterapeuta. Son capaces de recordar, explorar y analizar sus más profundos problemas psicológicos o relacionales sin experimentar una herida narcisista. Debido a que los codependientes a menudo se sienten solos y desatendidos en sus relaciones, están naturalmente más inclinados a buscar el refugio y la comodidad de un profesional de salud mental seguro, imparcial y no rechazador.

Otra razón por la que los codependientes están más abiertos al proceso psicoterapéutico es porque por lo general tratan de complacer a quienes ellos consideran que están en una posición de autoridad, es decir, al psicoterapeuta. Su inclinación para hacer lo que se les dice y a cumplir las expectativas de otros a menudo lleva a una experiencia psicoterapéutica más productiva. Siendo un proceso potencialmente disfuncional, su tendencia a complacer a otros, incluyendo al terapeuta, puede brindarles un incentivo para tener éxito en sus metas o ambiciones terapéuticas. Como clientes motivados y diligentes, normalmente experimentan una serie de momentos de iluminación o descubrimiento, que, a la larga, allanan el camino hacia una salud mental mejorada.

Cuando los codependientes se encuentran con un especialista en codependencia o con un psicoterapeuta generalista calificado y experimentado, son capaces de experimentar un proceso psicoterapéutico de cambio de vida. A pesar de que la terapia específica para la codependencia es a menudo desafiante, intensa y prolongada, tiene la capacidad de cambiar la vida del codependiente ya que este es intrínsecamente capaz de alcanzar su potencial, liberándose de las ataduras de sus limitaciones y de lograr un sentido de fuerza, confianza y propósito.

Los codependientes también pueden apoderarse del proceso terapéutico

Los codependientes a menudo caen víctimas de las racionalizaciones, promesas, negociaciones o incluso amenazas de su pareja narcisista. No es que sean incapaces de admitir sus problemas; en cambio evitan revelar o confrontar sus problemas, sacar los trapos sucios al sol, debido a un miedo muy real al abandono y/o a la represalia. Los codependientes también pueden ser evitativos, manipuladores o defensivos acerca del problema de su relación ya que admitirlo podría ponerlos en peligro. El codependiente evita ir en contra del estatus quo, ya que eso podría traerle consecuencias dolorosas, por ejemplo, venganza o represalia. El saber que su pareja patológicamente narcisista es capaz de represalias hostiles, ya sea mediante agresión manifiesta o pasiva, les da amplias razones para suprimir o negar su necesidad de asistencia profesional en salud mental.

Cuando participa en terapia matrimonial o de pareja con su compañero sentimental patológicamente narcisista, el codependiente no siempre es una víctima impotente. Por el contrario, los codependientes también comparten responsabilidad en el fracaso de la terapia de pareja, ya que han sido condicionados para temer las consecuencias de una venganza si deben quejarse o llamar la atención sobre el tratamiento manipulativo y dañino que reciben ellos y otras personas por parte de los narcisistas. La experiencia de toda una vida que los codependientes tienen con los narcisistas les ha demostrado que cuando "sacan a la luz" el narcisismo dañino de su pareja, son castigados de manera secreta (privada). Tristemente, al igual que sucede con otras personas en su vida, este cliente codependiente se vuelve invisible para el terapeuta que toma la ruta más segura y menos conflictiva del desafío de la terapia de pareja. Cabe señalar que cuando el terapeuta es un codependiente que no se ha recuperado, es especialmente propenso a caer presa de la naturaleza astuta y engañosa del cliente narcisista.

El pronóstico de tratamiento para los narcisistas patológicos es pobre, ya que el trastorno(s) está profundamente arraigado y es muy resistente al tratamiento/psicoterapia. Según AllPsych.com, el pronóstico para los tres trastornos de narcisismo patológico es el siguiente:

Trastorno narcisista de la personalidad:
El pronóstico es limitado y se basa principalmente en la habilidad del individuo para reconocer su subyacente inferioridad y sentido disminuido del propio valor. Con introspección y una terapia a largo plazo, los síntomas se pueden reducir tanto en número como en intensidad.

Trastorno límite de la personalidad:
El pronóstico es difícil de evaluar. Mientras que el trastorno es crónico por naturaleza, con trabajo definitivamente se pueden ver mejoras graduales. Si bien es difícil para cualquier persona cambiar aspectos primordiales de su personalidad, los síntomas de este trastorno pueden ser reducidos tanto en número como en intensidad. Casi siempre se requiere un tratamiento a largo plazo.

Trastorno antisocial de la personalidad:
El pronóstico no es muy bueno porque hay dos factores que contribuyen. En primer lugar, debido a que el trastorno se caracteriza por una falta de conformidad con las normas sociales, las personas con este trastorno están a menudo en una cárcel por su comportamiento criminal. En segundo lugar, la falta de introspección acerca del trastorno es muy común. Las personas con trastorno antisocial de la personalidad normalmente creen que es el mundo el que tiene los problemas y no él mismo o ella misma. Por esa razón, rara vez buscan tratamiento. Si hay progreso, este se da normalmente gracias a seguir el tratamiento por un periodo prolongado de tiempo.

A continuación hay una lista de opciones de tratamiento efectivo para los trastornos de narcisismo patológico. Cabe señalar que esta no es una lista exhaustiva ni completa de todas las opciones de tratamiento para estos trastornos. Estas opciones de tratamiento utilizan una de ellas o una combinación de enfoques terapéuticos, tales como, terapia individual, familiar, marital/de pareja, o de grupo.

Tratamiento para el TNP
- Psicoterapia psicoanalítica
- Psicoterapia funcional analítica
- Terapia psicológica del sí mismo
- Terapia centrada en esquemas (TCE)
- Terapia cognitivo-conductual (TCC)
- Terapia dialéctica conductual (TDC)

Tratamiento para el TLP
- Psicoterapia centrada en la transferencia (PCT)
- Terapia centrada en esquemas (TCE)
- Terapia dialéctica conductual (TDC)
- Terapia cognitivo-conductual (TCC)

Tratamiento para el TAP
Desafortunadamente no hay enfoques de tratamiento basados en investigaciones que hayan demostrado consistentemente ser efectivos para el trastorno antisocial de la personalidad. Los siguientes son utilizados con éxito limitado:
- Terapia individual especializada
- TCC
- Psicoeducación
- Apoyo familiar
- Medicamentos para trastornos co-ocurrentes, es decir, depresión, ansiedad, trastorno bipolar, etc.
- Tratamiento/consultoría para la adicción
- Prisión (este realmente no es un enfoque de tratamiento, pero mantiene a la sociedad **a salvo**)

CAPÍTULO 13: "LAS REGLAS DE ORO" DE LA SALUD EMOCIONAL

Ya que nuestra salud mental es el fundamento sobre el cual descansan nuestra vida personal y social, es imperativo que la cuidemos, como lo haríamos si se tratara de un hijo nuestro, un hijo al que trajimos a este mundo y que siendo vulnerable necesita que lo nutramos de afecto. Un compromiso con la salud mental y la búsqueda de auto-respeto, auto-cuidado y, lo más importante, amor a sí mismo, solamente inspirará el camino de nuestra vida, que consiste en hacer la desafiante travesía por las aguas agitadas que llamamos nuestra vida.

Para muchos puede parecer trivial, pero para algunas personas, especialmente para los codependientes, buscar servicios de salud mental es un acto de franca valentía, que a menudo es la decisión personal más aterradora e intimidante por la que cualquiera pueda optar. Para aquellos que tienen muchas capas de problemas profundamente enterrados, o en el caso de la codependencia, del trauma de apego, son secundarias la fortaleza y la fuerza necesarias para embarcarse en tal travesía, ante la valentía que se necesita para derrotar a un adversario desconocido y aterrador —a menudo la propia médula de vergüenza.

A tal fin, prosperar en lo emocional y relacional requiere comprometerse con un conjunto de valores, principios y/o reglas que están destinados a facilitar el cuidado, desarrollo y mantenimiento de la salud mental y del amor propio, en los que son deficientes la mayoría, si no todos los codependientes. En este capítulo ofrezco un conjunto corto y conciso de reglas: Las Cuatro Reglas de Oro para la Salud Emocional, para guiar e inspirar al lector a crear o recrear salud emocional, la cual, por supuesto, descansa sobre el fundamento del amor a sí mismo. Estas reglas no son exhaustivas ni completas, son sólo un punto de partida para la persona que está buscando convertirse en una mejor y más saludable versión de sí misma.

Estas cuatro reglas servirán como un recordatorio simple y conciso para detener la "locura" de la codependencia. Pero hará falta valentía, esfuerzo y sacrificio para sanar las heridas responsables de esa "locura", manteniendo, al mismo tiempo, lo que hemos conseguido y, si es necesario, aportando más apoyo y cuidados cuando se haya agotado lo que se había logrado.

El recipiente sano/agujereado del amor a sí mismo

A tal fin, estas 4 reglas nos ayudarán a mantener lleno nuestro recipiente metafórico de amor a nosotros mismos, que es donde guardamos amor, respeto y cuidado a nosotros mismos. Como cualquier recipiente, éste puede oscilar entre estar vacío o desbordado. Un recipiente de amor a nosotros mismos, que esté lleno al menos hasta la mitad, es uno que suscitará salud emocional moderada o buena. De igual modo, la persona que es capaz de rellenar su recipiente cuando disminuye por debajo del punto medio también experimentará salud emocional sólida. Y para la persona cuyo recipiente está casi lleno o desbordante, entonces su "copa" sin duda "rebosará" y su corazón se "inundará" de alegría.

Por el contrario, un codependiente que no está en recuperación, que tiene un déficit de amor a sí mismo, tiene un recipiente de amor a sí mismo a menudo agotado, casi vacío, y/o que pierde tanta "agua" como la que obtiene. Este es un recipiente lleno de huecos que permiten que el precioso "líquido" del amor a sí mismo se escape. Sentirse "consumido", "agotado" y "vacío" ilustra cómo está el *recipiente agujereado* del codependiente. Lamentablemente, debido a su salud mental y relacional, los codependientes son crónicamente incapaces de "tapar los escapes" o remediar el "estancamiento y la evaporación" del agua. Además, tener una pareja narcisista sacude tanto el recipiente, que su contenido se derrama tan pronto como se ha llenado. Y en cuanto al "líquido" que queda, el narcisista probablemente lo absorberá todo para sus propios intereses egoístas e interesados.

Introduciendo Las Cuatro Reglas de Oro de la Salud Emocional

Las siguientes reglas fueron escritas para motivar e inspirar a los codependientes para llenar de nuevo su recipiente de amor a sí mismos, mantener lo que han ganado, reponer lo que se ha perdido y buscar sin miedo los momentos "llenos" y felices en su vida que parecen esquivos. Estas reglas de oro también ayudarán a "remendar los agujeros" de un recipiente agotado o agujereado por la adversidad y las circunstancias. Utilizarlas puede mantener su recipiente "sano" y no "agujereado".

REGLA DE ORO NÚMERO 1: NUNCA ES DEMASIADO TARDE PARA SER LO QUE PODRÍA HABER SIDO

Es simplemente imposible para un padre ser un modelo a seguir, ejemplar, experimentado y hábil en todos los complicados requisitos que se necesitan para criar un hijo psicológicamente saludable. Es simplemente imposible para cualquier padre haber dominado el impreciso manual de crianza en cualquier momento de su vida. ¡Esta responsabilidad recae en el ámbito de un abuelo psicológicamente saludable! Considerando que la condición humana supone aprender, crecer y materializar el propio potencial, ¿cómo puede ser perfecto algún padre? Por lo tanto, los hijos que fueron criados por padres normales que han tenido alguna forma de limitación(es), naturalmente experimentaron una infancia menos que perfecta.

La regla número uno descansa en la suposición de que la mayoría de nosotros fuimos criados por una persona o personas que a su vez tuvieron un padre(s) con alguna forma de limitación psicológica y/o para criar. También explica la naturaleza transgeneracional del entorno limitado o carente de afecto, como en el caso de una vivienda pequeña, pobreza, comunidades inseguras, colegios insuficientemente financiados, padres con exceso de trabajo, etc. Por lo tanto, el padre que fue criado por padres poco saludables probablemente dejará caer sus propias manzanas del mismo lado disfuncional del árbol en el que aquellas manzanas de su niñez cayeron*. Simplemente no hay forma de escapar a la inevitabilidad de nuestra imperfección.

George Eliot resumió esta regla número uno en su venerado dicho, "Nunca es tarde para ser lo que podrías haber sido"[12]. Todos nosotros empezamos nuestra vida con grados específicos de potencial y capacidad. Para materializarlos, habríamos necesitado un entorno perfecto, el cual incluye padres que fueran expertos en la teoría del desarrollo infantil y en

---

* Esta metáfora se deriva del dicho: "las manzanas no caen lejos del árbol", que significa "de tal palo tal astilla", es decir, que el desarrollo de un niño depende en gran medida del ambiente parental en el que es criado. (Nota del traductor).

[12] De acuerdo con mi investigación, no existe evidencia de que George Eliot haya escrito o dicho esto en ningún momento de su carrera. Sin embargo, ya que no hay nadie más a quién atribuírselo, ella recibe el crédito.

técnicas parentales, y que fueran modelos ejemplares a seguir en cuanto a su salud mental. Como el padre perfecto no existe y jamás ha existido, todos nosotros, cada uno de nosotros, todavía no ha superado su máxima capacidad. Para los codependientes, cuyo(s) padre(s) los sometió(eron) de manera perjudicial a un trauma de apego, ¡éste es, en especial, el caso!

La regla uno establece el estándar psicológico para toda la vida. Es responsabilidad, de todos y cada uno de nosotros, abrazar nuestra debilidad, fallas y errores como potenciales promotores del crecimiento, la salud mental y la prosperidad. Debido a que la vida es un don magnífico y es, sin duda, corto, debemos procurar seguir creciendo, aprendiendo y convirtiéndonos en la mejor versión de nosotros mismos; aprender de nuestros errores y buscar "pequeños tesoros" en la profundidad de nuestra desesperanza.

La palabra china para crisis

El milagro de convertirnos en mejores personas debido a lo que no somos, al tiempo que aprendemos y crecemos desde las experiencias negativas, está representado de la mejor manera en la palabra china para "crisis", que se compone de dos símbolos chinos que se traducen como "peligro" y "oportunidad". La letra de la canción de John Lennon, "la vida es lo que te pasa mientras estás ocupado haciendo otros planes", es un recordatorio de que la vida simplemente pasa; es lo que hacemos con ella lo que determina la medida de quiénes somos y quiénes llegaremos a ser.

REGLA DE ORO DOS: ESPERA QUE OTROS SE HAGAN A SÍ MISMOS LO QUE TÚ YA TE HAS HECHO A TI MISMO

La regla número dos es la piedra angular de todas las otras tres. No juzgar a otros porque carecen de algo de lo que tú mismo careces es simplemente una regla de buen sentido común según la cual uno debería vivir. Esta es una regla especialmente importante para quienes son cuidadores o trabajan en el campo de la asistencia de la salud o de la salud mental en particular. No hay duda de que sus propias capacidades personales y/o profesionales están limitadas en caso de que tengan el mismo problema no tratado que las personas a las que están atendiendo.

La Regla de Oro Número Dos de la Salud Emocional está inspirada en la regla de oro de la Biblia Cristiana, que viene de Mateo 7,12: "Por tanto, cuanto queráis que os hagan los hombres, hacédselo también vosotros; porque ésta es la Ley y los Profetas". La "regla de oro", con la que la mayoría de nosotros estamos familiarizados, también se deriva de Lucas 6,31 en las escrituras cristianas: "Traten a los demás como quieren que los traten a ustedes". Su relevancia y significado trasciende la religión, ya que es uno de los axiomas más universalmente aceptados en el mundo. Habla de la importancia de la reciprocidad y mutualidad en las relaciones, así como de la necesidad de evitar una doble moral. Es un imperativo ético y moral hermoso en su simplicidad, universalidad y aplicabilidad.

La regla de oro número dos intenta humildemente replicar el mensaje sagrado de la regla de oro original. Habla sobre la necesidad que tiene toda persona, especialmente las que se encuentran ejerciendo profesiones asistenciales, de aconsejar, dirigir o realizar servicios profesionales que son congruentes con nuestras propias experiencias. Descansa en la premisa de que debemos entablar relaciones de asistencia cuando nosotros mismos hayamos experimentado y tratado de resolver o hayamos resuelto el problema por el que ofrecemos asesoramiento o ayuda.

Ayudar a alguien que tiene el mismo problema que nosotros tenemos, problema con el que conscientemente nos hemos hecho los de la vista gorda, nos hace además de un recurso ineficiente, un pobre modelo a seguir y, a la larga, hipócritas que privadamente (en secreto) se rigen por una doble moral. Pedirles a otros que sigan mi consejo o guía mientras no tengo la intención de resolver mi problema que es similar, es simplemente moral y éticamente poco sano. ¡Simplemente está mal! Es un mandato ético y moral acercarnos a las relaciones de manera congruente y auténtica y que "practiquemos lo que predicamos" mientras caminamos para después poder hablar.

Es simplemente imposible para un psicoterapeuta brindar asistencia efectiva de salud mental si él, en un momento u otro, no se ha embarcado en una travesía hacia su propia sanación. Carl Goldberg, autor de *On Being a Psychotherapist* (1991), (Sobre ser un psicoterapeuta), aborda la importancia de la segunda regla de oro en las profesiones asistenciales:

"La travesía en búsqueda de la sanación y la resolución de los problemas sólo puede ocurrir cuando tanto el terapeuta como los clientes comparten la misma disposición para lograr una consciencia incrementada y una comprensión de la identidad de cada cual". Carl Goldberg

La frase de Benjamin Franklin: "**bien hecho es mejor que bien dicho**", y la de Mahatma Gandhi: "**Tú debes ser el cambio que quieres ver en el mundo**" también representan adecuadamente la segunda de las 4 Reglas de Oro de la Salud Emocional.

REGLA DE ORO NÚMERO TRES: LO QUE UNO RECONOCE EN OTROS SE BASA EN LO QUE UNO PUEDE VER EN SÍ MISMO

"**No puedes amar u odiar algo en otra persona a menos que refleje algo que amas u odias en ti mismo**".
Autor anónimo

Es bien sabido que la compasión, la comprensión y la empatía se fortalecen a través de las propias experiencias. Esto es especialmente cierto si estamos luchando con desafíos, adversidades o problemas iguales o similares a los que nuestro amigo o ser querido también tiene dificultad para manejar. Es imposible comprender la soledad dolorosa de alguien si uno nunca ha estado solo, o entender la ansiedad de la pobreza si uno no la ha experimentado. Es imposible eludir la fría y dura realidad de que la mejor forma de empatía viene de alguien que realmente ha caminado en los zapatos de otro.

Muy a menudo, en los campos de la salud mental y en otros relacionados con la salud, hay profesionales bien intencionados que tienen un trauma sin resolver, que abusan de substancias, que sufren de adicción o tienen otros problemas de salud mental o psicológicos, y ofrecen servicios a personas cuyos problemas son los mismos que ellos no han abordado o no quieren abordar. Aunque este es un dilema de la regla número dos, también es la base de la regla tres. Nuestros problemas no abordados, evitados intencionalmente o no, a la larga socavarán nuestros intentos de ser un apoyo, de ser perspicaces y de ser ayuda para aquellos a quienes deseamos amar, respetar y cuidar. En otras palabras, si estamos en una relación con alguien cuyos problemas son los mismos que los que nosotros tenemos y que no hemos querido resolver o no hemos resuelto, entonces nuestra habilidad para ser el amante, compañero y amigo que deseamos ser, estará gravemente amenazada.

Cuando estuve visitando el museo de Van Gogh en Ámsterdam, me pareció que el sentido de la regla número tres era perfecto. "Lo que uno reconoce en otros se basa en lo que uno puede ver en sí mismo" es el precepto porque el que Vincent Van Gogh rigió su vida. Mientras recorría el museo, escuché el audio de la visita que explicaba la obra de arte de Van Gogh desde la perspectiva de su vida, los tiempos en los que vivió y los desafíos únicos de su salud mental —su Trastorno Bipolar. El narrador del recorrido explicó que Van Gogh fue prolífico en crear autorretratos. Su decisión de crear 39 autorretratos no fue solamente porque era pobre y no podía permitirse el lujo de pagar modelos, sino, ante todo, por su deseo desesperado de tomar consciencia de los "filtros" en su mente que nublaban su percepción de la realidad.

Debido a que Van Gogh quería desesperadamente ver el mundo exactamente por lo que era y que sus percepciones, experiencias, preferencias y singular personalidad no añadieran elemento alguno que no fuera puramente original, se pintó y se dibujó a sí mismo utilizando todo posible color, tipo de pintura, de pincelada y de superficie. Además, constantemente experimentaba con luz, sombra y otras representaciones artísticas de su rostro con el fin de liberarse del impedimento perceptual que le impedía verse a sí mismo de manera clara y perfecta.

La intención de Van Gogh de ver el mundo sin el impacto de sus propias experiencias habla de la esencia de la regla número tres. Trabajó con diligencia, sin descanso y meticulosamente para superar los bloqueos experienciales y perceptivos que lo inhibirían para alcanzar una comprensión pura y clara de sí mismo. Su incansable dedicación a la claridad sin restricciones me recuerda los mejores terapeutas que conozco. Estos maestros del proceso psicoterapéutico tienen habilidades de expertos debido a su inspiración y dedicación, parecidas a las de Van Gogh, para practicar "pintando" una imagen de sí mismos, hasta que la alcanzaron, tan perfecta como es humanamente posible.

La obra de autorretratos de Van Gogh es la historia análoga perfecta que demuestra el impacto de nuestro propio trabajo, personal y psicológico en nuestra propia salud mental y en nuestras relaciones ¿Cómo podríamos alguna vez ser amigos, compañeros y amantes saludables y generosos de alguien a quien queremos si no podemos ver a este alguien (sus luchas) debido a nuestra ceguera personal? Simplemente no podemos, y ésta es justamente la razón por la cual el empeño por seguir la regla número tres es de monumental importancia.

REGLA DE ORO NÚMERO CUATRO: ÁMESE A SÍ MISMO MÁS, O AL MENOS IGUAL A COMO AMA A LOS DEMÁS

La última regla de oro descansa sobre la premisa de que el antídoto para la codependencia es el amor a sí mismo. Como se ha demostrado a lo largo de este libro, el déficit de amor a sí mismo es el hilo conductor que teje a través de todas las versiones y tipos de codependencia y de los subtipos de narcisismo patológico. Es virtualmente imposible ser **diestro en el amor a sí mismo** y enamorarse de un narcisista patológico, quedarse con él a pesar del daño perpetrado contra usted y sentirse impotente si y cuando usted intenta establecer límites y/o intenta poner fin a la relación.

Los codependientes y los narcisistas patológicos, en virtud de sus infancias psicológicamente traumáticas (trauma de apego), son adultos que nunca aprendieron a amarse a sí mismos. El pegamento que une a estas dos "parejas de baile" es su falta de amor a sí mismas —así como su núcleo de vergüenza y soledad patológica. Por lo tanto, el amor a sí mismo, o el desarrollo de él, es el factor más importante que predice el éxito de los resultados en la recuperación de la codependencia. Más importante aún, el amor a sí mismo crea la única oportunidad para, de manera natural e instintiva, encontrar y enamorarse de una persona que lo amará, respetará y cuidará tanto como usted a esa persona.

La pirámide del amor a sí mismo

A continuación, la Pirámide del Amor a Sí Mismo demuestra la fuerza acumulativa de sanación/recuperación que tiene un codependiente. Por otra parte, ilustra por qué el amor a sí mismo es el resultado de un fundamento sólido de salud mental.

En conclusión, las Cuatro Reglas de Oro de la Salud Emocional pueden ser el punto de partida para todo aquel que desee poner fin a su locura personal de "hacer lo mismo una y otra vez y esperar un resultado diferente". No se deje engañar por la aparente simplicidad de estas reglas, ya que cada una es la entrada hacia oportunidades mayores y más importantes de aprendizaje, crecimiento y sanación.

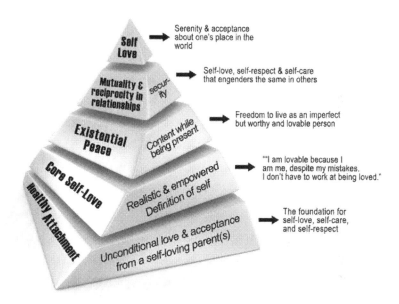

THE SELF-LOVE PYRAMID

Ross Rosenberg, 2016

AMOR PROPIO – Serenidad y aceptación del propio lugar en el mundo
MUTUALIDAD Y RECIPROCIDAD EN LAS RELACIONES / seguridad / Amor de a mismo, respeto y cuidado de uno mismo, que engendran lo mismo en otros
PAZ EXISTENCIAL / contento de estar presente / Libertad para vivir como una persona imperfecta pero valiosa y digna de amor
AMOR A MÍ MISMO EN EL CENTRO DE MÍ MISMO / Definición realista y empoderada de uno mismo / "Soy digno de amor porque soy yo, a pesar de mis errores. No tengo que trabajar para ser amado"

APEGO SALUDABLE / amor incondicional y aceptación por parte de padre(s) que se ama(n) a sí mismo(s) / El fundamento es el amor a sí mismo, el cuidado y el respeto a uno mismo

LA PIRÁMIDE DEL AMOR A SÍ MISMO
Ross Rosenberg, 2016

CONCLUSIÓN: NUNCA ES DEMASIADO TARDE PARA SER LO QUE PUDISTE HABER SIDO

Todos llegamos a este mundo imperfecto en familias imperfectas, o como versiones imperfectas de nosotros mismos. No hay ninguno de nosotros que no pueda contar que tiene alguna forma de disfunción o limitación, ya sea una familia imperfecta, o una relación defectuosa que se tuvo en la infancia o en la vida adulta. Para la mayoría de nosotros, lo mejor que podemos hacer es afrontar con optimismo los obstáculos desafiantes y a veces descorazonadores que hay a lo largo del camino, mientras mantenemos el impulso que nos mueve con optimismo hacia delante en el tren que llamamos nuestra vida.

Si hubiéramos tenido la oportunidad de elegir a nuestros padres, la calidad de nuestra infancia y las relaciones formativas tempranas, estoy seguro de que habríamos dejado a algunas personas en nuestro tren mientras que hubiéramos preferido pedirles amablemente a otras que desembarcaran. Pero el tren no se detiene por nuestros caprichos o en los momentos en los que quisiéramos cambiar nuestro destino. El "motor" del tren es independiente de nuestra intención: mueve el tren previsiblemente hacia delante, ya sea que queramos que se detenga o no.

Cruce de caminos
La intersección entre *quienes estábamos destinados a ser* y la realidad de *en quiénes nos hemos convertido* es exactamente el lugar en nuestra vida donde necesitamos estar: en *el camino hacia respetarnos, cuidarnos y amarnos a nosotros mismos*. Aunque es virtualmente imposible controlar de dónde vinimos y en quien nos convertimos como resultado de ello, siempre hemos tenido la habilidad inherente para elegir la dirección en la que queremos viajar. Muchos de nosotros no conocemos el secreto de la vida: no importa cuál sea nuestro destino de preferencia, o dónde terminemos en realidad; todos los caminos necesitan converger en el mismo destino: el amor a nosotros mismos. **El amor a sí mismo no solamente es el antídoto para la codependencia**, es el fundamento mismo sobre el cual todos los otros desafíos psicológicos y relacionales se apoyan. Es más, es la ÚNICA forma de impedir que el Síndrome del Imán Humano lo empareje cruelmente a usted con un narcisista patológico,

una y otra vez. El amor a sí mismo, o su búsqueda, no es sólo un destino, ¡es una forma de vida!

Para algunos de nosotros, la dirección de nuestro "tren" va de acuerdo a nuestro "itinerario de viaje" y llegará donde planeamos y a tiempo. Pero para la mayoría de nosotros, especialmente para los que nos identificamos como codependientes, nos hemos confundido y desorientado con respecto a nuestros planes de viaje, o perdimos por cansancio la ambición de mantenernos al tanto del "horario siempre cambiante de nuestro tren". Quizás nos hemos desanimado por arribar repetidamente a destinos no planeados, desconocidos e inesperadamente desagradables. Después de un tiempo, los sentimientos crónicos de estar atascados, atrapados y sin esperanza, se solidifican en un caso perdido de codependencia.

Para otros, el problema no es estar en el lugar equivocado a la hora equivocada, sino que uno o más de sus viajes en tren terminaron en un desastre. Tal vez su tren se descarriló y, como consecuencia, usted fue herido y traumatizado. Su viaje pudo haber frenado de manera estridente, quedándose usted atascado con pocas opciones. Es posible que haya superado el trauma, sanado y comprado otro boleto para su destino de preferencia o, como hacen la mayoría de codependientes, que se haya congelado en su trauma, eligiendo permanecer en el lugar del descarrilamiento o, aún peor, que se haya prometido a sí mismo que jamás volvería a viajar en tren (avión o autobús).

El trauma del descarrilamiento puede definir el resto de su vida o puede ser superado. Sea que haya perdido su tren, haya terminado en el lugar equivocado, o sobrevivido un terrible accidente, la vida lo lleva donde usted decida ir. Es de suma importancia que usted no deje que las experiencias de viaje previas limiten su anhelo, deseo y motivación para finalmente llegar al destino que ha soñado: al amor a sí mismo mientras comparte una relación con una pareja que también se ame a sí misma.

La valentía que se necesita para admitir la propia infelicidad y falta de realización es menor que la valentía indispensable para decidir hacer algo al respecto. Elegir "dejar" la propia codependencia con la esperanza de "arribar" a un destino más saludable y de mayor amor a sí mismo es el "itinerario de viaje" que yo prefiero sugerir. Es en el viaje hacia este "destino" donde está la solución para la codependencia, no en el destino en sí. Un ejemplo de esto es la canción "Greyhound", escrita por el cantante de folk norteamericano Harry Chapin. Esta canción conecta sugestivamente con la condición de sentirse atascado en la propia vida, la difícil decisión de quedarse o irse, la valentía psicológica para dar el paso, y el miedo, la ansiedad y la tristeza de estar en esa transición, y la esperanza en el destino que viene.

> **(Fragmento de) Greyhound, de Harry Chapin**
> **Pero no hay nada nuevo acerca de los autobuses**
> **Nada nuevo acerca de sentirse triste**
> **Nada nuevo acerca de desalentarme**
> **O engañarme**
>
> **Mirando el mañana es la forma como el perdedor se esconde**
> **Debería haberme dado cuenta a estas alturas que mi vida es un viaje**
> **Es tiempo de encontrar algunos momentos felices y hacerme algunos amigos**
> **Sé que no hay arcoíris esperando cuando este viaje termina**
>
> **Al bajarme de este sucio bus, por primera vez comprendí**
> **Tiene que ser el viajar, y no el llegar allá, lo que está bien**
> **Ese es un pensamiento para guardar si yo pudiera**
> **Tiene que ser el viajar, y no el llegar allá, lo que está bien**
> *Harry Chapin. © Warner/Chappell Music, Inc.*

A través de elecciones conscientes, compromiso personal y trabajo duro, todos podemos experimentar el mundo como individuos plenamente competentes, seguros, amorosos y amados. Con una ferviente fe en nosotros mismos y con el compromiso de convertirnos en la mejor versión de nosotros mismos, podemos hacer realidad el derecho que Dios nos dio para vivir las experiencias de la alegría y del amor saludable. Cuidándose bien a usted mismo, sanando sus heridas emocionales y amándose incondicionalmente, llegará usted más cerca de sus sueños.

Como sobreviviente de algunas relaciones bastante desafiantes con narcisistas patológicos, es importante para el lector saber que ¡definitivamente existe la esperanza de vivir el amor saludable y duradero! Soy la prueba viviente de que si uno se compromete a un proceso de sanación y transformación, es posible suprimir o detener completamente las voces disfuncionales que los narcisistas plantaron en nuestras mentes para derribarnos mientras intentaban controlarnos.

Todos nosotros tenemos la capacidad y el poder para poner fin a las fuerzas inconscientes de mando que nos obligan a replicar nuestro trauma de la infancia a través de nuestras elecciones de parejas románticas adultas disfuncionales. Con la ayuda de seres queridos y servicios profesionales calificados es posible sanar esas heridas de la infancia que lo han dirigido a usted inconscientemente hacia un "baile" con el mismo tipo de pareja disfuncional una y otra vez.

Desafío a los lectores de este libro a comprometerse valientemente a no renunciar a ustedes mismos —a nunca volverse a sentir impotentes en una relación que sea dañina para ustedes. Más importante aún, delante de ustedes está el reto de cavar profundamente dentro de las capas de su yo disfuncional con el fin de descubrir esa parte de ustedes que está traumatizada y, por lo tanto, abandonada para quedarse congelada en el tiempo y por siempre fosilizada.

La elección de cambiar, de liberarse a sí mismo de las cadenas de su pasado disfuncional y de detener su propensión magnética a enamorarse de otro narcisista patológico puede ser el cambio más grande y más importante que jamás hará en su vida. Detener su propia locura personal implicará perseverancia y valentía. Requerirá dedicación, diligencia, perseverancia, paciencia y, probablemente, una temporada o dos de psicoterapia.

A lo largo del camino probablemente usted cometa uno o dos errores. No deje que el dolor por estos errores lo desvíen de curso. Más importante aún, no ponga en duda el compromiso que ha hecho con usted mismo.

Habrá una recompensa —¡se lo prometo! Con el tiempo, se dará cuenta de que usted es perfecto tal como es: único y digno de amor. Decida ser lo suficientemente saludable, confiado y fuerte para elegir una pareja romántica que sea, ante todo, un amigo, y que lo ame, cuide y respete sólo por lo que usted es, y no por lo que usted puede hacer por ella. Nunca se rinda porque usted sólo tiene una vida y la búsqueda de amor a sí mismo lo acercará al alma gemela que siempre ha merecido y deseado.

Ahora vaya al espejo y mírese a los ojos. Hay un niño dentro de usted, el niño que usted solía ser. Él o ella es usted —un niño o niña asustado que está congelado en el tiempo debido al daño sufrido y soportado a una edad temprana. Usted sabe que desesperadamente quiere ser liberado de las cadenas de la duda en sí mismo, de la auto-aversión y del miedo. Usted y sólo usted puede tomar la decisión de andar por un nuevo camino en la vida, que con certeza le traerá felicidad, serenidad y amor a sí mismo. La decisión es suya: vivir bajo un riesgo limitado pero perpetuo de una disfunción relacional, o arriesgarlo todo y elegir comenzar un trabajo personal/emocional que le brindará amor saludable y mutuamente satisfactorio – verdadero amor. Confío en que usted, querido lector, tomará la decisión correcta. Yo lo hice y soy verdaderamente feliz.

APÉNDICE: LOS NARCISISTAS Y YO — LA EVOLUCIÓN DE LOS CONCEPTOS

La travesía que me llevó a comprender el patrón instintivo, aunque averiado, según el cual yo establecía mis relaciones, comenzó mucho antes de convertirme en psicoterapeuta. Puedo recordar claramente cuando, debido a mi abuso descontrolado de drogas, estuve al borde de la autodestrucción. Comenzando a la edad de 14 años, yo había estado auto medicando mis problemas emocionales tomando copiosas cantidades de drogas. Mi viaje hacia la comprensión, la sanación y la transformación comenzó justamente en agosto de 1978 cuando, a la edad de 17 años, fui hospitalizado por abuso de drogas. Aunque no lo sabía en ese entonces, yo era un adolescente muy triste, solitario y enojado.

Debido a que mis padres temían que mi abuso de drogas me costara la vida, buscaron para mí un tratamiento intensivo con hospitalización en el hospital Riveredge en Forest Park, Illinois. Nunca olvidaré el día en que fui engañado haciéndome creer que si iba a una sola sesión con un consejero, mis padres me dejarían ir al concierto de REO Speedwagon con mis amigos. Había hecho planes para embriagarme antes, durante y después del concierto. No sabía entonces que en vez de ver a REO Speedwagon había sido admitido a un centro de salud mental. La sesión de asesoramiento de "una hora" se convirtió en 90 días.

Durante las primeras dos a tres semanas en Riveredge, me negué a aceptar que mi uso de drogas estuviera relacionado con algo diferente a divertirme y sentirme bien. En ese momento, yo era incapaz de enfrentar la triste verdad acerca de mi vida —que hasta donde era capaz de recordar siempre había estado solo, inseguro y había sido ridiculizado y rechazado por los compañeros de mi edad. Las drogas de las que había estado abusando adormecían efectivamente mi dolor psicológico. Tomó algo de tiempo romper mis defensas, pero después de un mes, comencé a reflexionar abiertamente sobre mi triste realidad personal. Al sentirme seguro y apoyado por mis nuevos amigos y por el personal de orientación del hospital, comencé a tomar en serio que mi uso recreativo de grandes cantidades de drogas en realidad no estaba relacionado con divertirme sino con escapar, desconectarme e insensibilizar mis dolorosos sentimientos de no ser importante ni digno de amor.

Como a la cuarta semana de mi tratamiento, después de una serie de sesiones polémicas de terapia individual y de grupo, experimenté un sorprendente logro emocional. En ese momento yo no estaba ya tan seguro de cómo me sentía acerca de nada, incluyendo los motivos detrás de mi abuso de drogas. Sintiéndome bloqueado y confundido, regresé a mi habitación donde me sentí movido a escribir mi primer poema. Fue un poema muy triste acerca de una persona triste y sola —yo. Este poema, al que titulé "Soledad", finalmente sirvió como una ventana a la parte más profunda de mi yo emocional. Hasta antes de escribirlo, yo había suprimido con éxito los sentimientos dolorosamente representados en ese poema.

Una vez escrito, supe que la soledad era la enfermedad que yo había estado auto-medicando y de la que había estado huyendo. Escribir el poema desató un torrente de angustia emocional, que fue una sorpresa para mí. Aparentemente, yo había suprimido y encubierto con esmero estos sentimientos, que terminaron en un ataque de llanto como ningún otro que hubiera experimentado previamente. En una avalancha de recuerdos dolorosos y descubrimientos, por primera vez en mi vida, me enfrenté a las tristes realidades emocionales de mi vida. Este poema, incluido a continuación, me ayudó a darme cuenta de lo solo e inseguro que me sentía y también me ayudó a conectarme con mis sentimientos de toda la vida de ser poco importante e indigno de amor. Después descubriría que esos sentimientos estaban conectados con mi infancia carente de afecto.

Soledad
La soledad es un sentimiento
muy difícil de aceptar.
Te carcomerá toda una vida.
Sin importar lo mucho que intentes olvidar.
El dolor que causa es insoportable.
Si sólo conocieras este dolor
y cómo duele.
Tienes la esperanza de que alguien comprenderá,
pero nadie lo hace.

Lo único que pido es un simple favor.

Sólo un amigo, alguien a quien le importe,
alguien que ame,
alguien que me de fortaleza.
Y cómo la necesito.
Muchas veces mis sueños se deshacen.
Pero juro que si alguna vez se cumplen,
me verás con una mano extendida.

Estoy listo para experimentar algo.
Lo he anhelado durante mucho tiempo.
Si se necesita luchar para superar este horrible sentimiento,
estoy listo,
estoy esperando.

Sólo deja que yo sea derribado,
verás que me levantaré inmediatamente.
Pero de todas maneras lucharé.
Fiero y determinado tendré que ser.

Tal vez incluso me veas lastimado y herido.
Pero jamás me daré por vencido.

Aquí estoy,
y tal vez,
y tal vez si derramo suficientes lágrimas,
podría mirar y darme cuenta,
y tal vez habrá alguien a mi lado.
Alguien a quien de verdad le importe,
Alguien que comprenda.

Qué emocionado estoy ante esta idea.
Parece un sueño,
Pero si lo es, te ruego,
¡Por favor no me despiertes!
Ross Rosenberg (1978, a la edad de 17 años)

Con este descubrimiento quedé libre para examinar cuidadosamente la naturaleza emocionalmente fracturada de mi vida. Con la ayuda del muy talentoso personal a cargo del tratamiento, comencé a descifrar los motivos detrás de mi auto-destructivo abuso de drogas. Había aprendido que ninguna cantidad de drogas sería capaz de llevarse mis más profundas inseguridades emocionales. Me di cuenta de que, desde que podía acordarme (a los cinco años), había sido un niño solitario que había sido emocionalmente ignorado por mis padres. Estando en el hospital comencé a descifrar mi tendencia a negar, racionalizar y colocar en el lugar equivocado mi tristeza y enojo hacia mis padres, quienes aparentemente habían ignorado mis necesidades emocionales. Tal vez el mayor avance en mi tratamiento lo tuve cuando experimenté plenamente mi ira y resentimiento hacia mis padres, especialmente hacia mi padre, quien había sido incapaz de dar afecto a su hijo mayor, sensible y emocional.

Con la ayuda del personal del hospital, fui capaz de comprender y, con el tiempo, de aceptar que había llevado siempre muchísima tristeza e indignación, las cuales eran el resultado directo de la ausencia emocional de mis padres y de su inhabilidad para hacerme sentir importante, valioso y amado. Aprendí que la ira y el resentimiento que yo había albergado hacia mis padres por no estar emocionalmente presentes para mí, tanto de niño como de adolescente, había tenido un efecto perturbador en mi salud psicológica. Se hizo perfectamente claro que me había refugiado en las drogas para alejarme de mis sentimientos de ira, inseguridad, desconexión e invisibilidad. Descubrí que escapar a través del abuso de drogas jamás alteraría mi realidad emocional; a lo sumo, sólo la encubriría.

El tratamiento que recibí en Riveredge me ayudó extraordinariamente a hacer la conexión entre mis problemas de abuso de drogas y mi difícil relación con mis padres. Aunque mis padres suplían bien muchas de las necesidades de sus hijos, especialmente sus necesidades físicas, eran incapaces de conectarse con ellos en lo emocional y personal. Ni mi madre codependiente, ni mi padre narcisista podían brindarme el confort emocional, la validación y la reafirmación que yo necesitaba tan desesperadamente. Tristemente, eran incapaces de comprender que su estilo de crianza emocionalmente desconectado era dañino para sus hijos, especialmente para mí. El tener padres que parecían desinteresados y desmotivados para comprender mis problemas emocionales había alimentado mis sentimientos de toda la vida de soledad, inseguridad y ansiedad de ser rechazado. Mis padres simplemente no tenían idea de que mi mundo emocional era vacío, triste e inseguro.

Por mucho que yo haya señalado las limitaciones de mis padres, estaré siempre en deuda con ellos por conseguirme ayuda; indudablemente esa ayuda salvó mi vida. También tuvo un impacto profundamente positivo en nuestra relación. Gracias a ellos, fui capaz de dar el muy importante primer paso para enfrentar mis demonios emocionales y para buscar un camino de sanación y de salud mental positiva. El personal a cargo del tratamiento en Riveredge ayudó a que me transformara en un valiente joven que deseaba cambiar el rumbo de su vida —ayudó a que buscara mejores posibilidades emocionales y personales. Me ayudaron a descubrir que yo era realmente talentoso en algo —mi primer descubrimiento de ese tipo. Al ayudarme a reconocer y apreciar mis habilidades naturales para escuchar, para la empatía y la resolución de problemas, me encaminaron hacia una carrera en el campo de la psicoterapia. Fue la primera vez en mi vida que realmente escuché y creí que yo tenía un valor intrínseco y que podía marcar una diferencia en el mundo en el que vivía. Era octubre de 1978 y yo estaba seguro de que me convertiría en psicoterapeuta. Yo estaba decidido a abrir camino para alcanzarlo.

Cuando salí de las instalaciones de tratamiento sentí como si tuviera una nueva oportunidad de vida. Había llegado a aceptar que mis padres no habían sido capaces de ~~afirmarme~~ reafirmarme, apreciarme y validarme como lo necesitaba. Mi experiencia en Riveredge me ayudó a comprender que una relación saludable con mis padres requeriría que me volviera independiente de ellos y que, al mismo tiempo, mantuviera una relación amorosa y conectada con ellos. Sabía que si fuera a la universidad que había sido planeada para mí, seguiría atado a las condiciones de mi padre, lo cual sólo desencadenaría mi enojo y resentimiento hacia él. No quería seguir bailando al ritmo de nadie para obtener validación o reafirmación. Había llegado el momento de liberarme del control que mi familia tenía sobre mí.

Di un salto de fe y, con una mezcla de entusiasmo y valor, tomé una decisión que me cambiaría la vida y me enlisté en el servicio militar. El enlistarme en el ejército durante tiempos de paz, el haber sido ubicado en Japón y el tener el codiciado trabajo de inteligencia militar con acceso a información ultra secreta, me animó a hacer un compromiso por cuatro años, que me cambiaría la vida. Esa decisión me colocó en un camino, emocionante pero aterrador, hacia la independencia personal, emocional y económica. La ironía de mi decisión nunca se me escapó: dejé el egocentrismo controlador de mi padre por el egocentrismo controlador del ejército; imagínese. De todas formas, fue una de las mejores decisiones en mi vida. Fue mi primera experiencia de sentir orgullo de mí mismo mientras experimentaba también un sentido de importancia, validación y aprecio por parte de mis padres. Por primera vez en mi vida nos estábamos relacionando entre nosotros de manera respetuosa y amorosa (con algunas limitaciones naturales).

Mis experiencias en el ejército me ayudaron a madurar, a desarrollar confianza en mí mismo y, lo más importante, alimentaron mi deseo de convertirme en psicoterapeuta. Fue un periodo de cuatro años muy gratificante en mi vida. No solamente había viajado por el mundo, hecho grandes amigos, y madurado, sino que había sido capaz de progresar en la sanación y en la reconciliación de mi relación con mis padres. Después de enlistarme en el ejército, estaba listo para ir a la universidad y alcanzar mi meta de convertirme en psicoterapeuta. Gracias a los beneficios para los veteranos, a una pequeña cuenta de ahorros y a ayuda económica, pude estudiar psicología en Towson State University, en Towson, Maryland sin depender de la ayuda aparentemente condicionada de mis padres. Después de cuatro años de universidad, que incluyeron un mayor crecimiento en mi relación con mis padres, obtuve una maestría en Boston University.

Uno de los momentos más influyentes de mi vida universitaria/de posgrado tuvo lugar en 1988, mientras tomaba el curso de posgrado sobre teoría familiar sistémica. Todo el grado para el curso estaría basado en un trabajo escrito titulado "Cómo me diferencio de mi familia de origen". La única instrucción era escribir un trabajo escrito basado en investigación utilizando dos teorías familiares sistémicas, para explicar cómo habíamos aprendido a diferenciarnos o separarnos emocionalmente de nuestras familias de origen. Se trataba de un desafío académico y personal sincronizado que yo ya había comenzado con mi "investigación" acerca del tema cuando era adolescente en el hospital de Riveredge. Nunca imaginé que este trabajo pondría en movimiento una comprensión más completa y profunda acerca de la influencia que había tenido mi familia en mí, en lo emocional, personal y relacional, a pesar de las 800 millas que nos separaban.

Este trabajo de posgrado me ayudó a relacionar entre sí las múltiples influencias que me habían dado forma psicológicamente. Esta monumental tarea escrita me ayudó a comprender cómo mi infancia solitaria e insegura estaba conectada con los desafíos y problemas que experimentaba en mis relaciones adultas. A pesar de que obtuve una cantidad enorme de información reveladora y esclarecedora sobre mi familia y, en consecuencia, sobre mí mismo, todavía no estaba preparado para procesarla toda. Como una buena botella de vino, fue necesario un tiempo para propiciar mi propio proceso de maduración. Aunque no lo sabía en ese momento, el valor total de la tarea del curso de pos grado sería evidente 10 años después de mi graduación de Boston University. Es exasperante darme cuenta de que en 1988 habría tenido todas las respuestas acerca de cómo lograr entablar relaciones íntimas estables y mutuamente satisfactorias. Pero, como le pasa a la mayoría de las personas que están en proceso de transformación personal, se necesita tiempo, paciencia y buena psicoterapia.

Mi carrera de psicoterapia comenzó en 1988 a los 27 años, cuatro meses después de graduarme de Boston University. Con el diploma en la mano y armado de entusiasmo y emoción hacia mi carrera de psicoterapia largamente esperada, rápidamente encontré empleo. Fui contratado para proporcionar asesoramiento y asistencia relacionada con adicciones en un centro rural de orientación en el centro de Iowa — ¡nada que ver con Boston! No tardé en adaptarme a mi nueva profesión, ¡que me encantó! Rápidamente desarrollé una pasión por trabajar con adultos que eran sobrevivientes de una infancia de abuso o descuido, así como con clientes que luchaban con relaciones usualmente disfuncionales.

Como muchos terapeutas que acaban de salir de estudiar la maestría, mi entrenamiento se caracterizó por el antiguo y proverbial "bautismo de fuego". Aunque terminé el posgrado con la cabeza llena de información psicológica y psicoterapéutica pertinente, no fue hasta que comencé realmente a hacer el trabajo que aprendí el manual práctico de la profesión. Rápidamente se puso de manifiesto que cuanto más consciente era yo de mis propios patrones relacionales disfuncionales, especialmente de mi codependencia, tanto más era capaz de facilitar el crecimiento y la sanación de mi clientela codependiente. La conexión entre mi salud mental y la de mi cliente jamás había sido tan evidente. Antes de que me diera cuenta, estaba teniendo un impacto en las vidas de mis clientes. Esto era extraordinariamente satisfactorio considerando que ¡yo era nuevo en la escena de la psicoterapia! Alcanzar el sueño que había tenido a los 17 años de convertirme en un psicoterapeuta que ayudaría a otros con sus problemas, de la misma forma como a mí me había ayudado la psicoterapia, ¡fue un gran momento de triunfo para mí!

Al principio de mi carrera desarrollé un interés en la codependencia —ya que resonaba con mis propias dificultades personales y relacionales. En territorio familiar, me sentía equipado y capaz de ayudar a mis clientes codependientes con sus problemas autodestructivos y disfuncionales en lo personal y en lo relacional. Gracias a mi trabajo personal previo en asuntos relacionados con mi propia familia, rápidamente reconocía la conexión entre la historia de abuso, trauma y/o descuido de mis clientes, y sus patrones adultos disfuncionales de relación. Me di cuenta de que mis clientes codependientes parecían venir casi siempre de familias disfuncionales en las que un padre era codependiente y el otro era narcisista o adicto. Al quedarme clara esta conexión, estaba mejor equipado para guiar a mis clientes hacia una mejor comprensión de su predilección por relaciones disfuncionales.

Haber experimentado una psicoterapia positiva y fructífera, tanto en la adolescencia como en la edad adulta también me había ayudado a asociar la importancia del crecimiento personal con mis habilidades para asesorar. Además de que nunca he sido tímido para buscar psicoterapia, la encuentro personalmente gratificante y agradable. Yo era como una esponja, deseando absorber la mayor cantidad de conocimiento personal que fuera posible. La psicoterapia no siempre fue "pan comido", ya que hubo tiempos muy difíciles en mi vida adulta para los que la psicoterapia fue absolutamente necesaria. Estar en "ambos lados del sofá" tuvo un efecto positivo y doble para mí. Me ayudó personalmente mientras me demostró a mí, profesionalmente, el poder del proceso de sanación y de transformación. Mis experiencias en psicoterapia han tenido un efecto invaluable en mi vida personal y profesional.

Las ideas y conceptos en este libro han sido significativamente influenciados por mi propia transformación personal que incluyó, pero no se limitó, a mi propio trabajo psicoterapéutico. A lo largo de mi vida, la psicoterapia me ha ayudado a enfrentar desafíos vitales difíciles así como duros momentos emocionales. Más importante aún, fue útil en ayudarme a superar y, con el tiempo, a solucionar mis problemas profundamente enraizados, asociados en gran medida a la experiencia de mi infancia con mis padres. Con la ayuda de la terapia, yo había llegado a comprender que había sido una víctima de mi propia mente inconsciente, que repetidamente me obligaba a recrear la experiencia de mi infancia a través de la elección de parejas románticas disfuncionales.

Tal vez mi período más significativo e influyente de psicoterapia fue a principios de 1996, cuando decidí poner fin a un matrimonio de dos años y medio con una persona que sentí que era dañina y abusiva. Debido a mi decisión, lo que ya era amargo y hostil se transformó en algo peor. Yo necesitaba ayuda desesperadamente para enfrentar el estrés del divorcio, las acciones y reacciones cáusticas de mi esposa, así como las cuestiones complicadas alrededor de mi hijo de dos años de edad de quien yo quería la custodia. No estaba preparado para lidiar con el conflicto y el dolor emocional de este divorcio.

Gracias a la asistencia psicoterapéutica profundamente útil que me brindó Jill Mailing, LCSW (Northbrook, IL), fui capaz de sobrevivir el alboroto de este divorcio. Esta terapia me ayudó a manejar el estrés y el conflicto del divorcio y a la vez me capacitó para manejar mejor mis sentimientos con respecto a los desafíos de la custodia compartida. También me ayudó a planear estrategias emocionales y conductuales que me protegerían a mí y a mi hijo de las reacciones aparentemente egoístas, controladoras, inflexibles, excesivamente reactivas y punitivas de la madre de mi hijo ante mi establecimiento de límites.

El momento más profundamente impactante de mi trabajo con Jill fue cuando me enteré de mi propensión a enamorarme de mujeres narcisistas perniciosas. Este descubrimiento, que me cambió la vida, fue provocado por un libro que Jill me recomendó leer: "*El drama del niño dotado*" (1979) escrito por la renombrada psiquiatra psicoanalista Alice Miller. El trabajo de la Dra. Miller ¡me golpeó como un tren! Me ayudó a envolver mis brazos alrededor del hecho de que yo no solamente había sido una víctima de daño, *¡sino que también era "co-conspirador" con él!* Había entendido que, al haber sido criado por un padre narcisista y al haber salido adelante de la manera singular como lo hice, había sido colocado en el camino de sentirme atraído habitualmente hacia mujeres que me herían mientras que afirmaban que me amaban.

A pesar de los descubrimientos obtenidos de mis sesiones de terapia en 1996, me volvería a encontrar en relaciones disfuncionales. Como dicen en Alcohólicos Anónimos, aún no había "tocado fondo". En 1998, me enamoré de una mujer que, en ese momento, creí con cada fibra de mi ser, que era mi alma gemela. Cuando nos conocimos, aparentemente ambos compartimos una experiencia de amor perfecto a primera vista. No sólo la química era fuera de serie, se sentía como si nos hubiéramos conocido de toda la vida. Mientras nos deleitábamos en la alegría eufórica de nuestra nueva relación, no nos detuvimos a pensar en las banderas rojas, a las que convenientemente cerramos los ojos. Fuimos incapaces de darnos cuenta de que ambos llevábamos una carga máxima de equipaje personal. Ya que ambos creímos que nuestro amor recién encontrado era perfecto y que estábamos destinados a estar juntos por la eternidad, nos apresuramos al altar; nos casamos seis meses después de habernos conocido.

Al igual que con mi primera esposa, la sensación de amor a primera vista no era más que un espejismo, creado por vivir en un desierto de soledad, aislamiento e infelicidad. Poco después de nuestra boda, de manera similar a mis primeras nupcias, hubo un cambio abrupto y claro en nuestra relación. La euforia que nos había obligado a casarnos tan rápidamente pareció despejarse, muy parecido a como el sol actúa sobre la niebla temprano en la mañana. Antes de seis meses de matrimonio, afloraron elementos desconocidos de su personalidad. Si esos rasgos hubieran sido evidentes para mí antes de la boda, jamás habría dado mi consentimiento para esa unión. Una vez más, aprendí la muy dolorosa lección de que el amor es ciertamente ciego... tal vez sordo también.

En el segundo año de este matrimonio yo estaba otra vez en el rol de cuidador, ayudante y "buen tipo" sacrificado, que no estaba recibiendo a cambio nada de la misma buena voluntad. El matrimonio y mi terapia individual no serían suficientes para solucionar nuestros problemas relacionales. Después de tres años de soledad y resentimiento, decidí separarme permanentemente de este matrimonio nocivo y tóxico.

El divorcio fue emocionalmente devastador y humillante para mí, ya que este era el segundo fracaso en la gran institución del matrimonio, en la cual tan desesperadamente yo quería creer. Estaba muy enojado conmigo mismo ya que sentía que todo el trabajo terapéutico que yo había llevado a cabo previamente había sido en vano. Como psicoterapeuta, tratando de ayudar a otros en su búsqueda de relaciones sanas, sentía como si yo fuera un impostor. No obstante, el segundo divorcio me puso en una vertiginosa crisis emocional que duró 5 años —hasta el 2006. Aunque tomó un tiempo, finalmente salí con dificultad de la niebla resuelto a averiguar por qué un hombre que había aprendido lecciones claves acerca de sí mismo y de su infancia, cometería repetidamente los mismos errores relacionales. Claramente me faltaba aprender más.

Un importante cambio radical en mi vida ocurrió en Abril del 2006, cuando participé en un retiro patrocinado por una organización de hombres comprometida a ayudar a los hombres a desarrollar una más profunda auto-comprensión y a establecer relaciones más honestas y emocionalmente conectadas. El retiro, o fin de semana de cambio profundo, ¡sacudió mi vida! Me ayudó a sumergirme muy dentro de la infraestructura emocional de mi yo psicológico. En el fatídico fin de semana de cambio profundo de abril, aprendí que todavía necesitaba trabajar en mi ira de la infancia por haber sido descuidado por mis padres.

A través de los grupos de crecimiento personal continuo y otras actividades de apoyo y terapéuticas, o como el grupo de hombres prefiere llamarlo, "el trabajo del corazón", he sido capaz de conectarme poderosamente con los orígenes de mi codependencia —las cuestiones de mi familia de origen. Mi trabajo personal con esta organización me ha ayudado invaluablemente para comprender mejor la naturaleza insidiosa de mi pasado disfuncional, y su control sobre mis elecciones relacionales. Me facilitó (y lo continúa haciendo) una comprensión más profunda de cómo mis patrones disfuncionales de relación estaban claramente conectados con mis necesidades emocionales no satisfechas de cuando era niño.

Ninguna otra cita capta mejor lo que aprendí a lo largo de mis experiencias en ese grupo de hombres que esta de Anais Nin (1903-1977):

> **Y llegó el día en que el riesgo que corría por quedarse firme dentro del capullo era más doloroso que el riesgo que corría por florecer.**

Mi participación en esa organización complementó bien mi continuo trabajo psicoterapéutico. Como resultado directo de mi participación en ella, aceleré significativamente mi progreso en mi camino hacia descifrar los misterios de mi patrón relacional disfuncional. Gracias a esta organización y a los hombres en mi Grupo Personal de Crecimiento, pude salir de mi zona de confort y correr el riesgo de "florecer". Estaba listo para intentar una vez más y hacerlo bien... para encontrar una pareja saludable y capaz de amor y cuidado mutuos. No es coincidencia que fuera poco después de un fin de semana de cambio profundo que conocí al amor de mi vida, Korrel Crawford, la mujer con la que me casaría.

Mi viaje hacia liberarme de las circunstancias desafortunadas que rodearon mi infancia estaba empezando a dar fruto. La mayoría de mis relaciones personales y algunas de mis relaciones familiares comenzaron a adquirir una calidad nueva y mejorada. Un "efecto secundario" de mi crecimiento fue el subsecuente desarrollo y refinamiento de mis habilidades psicoterapéuticas. Cuanto más aprendía acerca de mí mismo, cuanto más sanaba mis viejas heridas y evitaba relaciones disfuncionales, tanto más enfocadas y efectivas se volvieron mis habilidades en psicoterapia. Mis ganancias personales y psicológicas claramente se tradujeron en asistencia psicoterapéutica más efectiva para mis clientes, quienes habitualmente conformaban relaciones románticas disfuncionales. Fue como si yo desarrollara una especie de antena que estaba finamente sintonizada con la experiencia entre codependiente y narcisista patológico.

Como poeta aficionado y como terapeuta que empleaba el uso de analogías y metáforas terapéuticas, me encontré a mí mismo refiriéndome a la relación codependiente/narcisista como el "baile disfuncional". Cuanto más utilizaba la analogía del baile con mi clientela codependiente, tanto más la acogían. La metáfora del baile tuvo eco en mis clientes, ya que les ayudó a encontrar el sentido de sus patrones relacionales disfuncionales, automáticos y repetitivos. En especial, mis clientes codependientes apreciaron la metáfora (y las discusiones terapéuticas resultantes) porque les ayudaba a comprender mejor sus propios problemas de codependencia. Con el tiempo, "el baile disfuncional" se convirtió en una de mis frases terapéuticas estándar que utilizaba con mis clientes que buscaban liberarse de sus patrones disfuncionales de relación.

Al igual que con muchas de mis otras técnicas creativas, esta metáfora se fue cocinando en mi inconsciente por un tiempo. En 2007, escribí un ensayo titulado, "¡Codependencia: no bailes!" Una vez escrito, mis clientes codependientes lo alabaron casi unánimemente. El ensayo pareció tener sentido intuitivo para ellos ya que les ayudó a comprender mejor sus patrones habituales de relación con sus parejas románticas nocivas. También sirvió como elemento catalizador para muchos de ellos, porque les facilitó su comprensión de su impotencia ante su atracción hacia parejas narcisistas. Este ensayo/artículo se convirtió en el más solicitado que jamás haya escrito. Por otra parte, sirvió como inspiración para un seminario que con el tiempo crearía: *Entendiendo la atracción entre manipuladores emocionales y codependientes*.

El desarrollo de mi comprensión de la codependencia, el narcisismo y las relaciones disfuncionales ha seguido una línea recta. En la medida en la que el ensayo del baile tomó fuerza y atrajo la atención de muchísimos clientes y terapeutas, me sentí motivado a seguir desarrollando mi concepto sobre la atracción disfuncional. Eso también me impulsó a tratar de medir la magnitud de la fuerza de atracción entre codependiente y narcisista. Con el tiempo desarrollé el constructo psicológico que ayudó a identificar la fuerza de atracción que obliga a personalidades opuestas a unirse en una relación romántica. Así nació la Teoría del Continuum del Yo. Esta teoría era simple, e incluso daba una explicación matemática para las dinámicas de atracción observadas en todas las relaciones. Se enfocaba en la atracción natural de dos tipos opuestos de personalidad. Se convirtió en una herramienta útil y necesaria para ampliar el conocimiento de mis clientes sobre la dinámica de atracción mutua inconsciente, como está explicada en el ensayo del baile. Sabía que estaba en juego algo importante; un concepto explicativo que podría contribuir a la comprensión de las relaciones humanas.

En el 2010 creé un seminario de entrenamiento basado en el concepto del baile y en la idea del Continuum del Yo. Mientras escribía el entrenamiento, desarrolle aún otra metáfora para explicar la naturaleza habitual e irresistible de las dinámicas disfuncionales de atracción. Comencé a utilizar el imán y sus propiedades magnéticas para ilustrar la atracción natural e irresistible entre dos tipos o polos de personalidad completamente opuestas. La explicación del "imán humano" tuvo eco en mis clientes codependientes. Facilitó una comprensión más profunda de su atracción aparentemente automática hacia individuos con un tipo de personalidad opuesta, que casi siempre eran narcisistas. También les ayudó a encontrar el sentido de por qué permanecían con estos individuos a pesar de sentirse infelices, resentidos y poco apreciados.

Mientras escribía este libro, expandí la metáfora del imán en un concepto explicativo más amplio, al que llamé "Síndrome del Imán Humano" (capítulo 4). Gracias a Jan Gomien, dueño de AATP, una compañía profesional de seminarios con sede en Illinois, se me dio la oportunidad de presentar mi entrenamiento más reciente, al cual titulé, "El Continuum del Yo: entendiendo la atracción entre narcisistas y codependientes". AATP es una academia de entrenamiento sin ánimo de lucro establecida para brindar educación profesional continua a profesionales de la salud mental y a los que trabajan con adicciones. Quedé complacido con la abrumante retroalimentación positiva que recibí de la audiencia que participó en el seminario.

Cual sería mi sorpresa cuando en julio de 2011, Marnie Sullivan, una gerente de negocios de PESI (Premier Education Solutions), me pidió que creara un seminario basado en el entrenamiento del "Continuum del Yo". Para mi buena suerte, esa fue una oportunidad para que yo pudiera ofrecer el seminario a una audiencia nacional. Con el apoyo de Marnie, amplié la dinámica de atracción entre codependiente y narcisista a una dinámica entre codependiente y narcisista patológico. Esta fue una extensión natural de mis hipótesis, ya que todos los trastornos del narcisismo patológico comparten un proceso narcisista específico[13]. El nuevo entrenamiento se tituló: *Entendiendo la atracción entre manipuladores emocionales y codependientes*. Para mi deleite, los entrenamientos se convirtieron en seminarios muy concurridos.

Casi inmediatamente el seminario, y con el tiempo el DVD del seminario, se convirtió en un gran éxito. Seis meses después de lanzar el horario del seminario de CMI/PESI, se hizo profusamente evidente que este tema tenía un atractivo universal. También se puso de manifiesto que el seminario, además de ser una experiencia educativa, también tenía un profundo efecto emocional en su audiencia. Debido a que al parecer el tema sonaba sincero para la mayoría de los participantes en el seminario, combinado con el apoyo abrumador que recibí de amigos y colegas, supe instintivamente que tenía que seguir adelante con esta idea. Para mi gran alegría, en abril de 2011, PESI me animó a escribir un libro basado en el seminario, que ellos publicarían.

Al mirar atrás, veo claramente que yo necesitaba tocar mi propio "fondo" personal antes de estar motivado a esclarecer la tendencia aparentemente instintiva y automática a sabotearme perpetuamente con mi elección de parejas románticas narcisistas. Creo que cuando nuestro dolor personal se vuelve insoportable, o cuando no podemos seguir tolerando nuestros errores inintencionados pero muy significativos, nos quedan dos opciones: continuar en el carrusel de disfuncionalidad perpetua o subir, abrirnos paso a codazos o batallar para sacarnos fuera de nuestro propio fango disfuncional. Me parece que un poder más

---

[13] Como se explica anteriormente en este libro, el narcisismo patológico es uno de tres trastornos de personalidad: trastorno narcisista, trastorno límite o trastorno antisocial de la personalidad o persona afligida por una adicción.

grande que nosotros (para mí — Dios) nos trae desastre o sufrimiento para que se abran nuestros ojos y nos veamos más claramente.

Aunque el dolor de nuestros errores puede motivarnos a luchar por la sanidad, no estamos protegidos contra el arduo y doloroso proceso de cambiar de personalidad. Si decidimos embarcarnos en este camino de sanación psicológica, el viaje con seguridad será duro. Sin duda experimentaremos las fuerzas poderosas y sin atenuantes de nuestros patrones de relación disfuncionales que nos fuerzan a persistir en la conducta disfuncional. Pero cuando de verdad queramos amar a alguien que nos celebre y nos aprecie, reuniremos el valor para caminar atravesando el fuego de este proceso emocionalmente abrumador. De él, llegaremos a comprender que nuestros errores se transformarán paradójicamente en pequeños tesoros de sabiduría. Como mi amiga, Melody Beattie, la exitosa autora de *Codependent No More* (1986) me explicó recientemente, "atraemos a nosotros las experiencias de las que tenemos que aprender". ¡Cuánta razón tiene!

Según uno de mis autores y filósofos favoritos, Paulo Coelho, "Cuando realmente deseas algo, todo el universo conspira para que lo consigas" (Cohelho, 2006). Así es, ¡el universo me escuchó! A pesar de ser difícil y bastante desafiante, elegí el camino de la sanación. Mi entusiasmo por crecer, aprender de mis errores y curar mis viejas heridas me llevó por el camino sinuoso y difícil que culminó en la redacción de este libro. Mi compromiso con un proceso de sanación transformador no puede estar separado de mi ambición por ser un psicoterapeuta eficaz — uno que pueda tener un impacto positivo en las vidas de los demás, al igual que aquellos terapeutas que influyeron en mi vida en 1978. Me siento excepcionalmente honrado de estar en este campo profesional que me permite utilizar mis propias lecciones de vida para ayudar a otros que desean liberarse de los lazos disfuncionales de su pasado. De ningún modo todo esto sucedió por accidente. Estoy seguro, al igual que muchas de mis decisiones tanto en lo personal como en lo profesional, de que mi mente inconsciente ha estado trabajando en esto ¡ya por bastante tiempo!

BIBLIOGRAFÍA

Adams, K. (2011). *Silently Seduced*. Deerfield Beach, FL: HCI Books.

American Psychiatric Association (2000). *Diagnostic and statistical manual of mental disorders DSM-IVTRr fourth edition* (text review). Washington, DC: Author.

Anthenelli, R.M., Smith, T.L., Irwin, M.R., & Schuckit, M.A. (1994). A comparative study of criteria for subgrouping alcoholics: The primary/secondary diagnostic scheme versus variations of the type 1/type 2 criteria. *American Journal of Psychiatry*, 151(10), 1468-1474.

Beattie, M. (1986). *Codependent no more: How to stop controlling others and start caring for yourself* (2nd ed.). Center City, Minnnesota: Hazelden.

Belden, R. (1990). *Iron man family outing: poems about transition into a more conscious manhood*. Rick Belden.

Boeree, C. (2006). *Personality theories: Erik Erikson 1902-1994*. Tomado de http://webspace.ship.edu/cgboer/erikson.html

Borst, B. (2013). *Love songs: Number one songs with love in their title*. Tomado de http://www.bobborst.com/popculture/love-songs

Bowen, M. (1993). *Family therapy in clinical practice*. Northvale, NJ: Jason Aronson, Inc.

Bowlby, J. (1969, 1983). *Attachment: Attachment and Loss Volume One* (1-2 ed.). New York, NY: Basic Books.

Brown, B. (Speaker). (2010). Brené Brown: *The power of vulnerability* [Lecture]. Houston, TX: Ted Conferences, LLC.

Cadoret, R.J., Troughton, E., & Widmer, R. (1984). Clinical differences between antisocial and primary alcoholics. *Comprehensive Psychiatry*, 25: 1-8.

City Collegiate. *Properties of Magnets*. Tomado en Septiembre 8, 2012, de http://www.citycollegiate.com/chapter17_Xc.htm

Clark, J. & Stoffel, V.C. (1992). Assessment of codependency behavior in two health student groups. *American Journal of Occupational Therapy*, 46(9), 821-828.

Cleckley, H. (1982). *The Mask of Sanity* (Mosby medical library) (revisado). Plume.

Cloud, J. (2009). The mystery of borderline personality disorder. *Time*. Tomado de http://www.time.com/time/magazine/article/0,9171,1870491,00.html

Co-Dependents Anonymous (2010). *Patterns and characteristics of codependence*. Tomado de http://coda.org/tools4recovery/ patterns-new.htm

Coelho, P. (2006). *The Alchemist: A Fable about Following Your Dream* (A.R. Clarke, Trans.). Logan, IA: *Perfection Learning*. (Trabajo original publicado en 1995)

Creswell, J. & Thomas Jr., L. (2009). The talented mr. Madoff. *New York Times*. Tomado de http://www.nytimes. com/2009/01/25/business/25bernie.html

Crompton, S. (2008). *All about me: Loving a narcissist*. UK: HarperCollins.

Derefinko, K. & Widiger, T. (2008). Antisocial personality disorder. In S.H. Fatemi et al (Ed.), *The medical basis of psychiatry* (3rd ed.). New York, NY: Humana Press.

DeWall, N.C., Pond Jr., R.S., Campbell, K.W., & Twenge, J.M. (2011) Tuning in to psychological change: Linguistic markers of psychological traits and emotions over time in popular U.S. song lyrics. *Psychology of Aesthetics, Creativity and the Arts*, 5(3), 200-207.

Dingfelder, S.F. (2011). Reflecting on narcissism: Are young people more self-obsessed than ever before? American Psychological Association, *Monitor on Psychology*, 42(2), 64.

Edelman, R. & Kupferberg, A. (2002). *Matthau: A life*. Lanham, MD: Taylor Trade Publishing.

Emilien, G., Durlach, C., Lepola, U., & Dinan, T. (2002). *Anxiety disorders: Pathophysiology and pharmacological treatment*. Boston, MA: Birkhäuser.

Everett, D. (2006). *Antisocial personality disorder vs. psychopathy: An analysis of the literature*
(Tesis, Auburn University, 2006). Tomado de http://etd.auburn.edu/etd/bitstream/handle/10415/360/EVERETT_DAVI D_59.pdf

Farnsworth, R. & Edelman, R. (2010, December). *Jack Lemmon biography*. Tomado de http://www.filmreference.com/ Actors- and-Actresses-Le-Ma/Lemmon-Jack.html

Fazel, S. & Danesh, J. (2002). Serious mental disorder in 23,000 prisoners: A systematic review of 62 surveys. *The Lancet*, 359:545.

Flew, A. (Ed.) (1979). *Golden rule. A Dictionary of Philosophy*. London, UK: Pan Books.

Fraley, R.C. (2010). *A brief overview of adult attachment theory and research*. Tomado de http://internal.psychology.illinois. edu/~rcfraley/attachment.htm

Freud, S. (1990). *The psychogenesis of a case of homosexuality in a woman*. In Strachey (Ed. & Trans.), *The standard edition of the complete psychological works of Sigmund Freud* (Vol. 18, pp. 145-172). London: Hogarth Press. (Obra original publicada en 1920)

Freud, S. (1963). *Analysis terminable and interminable*. In P. Rieff (Ed.), Sigmund Freud: *Therapy and technique* (pp. 233-271). New York: Collier. (Obra original publicada en 1937)

Frost, R. (1920). *The Road Not Taken. Mountain Interval*. New York, NY: Henry Holt.

Fuller, C. (2009, Oct 10). *Therapist, heal thyself*. Message posted to http://www.jung-at-heart.com/jung_at_heart/therapist_heal_thyself.html

Goldberg, C. (1994). *On being a psychotherapist*. Northvale, NJ: Jason Aronson, Inc.

Grant, B. F., Chou, S. P., Goldstein, R. B., Huang, B., Stinson, F. S., Saha, T. D., et al. (2008). Prevalence, correlates, disability, and comorbidity of DSM-IV borderline personality disorder: Results from the Wave 2 National Epidemiologic Survey on Alcohol and Related Conditions. *Journal of Clinical Psychiatry*, 69(4), 533-45.

Hare, R.D. (1993). *Without conscience: The disturbing world of psychopaths among us*. New York, NY: Pocket Books.

Hare, R.D. (1996). Psychopathy and antisocial personality disorder: A case of diagnostic confusion. *Psychiatric Times*, 13(2).

Hare, R.D. (2003). *The Hare psychopathy checklist-revised (PCL-R)* (2nd ed.). Toronto, ON, Canada: Multi-Health Systems.

Hare, R.D. (2008). *Psychopathy: A clinical construct whose time has come. Current Perspectives in Forensic Psychology and Criminal Behavior* (2nd Ed.). Thousand Oaks, CA: Sage Publications.

Harlow, H.F. (1962). *Development of affection in primates*. In E.L. Bliss (Ed.), *Roots of behavior* (pp. 157-166). New York, NY: HarperCollins.

Harvard Mental Health Letter. (2006, January). *Carl Rogers' client centered therapy: Under the microscope*. Harvard University.

Hazan, C. & Shaver, P. (1987). Romantic love conceptualized as an attachment process. *Journal of Personality and Social Psychology*, 52(3), 511-524.

Helzer, J.E. & Przybeck, T.R. (1988). The co-occurrence of alcoholism with other psychiatric disorders in the general population and its impact on treatment. *Journal of Studies on Alcohol*, 49, 219–224.

Hotchkins, S. & Masterson, J. (2003). *Why is it always about you? The seven deadly sins of narcissism*. New York, NY: Free Press.

John, E. & Taupin, B. (1973, May). *Candle in the Wind* [Song]. En *Goodbye Yellow Brick Road*. Universal City, CA: MCA Records

Kassel, M. (2012). *The odd couple*. Tomado de http://www.museum.tv/eotvsection.php?entrycode=oddcouplet

Kelley, D., & Kelley, T. (2006). *Alcoholic relationship survival guide: What to do when you don't know what to do*. Port Charlotte, FL: Kelley Training Systems, Inc.

Kerns, J. (2008, Sept. 15). *Sociopath vs. psychopath: There is a difference*. Publicado en http://voices.yahoo.com/sociopath-vs- psychopath-there-difference-1906224.html

Kerr, M. & Bowen, M. (1988). *Family Evaluation*. New York, NY: W.W. Norton & Co.

Keys, D. (2012). *Narcissists exposed - 75 things narcissists don't want you to know*. Washington, DC: Light's House Publishing.

Kilpatrick, J. (1993). *Overused word of the 90's: "Dysfunctional"*. Universal Press Syndicate.

Kreisman, J. & Straus, H. (2010). *I hate you--don't leave me: Understanding the borderline personality*. New York, NY: Perigree Trade.

Laign, J. (1989a). *Co-dependency "has arrived." Focus on the Family and Chemical Dependency* (November/December), 1-3.

Laign, J. (1989b). *A patient poll. Focus on the Family and Chemical Dependency* (pp. 16). Lasch, C. (1991). *The culture of narcissism: American life in an age of diminishing expectations* (Rev. ed.) New York, NY: W.W. Norton & Company.

Lennard, J. & Davis, L. (2008). *Obsession: A history*. Chicago, IL: University of Chicago Press.

Levy, K.N., Meehan, K.B., Kelly, K.M., Reynoso, J.S., Clarkin, J.F., & Kernberg, O.F. (2006). Change in attachment patterns and reflective function in a randomized control trial of transference- focused psychotherapy for borderline personality disorder. *Journal of Consulting and Clinical Psychology*, 74, 1027-1040.

Lewis, C.E., Rice, J., & Helzer, J.E. (1983). Diagnostic interactions: Alcoholism and antisocial personality. *Journal of Nervous and Mental Disease*, 171, 105–113.

Light's Blogs (2009). *The four dysfunctional family roles: The scapegoat*. Tomado de http://lightshouse.org/lights-blog/the- four-dysfunctional-family-roles#axzz2IkIrvlmF

Linehan, M. (1993). *Cognitive-behavioral treatment of borderline personality disorder*. New York, NY: The Guilford Press.

Loeterman, B. (Director/Producer). (2001). *American experience: Public enemy #1* [Television movie]. Boston, MA: PBS Film WGBH. Tomado de http://www.pbs.org/wgbh/amex/dillinger/peopleevents/p_frechette.html

Lydon, J. E., Jamieson, D. W., & Zanna, M. P. (1988). Interpersonal similarity and the social and intellectual dimensions of first impressions. *Social Cognition*, 6(4), 269-286.

Maccoby, M. (2004). *Narcissistic Leaders: The Incredible Pros, the Inevitable Cons.* Watertown, MA: Harvard Business Review.

Malmquist, C.A. (2006). *Homicide: A Psychiatric Perspective.* Washington, DC: American Psychiatric Publishing, Inc.

Marsh, E. & Wolfe, D. (2008). *Abnormal Child Psychology* (4th ed.). Independence, KY: Wadsworth Publishing.

Maslow, A. (1966). *The psychology of science: A reconnaissance.* New York, NY: Harper & Row.

McBride, K. (2011). *Narcissism and entitlement: Do I have to stand in line?* Publicado en http://www.psychologytoday.com/blog/the- legacy-distorted-love/201108/narcissism-and-entitlement-do-I- have-stand-in-line

McGinnis, P. (2009). *Codependency-abandonment of self.* Tomado de http://www.dr-mcginnis.com/codependency.htm

Meloy, J.R. (2007). *Antisocial Personality Disorder.* Tomado de http://forensis.org/PDF/published/2007 AntisocialPerso.pdf

Codependency. (n.d.) Tomado de http://www.merriam-webster.com/dictionary/codependency

Michaels, S. (2013). *Dickhead and Putz: Walter Matthau and Jack Lemmon.* Tomado en Enero 1, 2013 de http://www.findadeath. com/Deceased/m/Matthau%20Lemmon/www.htm

Miller, A. (1979). *The drama of the gifted child: The search for the true self.* New York, NY: Basic Books.

Miller, F. T., Abrams, T., Dulit, R., & Fyer, M. (1993). Substance abuse in borderline personality disorder. *American Journal of Drug and Alcohol Abuse*, 19, 491-497.

Moeller, G. & Dougherty, G. (2006). *Antisocial Personality Disorder, Alcohol and Aggression*. Tomado de http://pubs.niaaa.nih.go/publications/arh25-1/5-11.htm

Horrigan, D. (2012). *You're Not Crazy, It's Your Mother!* London, UK: Daron Longman & Todd.

Horrigan, D. (2012). *Golden Child/Scapegoat*. Tomado de http://www.daughtersofnarcissisticmothers.com/golden-child- scapegoat.html

Myers, I.B. (1980, 1995). *Gifts Differing: Understanding Personality Type*. Mountain View, CA: CPP, Inc.

Norcross, J., Bike, D., & Evans, K. (2009). The therapist's therapist: A replication and extension 20 years later. *Psychotherapy: Theory, Research, Practice, Training*, 46: 32-41.

Nordqvist, C. (2012, February 24). *What is borderline personality disorder (BPD)?* Tomado en marzo 14, 2012 de http://www.medicalnewstoday.com/articles/9670.php

Noor, Al-Ali. (2012). *Objects of co-dependency: Just between you and me*. Tomado de http://blog.nouralali.com/fromkeetra/

Oliver, D. (2004-2012). *Antisocial personality disorder (APD)*. Tomado en diciembre 10, 2012 de http://www.bipolarcentral.com/ other illnesses/apd.php

Payson, E. (2002, 2009). *The wizard of oz and other narcissists*. Royal Oak, MI: Julian Day Publications.

Perry, S. (2003). *Loving in flow: How the happiest couples get and stay that way*. Naperville, IL: Sourcebooks, Inc.

Perskie, J. (2003, July 6). *A wise & perceptive book that changed my life!* [Revisión del libro *The Drama of the Gifted Child*]. Publicado en http://www.amazon.com/review/R3M023OI4ID0AI/ref=cm_cr_dp_title?ie=UTF8&ASIN=0465012612&nodeID=283155&st ore=books

Pope, K. & Tabachnick, B. (1994). Therapists as patients: A national survey of psychologists' experiences, problems, and beliefs. *Professional Psychology: Research and Practice*, 25(3), 247-258.

Porr, V. (2001). How advocacy is bringing borderline personality disorder into the light: *Advocacy issues*. Tomado en diciembre 4, 2012 de http://www.tara4bpd.org/ad.html

Prabhakar, K. (2006). *Proceedings of third AIMS international conference on management: An analytical study on assessing human competencies based on tests. Enero 1-4, 2006*. Ahmedabad: Indian Institute of Management.

Reik, T. (2011). A psychologist looks at love. NY: Ellott Press. Robins, L. & Regier, D. (1990). *Psychiatric disorders in America: The epidemiologic catchment area study*. New York: Free Press.

Roe, A. (1964). *Personality structure and occupational behavior*. En H. Borow (Ed.), *Man in a world at work*. Boston: Houghton Mifflin.

Santoro, J., Tisbe, M., & Katsarakes,M. (1997). *An equifinality model of borderline personality disorder*. Tomado de http://www.aaets.org/article20.htm

Schroeder, L. (2011). *The author*. Tomado en marzo 12, 2011 de http://evelynfrechette.com/author.html

Stapleton, C., (2009). *Melody Beattie Interview in Palm Beach Post*. Tomado de http://www.palmbeachpost.com/accent/content/accent/epaper/2009/01/06/a1d_melody_web_0106.html

Lawrence, J. (2012). *Do opposites attract?* Tomado en diciembre 4, 2012 de http://www.webmd.com/sex-relationships/features/do- opposites-attract

Sacramento County Local Child Care and Development Planning Council. (2000). *Proposal to Children and Family Commission*. Sacramento, CA: Author.

Stone, M. (1990). *The Fate of Borderline Patients: Successful Outcomes and Psychiatric Practice*. New York: The Guilford Press.

Straker, D. (2010). *Changing minds: In detail* (2nd Ed). Syque Press.

Swartz, M., Blazer, D., George, L., & Winfield, I. (1990). Estimating the prevalence of borderline personality disorder in the community. *Journal of Personality Disorders*, 4, 257-272.

Tennov, D. (1979, 1998). *Love and limerence: The experience of being in love* (1-2 Eds.). Chelsea, MI: Scarborough House.

Twenge, J. (2012). *Millennials: The greatest generation or the most narcissistic?* Tomado en junio 1, 2012, de http://www.theatlantic.com/national/archive/2012/05/millennials-the-greatest-generation-or-the-most-narcissistic/256638

Twenge, J. (2010). *Generation me: Why today's young Americans are more confident, assertive, entitled--and more miserable than ever*. New York, NY: Free Press.

U.S. Department of Health and Human Services: Substance Abuse and Mental Health Services Administration. (2011). *Report to congress on borderline personality disorder*. HHS Publication No: SMA11-4644.

Walster, E.G., Walster, W., Berscheid, K., & Dion, K. (1971). Physical attractiveness and dating choice: A test of the matching hypothesis. *Journal of Experimental Social Psychology*, 7(2), 173.

Whitfield, C. (1984). *Co-dependency an emerging problem among professionals*. En J. Woititz, S. Wegscheider-Cruse, & C. Whitfield (Eds.), *Co-dependency: An emerging issue*. Deerfield Beach, FL: Health Communications.

What is the difference between a sociopath and a psychopath? Tomado en
enero 13, 2013 de WikiAnswers: http://wiki.answers.com

Whyte, D. (1997). *The house of belonging*. Langley, WA: Many Rivers Press.

Withrow, R. L. (2005). *The use of metaphor in counseling couples*. En G. R. Walz & R. K. Yep (Eds.), *VISTAS: Compelling perspectives on counseling* (pp. 119-122). Alexandria, VA: American Counseling Association.

World Health Organization. (1992). ICD-10 classification of mental and behavioral disorders: Clinical descriptions and diagnostic guidelines. Geneva, Switzerland: World Health Organization.
178   *The Human Magnet Syndrome*

SITIOS WEB DE REFERENCIA

http://www.mirrorhistory.com/mirror-history/history-of-mirrors/
http://allpsych.com/disorders/personality/antisocial.html
http://allpsych.com/disorders/personality/borderline.html
http://allpsych.com/disorders/personality/narcissism.html
http://www.madehow.com/Volume-1/Mirror.html#b
http://www.alanon.org.za/
http://bowencenter.org/ http://don-carter.com/
http://www.changingminds.org http://www.slshealth.com
http://eresources.lib.unc.edu/external_db/external_database_auth.html

Made in the USA
Columbia, SC
21 February 2018